Marx, Zola e a Prosa Realista

Estudos Literários 33

Apoio:
CAPES

E.C.L.L.P.

Salete de Almeida Cara

Marx, Zola e a Prosa Realista

Copyright © 2009 Salete de Almeida Cara

Direitos reservados e protegidos pela Lei 9.610
de 19 de fevereiro de 1998.

É proibida a reprodução total ou parcial
sem autorização, por escrito, da editora.

Dados Internacionais de Catalogação na Publicação (CIP)
(Câmara Brasileira do Livro, SP, Brasil)

Cara, Salete de Almeida
Marx, Zola e a Prosa Realista / Salete de
Almeida Cara. – São Paulo: Ateliê Editorial, 2009.

ISBN 978-85-7480-453-8
Bibliografia

1. Análise do discurso narrativo 2. Literatura
comparada 3. Marx, Karl, 1818-1883 – Crítica e
interpretação 4. Zola, Émile, 1840-1902 – Crítica
e interpretação I. Título.

09-08245   CDD-809

Índices para catálogo sistemático:
1. Literatura comparada   809

Direitos reservados à
ATELIÊ EDITORIAL
Estrada da Aldeia de Carapicuíba, 897
06709-300 – Granja Viana – Cotia – SP
Telefax: (11) 4612-9666
www.atelie.com.br / atelie@atelie.com.br
2009
Printed in Brazil
Foi feito o depósito legal

Sumário

Agradecimento................................... 7

Apresentação 9

I. FUNDAMENTOS REALISTAS: INSUFICIÊNCIA HISTÓRICA, INVENÇÃO REBAIXADA (O CICLO DOS ROUGON-MACQUART E O ROMANCE DE 1892)

   1. Exercício de Acumulação Crítica................21

   2. Prosa e Tempo de Crise: Tarefas Realistas.........52

   3. Leituras da Forma Realista....................110

II. NARRADOR SABIDO, PERSONAGENS SOB MEDIDA

   1. Narrar e Descrever..........................127

   2. Posição do Narrador e Cálculo Narrativo.........153

   3. Representação da Totalidade: Tarefa do Leitor....167

III. Desordem na Cidade: Invasão e Chamas

    1. O Espetáculo Monstruoso 188

    2. O Pior e o Melhor dos Mundos 207

IV. Sobre a Prosa Realista 221

    Bibliografia Citada 243

Agradecimento

———◆———

Agradeço ao CNPq pela Bolsa de Produtividade em Pesquisa, que contribuiu para que eu pudesse participar de seminários e congressos internacionais sobre Émile Zola e o romance naturalista, além de consultar os arquivos do Centre Zola do Item/ENS/CNRS (Institut des Textes et Manuscrits Modernes/École Normale Supérieure/Centre National des Recherches Scientifiques).

Apresentação

O interesse deste volume é antes de tudo literário, a despeito do que possa sugerir o título. Não consta nem mesmo que Émile Zola tenha sido leitor de Karl Marx e a acusação de que teria pertencido à Primeira Internacional não se sustentou. Há duas referências a Marx em seus romances: uma delas nas discussões entre os mineiros em *Germinal*, a outra em *L'Argent*, onde o malogrado Sigismond, ardente socialista educado na Alemanha e um dos mais estimados redatores da *Gazeta Renana*, amargurava em Paris o exílio do seu mestre em Londres, sonhando com uma sociedade de cooperação e troca.

Tuberculoso, tendo recebido o primeiro volume de *O Capital* em alemão, que acabara de ser publicado em 1867 (em francês saiu em 1875, e o segundo volume em 1900), Sigismond saúda o empreendimento especulativo de Saccard como uma forma de expropriação internacionalista, mas de interesse privado, apostando que ele seria por sua vez expropriado no interesse de todos numa sociedade nova, onde vales-trabalho substituiriam a mediação do dinheiro. Isso posto, o que se sabe é que enquanto Zola esteve voluntariamente exilado na Inglaterra, depois de condenado à prisão pelo caso Dreyfus no final dos anos 1890, ele se interessou vivamente pelo socialismo utópico de Charles Fourier.

Émile Zola estava longe de propor uma leitura ficcional de base marxista da história que lhe era contemporânea. Por que então reunir Zola e Marx para pensar a prosa realista? O que poderia ligá-los? O que trazem a prosa do romance de Émile Zola e a prosa ensaística de Marx que justifique estarem juntas nesta reflexão? O fato é que entre elas existem assuntos comuns e, sobretudo, interesse em desentranhar e reorganizar as formas neles embutidas para melhor compreendê-los.

Para um trabalho que se declara literário é preciso relacionar e distinguir: Karl Marx e Émile Zola estão juntos porque ambos expõem, cada um a seu modo, problemas exemplarmente acumulados nos últimos cinquenta anos do século retrasado, que ainda nos interessam de perto, apesar das novas formas que vieram assumindo desde então. Zola viveu entre 1840 e 1902, Marx entre 1818 e 1883, e os vinte e dois anos que os separam marcam gerações distintas.

Eles presenciaram dois acontecimentos decisivos do seu tempo, o II Império de Luís Napoleão entre 1851 e 1870, e a Comuna de Paris em 1871, aos quais estiveram particularmente atentos. Mais do que isso: como se sabe, o ciclo dos Rougon-Macquart de Zola se configura em torno do II Império, trazendo o final da guerra franco-prussiana e a Comuna de Paris no romance *La Débâcle*, de 1892; os três ensaios de Marx voltados à vida contemporânea apanham, no calor dos próprios acontecimentos, o tempo de Luís Napoleão e as lutas de classe que antecederam, sustentaram e se sucederam ao Império de Napoleão III.

Em 1850, do exílio da Inglaterra, Marx escreve seu primeiro ensaio sobre a vida contemporânea, "As Lutas de Classes na França entre 1848 e 1850". Suas análises continuarão coladas ao tempo histórico: *O 18 Brumário de Luís Bonaparte* foi escrito entre dezembro de 1851 e março de 1852, e "A Guerra Civil na França" entre 23 de julho de 1870 e fins de maio de 1871.

Quando Zola chega a Paris em 1858, vindo de Aix-en-Provence com dezoito anos de idade, o golpe de dois de dezembro que dera origem ao II Império já tinha sete anos. Em março de 1864, Zola publica um volume de contos (*Contes à Ninon*) e, segundo conta Thibaudet, o projeto de uma série de romances sobre o II Império estará esboçado desde 1868, pouco antes da queda daquele Império.

Pelo modo como ambos fizeram da experiência do presente o eixo de sua produção, Marx e Zola partilham um campo onde confluem a literatura, o ensaio e a história. Em comum a essas duas prosas, a de Zola e a de Marx, é possível observar uma imaginação historicamente situada, necessária tanto ao ficcionista quanto ao ensaísta que não se furtam a apreender a negatividade inscrita na matéria que observam, comentam, analisam e representam.

Karl Marx descreve com paciência e minúcia o processo do "progresso revolucionário" (incluindo seus entraves) que se faz sob seus olhos, na condição do primeiro teórico a dar prioridade à compreensão da vida prática como fonte decisiva para suas reflexões. Nos três ensaios que serão aqui referidos, Marx expôs o próprio processo dialético constitutivo do método materialista ao tratar sua matéria, incorporando tensões em transformação além de extrair, dos fatos, os fundamentos econômicos dos acontecimentos históricos. O ensaio é assim, ele mesmo, um material do enredo a ser contado, na medida em que seu movimento recolhe a própria vida do assunto.

Zola, por sua vez, se volta para o II Império com alguma distância no tempo (ele começa a escrever o ciclo na véspera da derrota de Sedan), na condição de um dos primeiros escritores verdadeiramente profissionais de que se tem notícia, organizando sua vida em função de escrever e publicar, quando isso ainda não significava responder, de modo imediato, aos interesses do mercado e da máquina editorial.

Para entender melhor as determinações e as respostas formais do romance naturalista de Zola, sobretudo nos anos 1880 e 1890, foi preciso considerar o II Império e a III República francesa como duas etapas de um mesmo processo capitalista global, num país onde bancos, casas bancárias e Bolsa de Valores tiveram papel importante desde os anos de 1850 e 1860, no âmbito de uma industrialização tardia, envolvendo exploração de mineração, construção de ferrovias, expedições colonialistas e projeto de urbanização, desembocando na guerra franco-prussiana, em 1870, e na Comuna de Paris, em 1871. A primeira crise capitalista mundial virá entre 1873 e 1896.

As reflexões de David Harvey, que se debruçou sobre a Paris do II Império e os romancistas do tempo (Zola inclusive), enquanto elaborava sua teoria sobre as crises do atual estágio financeiro do capitalismo, vieram legitimar a consideração sobre o II Império e a III República como etapas de um processo, quando as contradições postas pelos próprios objetos literários aqui analisados já tinham obrigado à centralidade da argumentação.

Ele reconhece no tempo presente, que era então o seu objeto teórico de pesquisa, muito da crise da década de 1930, com o risco de total desequilíbrio provocado pela aposta numa aliança entre planejamento econômico centralizado e forças do mercado e apanha, no movimento, sombras da década de 1890, quando o que parecia dizer respeito à manutenção de uma certa justiça social já se mostrava como projeto de eficiência e racionalidade do mercado, isto é, "socialismo" para os ricos com intervenção estatal, no caso de falência de instituições financeiras e empresas sem solidez.

Karl Marx mostrou que uma "aristocracia financeira" se fazia presente desde os anos de 1848 e 1850. O capitalismo concorrencial saudou Luís Napoleão pela voz do *The Economist* de Londres, apenas um mês antes do golpe de 1851, como o grande protetor das Bolsas de Valores europeias, como lemos em *O 18 Brumário de Luís Napoleão*. "O Presidente é o guardião da ordem, e é agora reconhecido como tal em todas as Bolsas de Valores da Europa", dizia o jornal. Falando sobre o II Império, Zola abarcou mudanças que ajudaram a cimentar o capitalismo contemporâneo, e que ajudam a reconstruir os germens do seu estágio financeiro, cujo estudo Marx não chegou a completar.

A especulação imobiliária e nas bolsas de valores, a construção das cidades modernas, os problemas do trabalho e do valor da terra como fonte de renda e lucros, o papel das mercadorias e do consumo num país ainda rural foram temas dos romances de Émile Zola. No romance *L'Argent*, cuja história se situa entre maio de 1864 e abril de 1869, ele trata da especulação financeira – "a pura demência do jogo", como mostra em detalhes seu narrador. Esse romance aparece como folhetim em *Gil Blas* de 1890 a 1891, e em *La Vie Populaire* de março a agosto de 1891, antes de ser publicado em volume, contando a história da presença do capital financeiro que começava a sustentar grandes investimentos e muitas negociatas, acumulando via ações, sem bens e com fraudes. Um assunto de jornais, que remete à tensão entre base monetária e superestrutura financeira já nos anos 1850: o negócio familiar de Rotschild e os métodos vencedores do sistema de crédito como centro nervoso das atividades econômicas, apontando o "monopólio capitalista de estado" alavancado pela rede armada pelo Crédit Mobilier dos irmãos Pereire, que eles sonhavam transformar numa *holding* internacional. Também a situação da terra é assunto de jornal, dando no romance *La Terre* (1887), que aparece como folhetim, a partir de maio de 1887, em *Gil Blas*. "Eu quero colocar ali a questão social da propriedade, eu quero mostrar onde vamos parar nesta crise da agricultura", afirma o escritor.

É possível dizer que *L'Argent* mostrou mais do que supunha o propósito confesso do escritor, que era o de conferir ao dinheiro, sem ataque nem defesa, seu papel de força necessária ao progresso, reconhecendo a dificuldade de um romance sobre o assunto: "ele [o dinheiro] é frio, glacial, sem interesse". Não é o que se vê em *L'Argent*. Mas se sua presença foi decisiva para os projetos de modernização e do colonialismo imperial de Napoleão III e para o desenvolvimento industrial técnico-militar, ela não foi suficiente para garantir a vitória francesa na guerra de 1870. O ciclo dos Rougon-Macquart vai expor ficcionalmente a formação da hegemonia capitalista numa sociedade de economia ainda tradicional e rural, já diferenciada pelo próprio avanço da produção capitalista, entre crises mundiais da agricultura, do comércio, da indústria, e num Império fragilizado.

O progresso vai cavando o abismo entre o operário e o burguês, que Napoleão III tentou amenizar com medidas liberais entre 1864 e 1870. A lembrança da Comuna de Paris acompanhará a organização crescente do proletariado em tempos de fortalecimento do capital. Tomando o ciclo dos Rougon-Macquart como conjunto, nele a divisão do trabalho, da vida social e das classes estão expostas pela sua própria separação em cada um dos romances que o compõem, todavia ligados pelos mesmos fundamentos modernos. Desse modo Zola apreendia, como um problema, a totalidade fragmentada do mundo do capital. E sua narrativa alcança um máximo rendimento ficcional porque tem, como referência, a herança mais radical do romance anterior, respondendo dessa maneira ao desafio formal de apresentar criticamente a totalidade da experiência do seu tempo.

De fato, para dar conta da crise da totalidade social que se acumulava, Zola levou em conta os procedimentos formais de um Flaubert, sobre quem escreveu em 1880, mostrando de que modo ele tinha trabalhado o material histórico-literário do tempo para deixar intacta a lição dos próprios fatos. Ausência do romanesco, desvalorização da intriga, interesse pela existência dos homens comuns, distanciamento do narrador e abolição dos juízos são algumas características do romance de Zola, que organizou assuntos e personagens dos vinte romances do ciclo, ligando-os não apenas pela origem familiar, mas, sobretudo, pelas condições práticas.

O conjunto dos romances traz, portanto, uma pauta de interesses históricos e formais que ainda mobiliza o leitor, mesmo quando o ciclo dos Rougon-Macquart encontra seu limite máximo no romance escrito em 1892, *La Débâcle*. O que teria a dizer hoje uma reflexão sobre os resultados desse romance, no âmbito dos outros romances do ciclo, e abrindo para uma reflexão maior sobre a prosa realista? Procurando responder a isso, a análise de *La Débâcle* irá localizar os impasses que pesaram nesse trabalho ficcional, impedindo que se constituísse em representação problematizadora de sua matéria – a derrota em Sedan e os últimos momentos da Comuna de Paris.

O tratamento regressivo dos materiais sugere que esses acontecimentos – guerra e, sobretudo, a Comuna – foram capazes de colocar em evidência a própria mentira da ordem burguesa, constituindo-se como um impasse para o escritor progressista e crítico do II Império. Nesse romance dos anos de 1890, o que se vê é um esforço para manter a legibilidade ideológica de uma ordem que, a rigor, tinha sido impulsionada pela aliança histórica entre o Estado autoritário moderno de Napoleão III e a especulação financeira, seus objetos de crítica.

A realização formal do romance, com todos os seus problemas, descortina na própria atitude do narrador um ponto sensível da experiência moderna. O interesse material do narrador pelo mundo que o cerca, tal como nos outros romances de Zola, cede lugar a um narrador que aparece apartado desse mundo que, no entanto, também lhe diz respeito. O modo como o narrador procura assegurar sua posição, sem lográ-lo inteiramente, merecerá atenção, exigindo também atenção as personagens que povoam sua história.

Ao contrário dessas personagens em relação às quais pretende pontificar, e com as quais representa dividir com empenho algumas crenças (que evita colocar em discussão), esse narrador titubeia ao transformar, em argumento de verdade, o que até então tinha sido arma crítica para o romance naturalista. Um titubeio exemplar, que ele próprio procura controlar ao longo da narrativa, mas que para o leitor atento revela as dificuldades que o narrador encontra para levar a sério os próprios argumentos.

Desse modo, o leitor estará diante de uma tensão que será cada vez mais constitutiva do próprio jogo do capital, tal como hoje o vivemos, e cuja sustentação hegemônica se dá justamente pelo rápido descarte de valores e ideias, facilmente substituíveis por outros e mais outros, e pela adesão geral às estruturas da acumulação e do consumo, numa conformação que alcança o âmbito mais particular dos indivíduos. Se falamos em tensão, é bom lembrar que, naqueles anos de 1890, dois romances publicados em datas muito próximas, *L'Argent* em 1891, e *La Débâcle* em 1892, são curiosamente opostos quanto ao tratamento da vida contemporânea.

No primeiro deles, *L'Argent*, sob a batuta da crítica e da ironia; no segundo, *La Débâcle*, sob a batuta da conivência e do disfarce. O duplo tratamento evidencia uma cisão na posição de narrador, que se esforça para circular de modo autônomo em relação à matéria do segundo. A leitura das condições do tempo, expostas no primeiro romance, recua diante dos resultados convulsivos da modernização napoleônica, que eram assunto do segundo, e vinham marcados pela carga crítica da subversão revolucionária de 1871, operária e popular.

Os problemas da ordem progressista eram revelados de modo mais fundo pela guerra de Sedan e pela Comuna de Paris. Por isso, em *La Débâcle*, os assuntos serão filtrados por um narrador cujos titubeios têm lastro no próprio sentido com que, nos anos de 1890, ressoam os acontecimentos de 1870 e 1871. E, assim, o romance segue na contramão da tradição literária de ruptura dos outros romances do ciclo dos Rougon-Macquart.

Interessará a este trabalho examinar os procedimentos narrativos que dizem respeito às condições dessa prosa, encravada entre o tempo em que foi escrita e o tempo em que se passa a história narrada. Por enquanto, basta dizer que, em *La Débâcle*, a posição do narrador em relação aos assuntos que examina evita apreendê-los como parte de uma totalidade problemática, atitude que depende e forja a própria alienação do narrador que, no entanto, fica inscrita a contrapelo no romance. E que os titubeios do narrador em relação aos móveis ideológicos que montam a narrativa sugerem o desatamento de um processo que ultrapassa o próprio romance, e do qual ele talvez possa ser visto como sintoma inaugural ao evidenciar, inadvertidamente, a arbitrariedade dos seus argumentos. Essa arbitrariedade tem resultados diversos na narrativa, dando tanto na alienação das personagens, que acatam os argumentos que o narrador põe à sua disposição, quanto na alienação do próprio narrador que flagramos, esgarçado, na busca de um sentido para a ordem social daqueles anos de 1890, projetada com otimismo no desfecho de *La Débâcle*. O malogro ficcional do romance, ao responder mal ao sentido da guerra e da revolução na cidade, sem representá-los com o gume afiado de costume, acaba apontando para além do seu tempo.

O conjunto dos romances de Zola sugere a passagem do jogo entre nações para o jogo do capital internacionalizado, como já aparece nas negociatas de *L'Argent*. O conluio entre Estado e capital, iniciado no Império, continua nos anos de 1890, quando despontam agitações socialistas, a economia mundial começa a diversificar seus focos de poder, e industrialização, avanço tecnológico e prosperidade do comércio internacional convivem com a ameaça da presença das massas, dando relevo à aposta na democratização da política dos Estados.

Lendo, no conjunto do ciclo, essa espécie de avesso que é *La Débâcle*, tomo como sugestão de método crítico o ensaio de Antonio Candido sobre o romance *O Cortiço,* de Aluísio Azevedo, onde o crítico escancara a natureza das determinações que resultaram no bom romance brasileiro. Ao comparar o romance naturalista de Aluísio Azevedo aos romances de Zola, Antonio Candido mostra como o estágio primitivo de acumulação do capital no Brasil, que ainda permitia a convivência próxima entre explorador e explorado, está impresso na própria organização do enredo e das personagens do romance de Aluísio. Ao contrário disso, a distância entre as classes, posta pela vida social europeia mais avançada, teria levado de saída à própria empreitada cíclica dos romances de Zola.

Para o que aqui interessa, será preciso retomar também os termos da reflexão de Roberto Schwarz sobre as comédias ideológicas europeia e brasileira que, embora diversas, eram ambas problemáticas e não alheias uma à outra. Na Europa, as promessas de igualdade, liberdade e universalismo correspondiam pelo menos às aparências; no Brasil, o sistema escravista deixava evidente a exploração escancarada do trabalho. De que modo esse processo comparativo poderá trazer um saldo interpretativo, que ajude a localizar melhor a prosa exposta pela construção do romance *La Débâcle,* e que possa chegar a problemas mais gerais do que a questão pontual desse malogro?

Veremos que, como resposta à comédia ideológica do tempo de Luís Napoleão, os melhores romances de Zola deram conta do modo como o progresso ia incluindo e excluindo os seus pobres, de como podia fazer enriquecer (ou não) os indivíduos, e de que modo o trabalho estaria (ou não) se constituindo enquanto caminho emancipatório. No entanto, a etapa do desenvolvimento capitalista e das relações sociais e de classe apartava o escritor francês da ação revolucionária do operariado, que o movimento da Comuna de Paris escancarou, abalando a própria sustentação da comédia ideológica de costume.

A comparação trazida à baila pela análise de Antonio Candido mostrou que, no caso de Aluísio Azevedo, que vivia um patamar diverso da experiência de acumulação, implicando outra posição do escritor nas relações sociais, houve menos controle da matéria narrada na qual ele estava constitutivamente mergulhado, inclusive pelos preconceitos nacionais arraigados dos quais partilhava. E que a força da matéria levou Aluísio Azevedo, inadvertidamente, para além dos preconceitos do tempo em *O Cortiço,* realizando um romance naturalista singular.

A análise do romance de Zola, aqui empreendida, depende desses pressupostos para tentar levar adiante uma reflexão sobre a própria prosa realista, como se verá. Se nos outros romances Zola desvendava o que se poderia chamar "comédia ideológica", em *La Débâcle* ele deixa de lado – pontualmente e, num certo sentido, de modo calculado – o estado do próprio material crítico-literário acumulado até então e com o qual construía sua ficção. Nesse romance os recursos formais se tornam um arremedo, e perdem a carga vital dos demais romances: o que se lê é uma versão nacionalista e positivada dos acontecimentos narrados.

É possível adiantar que o romance formalmente mal realizado de Zola, *La Débâcle,* escondido sob a capa mal ajambrada de um romance histórico, faz pensar na canoa furada que é supor ser possível à ficção ignorar, com dourada positividade, seu conteúdo social inalienável e sua condição de experiência imaginada e constituída na relação com uma totalidade antagônica e não reconciliada. Naqueles anos de 1890, o clima geral entre os escritores contemporâneos de Zola era de desprezo pela vulgaridade do comércio burguês e das chamadas classes baixas, propondo um mundo fora do mundo, isto é, uma literatura descolada e imune às contaminações da esfera dos negócios e das transações comerciais.

Ao se deter em todo o tipo de fenômeno que pudesse dar conta das relações recíprocas entre indivíduo e sociedade, em direção contrária desse idealismo, o método experimental do romance de Zola deu margem a críticas e condenações de ordem ideológica e moral, anteriores à própria fatura ficcional. E a conversa em torno do romance naturalista, que é também uma conversa sobre o próprio romance realista, ficou reduzida à meia dúzia de regras fáceis. Um olhar sobre a recepção do naturalismo deixa imediatamente claro que não será possível avançar o estado da questão sem levar em conta a noção de prosa ficcional como mediação.

Vem à lembrança o nosso Araripe Júnior que, do outro lado do oceano e a despeito da simpatia pela obra de Zola, confessava que a "força tenebrosa" do escritor (que ele opunha à "força cheia de bonomia" de Balzac) lhe provocava profundas antipatias. Não proponho aqui uma história da recepção, embora alguma conversa teórica se faça necessária, incluindo o caso por tudo exemplar de Georg Lukács, dentre outros. Este esforço para entender as condições e os resultados ficcionais

dos romances de Émile Zola, a partir dos impasses histórico-
-ficcionais de *La Débâcle*, pretende ser uma primeira etapa para
pensar o próprio romance naturalista e realista no Brasil, no
século XIX e, quem sabe, em novas circunstâncias históricas,
mesmo depois dele.

I

Fundamentos Realistas: Insuficiência Histórica, Invenção Rebaixada (o Ciclo dos Rougon-Macquart e o Romance de 1892)

> *Daquele momento em diante, um rio de sangue correu entre os trabalhadores de Paris e as "classes melhores". E daí em diante também os revolucionários sociais aprenderam o que os esperava se não conseguissem manter o poder.*
>
> Eric Hobsbawn

> *Luís Bonaparte retirou aos capitalistas o poder político sob o pretexto de defendê-los, de defender os burgueses contra os operários e, por outro lado, de proteger os operários contra a burguesia. Mas, ao invés disso, seu regime estimulou a especulação e a atividade industrial; em uma palavra, o ascenso e o enriquecimento de uma burguesia em proporção até então desconhecidas. E é verdade que, em grau ainda maior, também se desenvolveram a corrupção e o roubo em massa, que pululavam em torno da Corte Imperial e retiravam bons dividendos desse enriquecimento.*
>
> F. Engels

1. Exercício de Acumulação Crítica

O que explica que o romance de Émile Zola tenha ficado um tanto apagado, ou às vezes até em segundo plano em relação aos melhores romances oitocentistas, via de regra reunidos num elenco que vai de Dickens e Balzac a Dostoiévski, Tolstói e Flaubert, quando não entra pelo século XX com Proust e Kafka? Ao mesmo tempo, foi enorme a sua influência em romancistas maiores e menores no seu país e fora dele, assim como o seu prestígio entre os leitores de todos os quadrantes. Não tenho dúvidas de que a exposição muito explícita do projeto desse romance, tributário dos avanços das ciências biológicas, foi tomada excessivamente ao pé da letra, pondo muitas vezes a perder a dimensão mais viva das narrativas efetivamente realizadas.

Mas deve haver outras razões para um certo apagamento do romance de Zola, que talvez tenha aberto o flanco ao assumir uma posição crítica através de técnicas narrativas de base realista-materialista, angariando desafetos entre aqueles que consideram heresia querer trazer para o plano do significado estético a mediação da situação social, das relações de poder, das determinações históricas. Colette Becker lembra que o espanto trazido pela obra de Émile Zola se deu menos pela sua aproximação com o campo médico-biológico enquanto nomenclatura, o que já era bastante comum desde 1860, e mais pela ruptura que trouxe em relação a um modelo de romance, com a dificuldade adicional para classificá-lo. O dossiê dos Rougon-Macquart deixa claro o espírito crítico que conduz seu projeto. "Eu não invento nada. O essencial é 'fazer render'"[1].

Acredito que o assunto naturalismo não esteja esgotado. É possível mesmo dizer que ele pode avançar, recolhidos os resultados acumulados pelo trabalho de um setor especializado da crítica literária que se dedica a pesquisas dos manuscritos e documentos preparatórios, ao resgate e publicação dos textos jornalísticos e ensaios do escritor, ao levantamento da fortuna crítica, análises e interpretações da obra e, finalmente, a estabelecer as edições críticas comentadas dos seus romances. Ao lado desse trabalho sistemático decisivo, observações pontuais de alguns críticos, que não podem ser chamados exatamente zolianos, também sugerem a pertinência do interesse por Émile Zola e pelo tratamento dos assuntos trazido pelos seus melhores romances.

1. Cf. Colette Becker, *Émile Zola – entre doute et rêve de totalité*, Paris, Hachette, 1993.

Dentre esses críticos estão (por certo entre outros) Aldous Huxley nos anos de 1920 ("o que é Zola senão uma longa exclamação de assombro diante da movimentação dos seus contemporâneos?"), Erich Auerbach nos anos de 1940 ("a reação 'antinaturalista' tornou-se muito forte e, além do mais, não havia mais ninguém que pudesse medir-se com ele quanto à força de trabalho, quanto ao domínio da vida do tempo, quanto a fôlego e coragem"), Adorno nos anos de 1950 ("em Zola, a renúncia ao fluir empírico do tempo foi mais avançada do que o seu conceito"), Antonio Candido nos anos de 1970 ("Zola reinterpreta em termos humildes a ânsia de autorrealização de Julien Sorel, fugindo de Verrières; de Lucien de Rubempré, fugindo de Angoulème, de Emma Bovary, querendo fugir de Yonville; e todos fracassando"), Michel Butor nos anos de 1970 ("o romance pode ter um papel insubstituível, é o lugar de uma experimentação original e irrecusável"), Fredric Jameson nos anos de 1990 ("o grande romance de Zola, *L'Argent,* o mais abrangente e entusiástico tratamento por um romance"), Peter Brooks em 2005 ("Tenho presenciado ao longo dos meus anos como professor um real renascimento do sucesso de Zola [...]. Portanto agora Zola parece indispensável"), David Harvey em 2006 ("ela é agora [a imagem da cidade em Zola] uma mulher decaída e brutalizada, 'desfigurada e sangrando', uma 'vítima da especulação, uma vítima da ganância pelo consumo'")[2].

De modo que nunca será demais voltar a um escritor como Émile Zola, que deu conta de mostrar o momento da transformação, a passos largos, de um país de forte base agrária, e já

---

2. Cf. Aldous Huxley, "On Re-reading Candide", em *On the Margin: Notes and Essays,* London, Chatto and Windus, 1923; Erich Auerbach, *Mimesis,* São Paulo, Editora Perspectiva, 1976, 2ª ed. revisada; Theodor Adorno, *Teoria Estética,* São Paulo, Martins Fontes, 1988; Antonio Candido, *O Discurso e a Cidade,* São Paulo, Duas Cidades, 1993; Michel Butor, *Repertoire IV,* Paris, Les édition de Minuit, 1974; Fredric Jameson, *O Método Brecht,* Petrópolis, Editora Vozes, 1999, p. 210; Peter Brooks, *Realist Vision,* New Haven, Yale University, 2005; David Harvey, *Paris, Capital of Modernity,* New York, Routledge, 2006.

mergulhado no caminho de uma modernização paradoxal. O Império de Napoleão III, período abarcado pelo conjunto dos vinte romances dos Rougon-Macquart, é o tempo em que começa a se solidificar a interdependência entre a marcha do progresso e o capital financeiro, que interfere cada vez mais diretamente nos rumos da modernização. A lembrança da herança revolucionária de 1789 empalidece diante dos novos interesses, quando as ilusões liberais já tinham feito água e a hegemonia ia sendo distribuída entre indústria e casas bancárias, que se fortalecem.

Interessa ver como esse assunto deu em ficção nos romances de Émile Zola, isto é, até que ponto eles conseguiram expor – e como o fizeram – essa "má-universalidade" impregnada em vidas particulares corroídas. As aspas remetem a Adorno, cujo conceito (que retomo ainda à frente, tal como está exposto em *Minima Moralia*), diz respeito à consideração do universal como mera abstração, de uma universalidade descolada do particular e por isso vazia, que dá em rebaixamento da vida contemporânea, quando o jogo da mercadoria e do consumo vem, além de tudo, mesclado a uma enganosa confiança.

É sabido que seus romances não se contentaram com pouco em termos da forma ficcional, isto é, não se contentaram em apanhar as vidas privadas como fenômenos casuais num painel repleto de conteúdos do tempo. Creio ser possível configurar dois tipos diferentes de procedimentos narrativos – um deles, uma exposição crítica da "má-universalidade" como relação problemática entre o universal e o particular; o outro procedimento, um panorama ou painel do tempo com ênfase a-crítica justamente na generalidade, com o risco inevitável de adesão ao estado de coisas vigente. Está no primeiro caso o melhor romance de Émile Zola, representado pelos volumes do ciclo dos Rougon-Macquart, publicados entre 1870 e 1893.

Quase na entrada do século XX, o ciclo dos Rougon--Macquart pode ser considerado uma realização radical e terminal de uma certa tradição do romance realista, desde a sua própria concepção enquanto ciclo, que arma um conjunto onde são contemplados vários estratos sociais marcados pela divisão do trabalho – o mundo das finanças, os pequenos e grandes comerciantes, os camponeses, os mineiros, os operários urbanos, os trabalhadores das novas ferrovias, o poder judiciário –, atravessados pelos novos meios de acumulação de dinheiro e pelas atividades de especulação financeira.

Ao apresentar os assuntos em separado, o conjunto do ciclo dá a ver uma sociedade em que a totalidade social já está fragmentada, com todas as consequências que isso acarreta para a conformação dos destinos pessoais. Mais do que tropeçar no próprio problema, todavia, essa crise da totalidade é tratada pelos romances com distanciamento, na medida em que todos eles (ou quase todos) dão a ver as condições da sociedade que se moderniza, cada um respondendo criticamente a resultados particulares da condição geral da fragmentação da vida social. Os temas da racionalização do trabalho, da acumulação especulativa e mesmo da circulação do capital abstrato, esses últimos expostos com todas as letras em *L'Argent*, costuram os romances, seja apreendidos como imperativos explícitos, seja nos seus resultados particulares.

Respondendo recentemente às teses antirrealistas e às teorias pós-modernas que insistem em repisar que o discurso é que cria a realidade, Slavoj Zizek localiza na própria realidade o lugar onde se deve cavar um impensado do tempo que, descartado e improdutivo, ainda resiste à simbolização. Por isso Zizek afirma que "é preciso ter a capacidade de discernir, naquilo que percebemos como ficção, o núcleo duro do Real que só temos condições de suportar se o transformarmos em ficção". A ficção seria um lugar e um modo de revelar o que, no entanto, já existe – fenômenos ainda não domados pelo nome.

Assim ele inverte os termos do senso comum que, para separar diligentemente ficção de realidade, preconiza que "não se deve tomar ficção por realidade", querendo dizer com isso que a ficção teria um lugar próprio e não contaminado pelo mundo.

Na sequência, Zizek lembra que, de modo bastante próximo ao do senso comum, as "doxas pós-modernas" consideram a realidade apenas como "um produto do discurso, uma ficção simbólica que erroneamente percebemos como entidade autônoma real". Ou seja, a realidade é uma ilusão! Para concluir, ele recorre à psicanálise que, ao contrário, ensinaria que "não se deve tomar a realidade por ficção", reconfirmando o estatuto que vinha sendo usurpado à realidade pela autonomia de uma imaginação sem chão, conferida à ficção[3].

A reflexão de Zizek é mais uma contribuição para aqueles que preferem apostar que a ficção pode trazer entranhada, na sua própria forma, um "impossível" ainda não nomeado, um gérmen ainda não previsto ou descartado por improdutivo, que assombra a organização da vida mantida em nome do bom-senso e do senso comum. É o que se vê, por exemplo, em Kafka, que apreende um estado de coisas que já não é aquele do século XIX: agora a consciência está decididamente fragilizada diante de uma permanente ameaça de catástrofe. Como escritor realista e alegórico, ele deforma a realidade com precisão não prevista e assustadora, destruindo toda a possibilidade contemplativa do leitor, para usar os termos de Adorno e Walter Benjamin.

Desse modo, Kafka expõe um núcleo incômodo que resiste a ser transformado em símbolo, sem condescendência com as regras da empiria.

O que está contido na bola de vidro de Kafka é mais do que coerente e, portanto, mais cruel ainda do que o sistema lá fora, porque no espaço absolutamente subjetivo e no tempo absolutamente subjetivo não há lugar para o que poderia perturbar o seu próprio princípio, o da alienação inexorável. O contínuo tempo-espaço do "realismo empírico" é continuamente prejudicado por pequenos atos de sabotagem, como

---

3. Cf. Slavoj Zizek, *Bem-vindo ao Deserto do Real!*, São Paulo, Boitempo, 2003, p. 34.

a perspectiva na pintura contemporânea; por exemplo, quando o agrimensor perambulante é surpreendido pelo anoitecer prematuro. [...] A interioridade que, sem resistência, gira ao redor de si mesma é negada, e aquilo que poderia por termo ao movimento falsamente infinito transforma-se em enigma[4].

Não é demais afirmar que, nos termos de sua experiência histórica, o melhor romance realista oitocentista já enfrentara os limites de uma crença simples na reprodução fiel da realidade empírica. Nesse processo, quando o narrador de Flaubert assumia a postura de impassibilidade diante daquilo que narrava, tratava-se justamente de mostrar o objeto sem a ilusão da representação objetiva, ainda que seu intuito fosse o de resgatar um âmbito não evidente da própria empiria cujas regras, no entanto, eram ainda mantidas no romance. O melhor romance naturalista de Zola apanhou esse bastão de Flaubert e o levou adiante, e por isso ainda interessa como apresentação formal desassombrada de problemas que apontam, na forma do romance, uma transformação da marcha do mundo não necessariamente para melhor.

Desse modo, voltar ao melhor romance de Zola não significa um interesse meramente arqueológico, ainda que hoje já não caibam romances naturalistas como aqueles de Émile Zola. Um dos herdeiros do seu melhor romance talvez tenha sido *Berlin Alexanderplatz* (1929) de Alfred Döblin. Walter Benjamin viu no romance de Alfred Döblin uma montagem criteriosa de materiais e documentos da vida cotidiana e um poeta épico que se aproximava com paciência das coisas, das "entranhas da grande cidade" em reconstrução furiosa, da pequena burguesia, dos

---

4. Cf. Theodor Adorno, "Anotações sobre Kafka", *Prismas*, 2. ed., trad. Augustin Wenet e Jorge de Almeida, São Paulo, Ática, 1981, p. 259. Cf. também "Posição do Narrador no Romance Contemporâneo", *Notas de Literatura I*, trad. Jorge Almeida, São Paulo, Duas Cidades/34, 2003. Para uma apresentação da questão do realismo em Kafka, cf. Michael Löwy, *Franz Kafka, Sonhador Insubmisso,* trad. Gabriel Cohn, Rio de Janeiro, Azougue, 2005.

marginais, dos desempregados, da miséria que se acomoda à situação e com a qual, afinal, todos conviviam[5].

No desfecho do romance, um daqueles desempregados estruturais se transforma em personagem romanesca, com sua "fome do destino" saciada por um sanduíche e pelo emprego de ajudante de porteiro numa fábrica. Desse modo, a personagem romanesca cabe na pacificação rebaixada que compõe a própria imagem da guerra contínua, e em muitas frentes, que o capital movimenta para garantir sua hegemonia, tendo a mercadoria (cultural inclusive) como aliado decisivo.

Se é que essa linhagem faz sentido, como integrar efetivamente nela o romance experimental naturalista, que não se submetia à lei do Belo e do Gosto e arrancava do discurso do progresso as perguntas, os medos, as fantasias e as ambiguidades através dos quais os leitores contemporâneos se defrontaram com as suas próprias dificuldades? Em 1936, Albert Thibaudet afirmou que o romance *L'Assommoir*, de 1877, tinha dividido a obra do escritor em duas partes, desfazendo um conjunto que até então parecia "arbitrário e ingênuo".

Mesmo assim, Thibaudet avaliava como relativo e nada radical o pessimismo do escritor, limitado à sociedade do II Império e da III República, entendida também por ele como continuação do Império. Um pessimismo permeado pela crença no trabalho e por um "ideal simples, brando e popular". Em resumo, um "otimismo social". O leitor das últimas obras de Émile Zola, escritas depois do ciclo dos Rougon-Macquart, há de concordar com a vitória do otimismo, mas não será justo estender a avaliação de Thibaudet a todo o ciclo[6].

Permanece o vigor naturalista ficcional e histórico desses romances escritos entre 1870 e 1893, quando Zola publica *Le doc-*

---

5. Cf. Walter Benjamin, "A Crise do Romance", em *Documentos de Cultura, Documentos de Barbárie,* seleção e apresentação de Willi Bolle, São Paulo, Cultrix/Edusp, 1986.
6. Cf. Albert Thibaudet, *Histoire de la Littérature Française (de 1790 à nous jours)*, Paris, Hachette, 1993, p. 373.

teur Pascal encerrando os Rougon-Macquart. Georg Lukács, com quem aprendemos a refletir sobre o processo da reificação social mediado pela mercadoria moderna, criticou como artificialismo o abandono da ação dramática em Zola, isto é, o abandono da verdade da ação e dos destinos individuais, sem se dar conta de que as personagens, nas condições em que se davam suas ações e inter-relações, já não podiam ser donas dos seus destinos, mesmo quando esses fossem bem-sucedidos. Por isso é o caso de perguntar: do que tratam exatamente os romances de Zola que somam vinte?

Basta pensar na embriaguez hereditária de Étienne Lantier, em *Germinal*, que provoca várias explosões e catástrofes bruscas que não têm relação orgânica alguma com o caráter de Étienne; Zola não quer mesmo estabelecer tal relação. O mesmo acontece em *L'Argent*, com a catástrofe provocada pelo filho de Saccard. Em toda parte, a ação normal e homogênea do ambiente fica contraposta, sem nexo algum, a bruscas catástrofes determinadas pelo fator hereditário,

escreve Lukács, deixando de lado dados importantes dos romances[7].

No caso de *L'Argent* (1891), por exemplo, Saccard é o dono do Banco Universal Aristide Rougon, que especula na Bolsa de Valores e leva à destruição o destino de ricos e remediados, e Victor é um filho que ele não chega a conhecer, criado na mais abjeta miséria, em condições precárias e animalescas, personagem que completa o quadro final de catástrofe social e selvageria que resulta numa sequência de catástrofes particulares. Vale assinalar que as regras regulatórias das sociedades de ações, criadas em 1856, 1863 e 1867, quando a rede de bancos na França deslancha e se diversifica, parecem feitas para serem desacatadas, o que leva Saccard e muitos outros à bancarrota sem, no entanto, abalar um sistema financeiro que dá ainda seus primeiros passos.

---

7. Cf. "Narrar ou Descrever?", *Ensaios sobre Literatura*, 2. ed., Rio de Janeiro, Civilização Brasileira, 1968, p. 61.

Se a novas questões não se podem dar velhas respostas, o romance naturalista de Zola respondeu ao seu tempo dando a ver os pobres e os trabalhadores, os ricos e os ociosos sob as mesmas determinações histórico-sociais, e deixando o legado de uma narrativa sobre a experiência sua contemporânea que, nos melhores casos, será transformado na medida mesma da transformação da realidade, cada vez mais desmaterializada como um "espetáculo espectral", onde a imagem da mercadoria flutuará soberana, à vontade e muito em famíla, agregando e descartando valor de troca para satisfação de todos.

Pensando na grande linhagem realista, é possível dizer que Zola foi o último deles ao mostrar o processo do anonimato e da abstração poderosa do mundo das mercadorias em seu momento de formação, com várias disseminações e desdobramentos no plano da vida social. Atento a acontecimentos e comportamentos que davam conta da crescente fragilidade do indivíduo, ele mostra, na construção das duas famílias do ciclo, o modo como estava sendo sabotado e anestesiado o que ainda restava – se é que restava – das esferas pública e privada.

Nesse sentido, cabe a provocação estimulante feita por Fredric Jameson, como é do seu hábito, encontrando no velho naturalismo oitocentista a base realista para a fantasia e o pesadelo do "realismo sujo" do cinema urbano contemporâneo (*Blade Runner* é o filme). Falo em provocação porque Jameson entende que a ficção científica (o *cyberpunk*) ocuparia o vazio de uma "teoria completa do que se segue a uma sociedade civil", isto é, retomaria de algum modo a tarefa naturalista, respondendo àquele desafio da representação ficcional[8].

O *cyberpunk* seria continuação do naturalismo oitocentista enquanto representação do coletivo e do anônimo dos espaços desconhecidos da cidade, que então se industrializava, mas agora num espaço público já sem nenhuma finalidade cívica, onde a corrupção é privatizada em redes e na informalidade das relações

---

8. Cf. F. Jameson, *As Sementes do Tempo*, São Paulo, Ática, 1997, p. 160.

de clã. Nas diferenças notáveis entre essas experiências, já separadas por mais de um século, Jameson aponta que no *cyberpunk* não caberiam dois pontos que assombravam aquele naturalismo oitocentista, com seu tanto de realidade e de fantasia ideológica: a convicção da miséria como condição sem volta, e o medo das massas, que hoje causariam, antes, excitação.

Filme do tempo do desaparecimento da privacidade e da vida interior burguesa, a revelação das "baixas profundezas", que no romance naturalista apanhava em cheio a insegurança pequeno-burguesa e o horror do leitor ao mundo proletário, viria agora encharcada de niilismo. Assim, as figuras ameaçadoras do imaginário burguês oitocentista teriam ficado enfraquecidas pela maior circulação e proximidade do submundo povoado por *yuppies* e *punks*, mergulhados num espaço dominado pelas grandes corporações – "uma cultura jovem, na qual os *punks* urbanos são meramente o outro lado dos *yuppies* do mundo dos negócios".

A "plebeização" (ou "democratização") significaria então o "solapamento da diferença real e objetiva em escala global" – a Alteridade – desestabilizando conceitos como razão, não--razão, irracional, abalando (o que Jameson saúda) as categorias "éticas e repressivas do bem e do mal". Um pesadelo diverso daquele trazido pelas diferenças de classe que marcaram o fim do século retrasado. À parte o fato de que ao fim da convicção da miséria sem volta não corresponde, como um exato oposto, uma superação real ou imaginária da miséria, a representação da excitação com as massas depende, no *cyberpunk*, de imaginar as formas que adotarão o corporativismo das empresas e dos esquemas internacionais de gangsterismo e consumo. Em resumo, a despeito de sua força visual, acredito que a tarefa formal e cognitiva do *cyberpunk* parece estar aquém das formas convulsivas da vida individual e coletiva do nosso tempo.

A tarefa não é fácil, se observamos que os próprios *yuppies* e *punks* talvez já não sejam hoje os tipos mais representativos de uma sociedade financeirizada, para a qual a metáfora do cyberespaço não é inteiramente suficiente, embora reveladora, na medida em que exige, como contrapartida, uma reflexão sobre a exigência que imprime à conformação das próprias subjetividades e suas relações.

Acredito que a leitura comparada de *La Débâcle* e *L'Argent* pode apontar o fio desse processo. A despeito do modo particular como foi capaz de trabalhar com as questões do tempo, o melhor romancista naturalista recuou na nova constelação histórica que se arma, e que transforma as questões políticas e sociais que ele enfrentava. Trago as observações de Jameson para reafirmar o alcance da resposta de Zola ao apreender os primeiros momentos de um capitalismo moderno, com abrangência de assuntos, numa formulação ficcional a partir do estado de coisas do seu presente, sugerindo o que ainda estaria por vir.

Ao ler com entusiasmo o romance *L'Argent*, Jameson foi buscar na reflexão de Zola sobre "as possibilidades daquela representabilidade" um dado importante para sustentar o enfrentamento da tarefa pelo escritor. Ele cita Zola: "Dar espaço à sensação daquilo, sob o sol, a própria palpitação de Paris, esta forja de grandes especulações, no próprio centro da agitação, no coração da vida interna, do movimento, do barulho... Paris, de uma às três horas, lá". Citação que faz lembrar que, ao nomear a sensação sob o sol, a palpitação de um coração que é também a do movimento das grandes especulações, Émile Zola está falando da cidade e de experiência das pessoas que se alimentam do processo de acumulação, real e virtual[9].

Com isso toco num ponto que será levado em conta ao longo deste trabalho sobre prosa realista. Ele diz respeito ao modo como o uso do material literário é proposto pelas próprias formas históricas dos assuntos e, nesse sentido, ao modo como ao escritor é dado levar em conta a resistência dos materiais literários, na sua operação de construir os sentidos mais complexos de sua matéria. Como resultado dessa operação, o melhor romance de

9. Cf. Fredric Jameson, *O Método Brecht*, p. 210.

Émile Zola retomou os procedimentos realistas de um Flaubert que, enojado da burguesia provinciana e olhando de longe a revolução de 1848, moldou a miserabilidade medíocre de Emma Bovary e a "indiferença homicida" de Frédéric Moreau, mandando um recado cifrado ao se identificar com Emma e deixando à posteridade a interpretação do papel de Frédéric.

Basta lembrar o ensaio que Zola escreveu sobre Flaubert, em 1880, reivindicando a pertença do escritor ao filão naturalista pelo seu interesse pela realidade e, em consequência, pelo abandono do caráter romanesco, pela ausência da intriga e da surpresa, pela escolha de homens simples como personagens e não heróis, pelo papel de *metteur en scène* oculto de um narrador não moralista e vivamente interessado na sua matéria. Segundo Zola, os procedimentos narrativos em Flaubert indicavam um "desinteresse aparente", do qual seria preciso desconfiar.

Quando Madame Bovary apareceu, houve toda uma evolução literária. Parecia que a fórmula do romance moderno, dispersa na obra colossal de Balzac, acabava de ser simplificada e claramente enunciada nas quatrocentas páginas de um livro. O código da nova arte estava escrito,

escreve Zola sobre seu antecessor[10].

Lidando com assuntos contemporâneos, como já foi dito, os procedimentos narrativos dos romances de Zola responderam de modo vigoroso à carga histórica daquela matéria. Suas linhas de força ficcionais passavam longe de quaisquer regras de como proceder para escrever um romance naturalista, ao contrário do que é costume dizer. Por isso é que, para dar conta da dimensão do desafio que o escritor teve diante de si ao escrever o romance de 1892, *La Débâcle*, é preciso entender também o que significou, naquele momento, todo o ciclo dos Rougon--Macquart, que o escritor concebe em 1868 e encerra em 1893.

---

10. Cf. Émile Zola, *Do Romance: Stendal, Flaubert e os Goncourt*, São Paulo, Edusp, 1995, p. 95.

Situado uma geração depois de Flaubert e duas depois de Balzac, Zola tinha tirado seus assuntos de um período de pleno desenvolvimento burguês, observando-os criticamente entre as décadas de 1870 e 1890. As leituras dos seus antecessores – Stendhal, Balzac, Flaubert – mostram que ele tinha exata consciência das implicações formais dessa tarefa, além de clareza quanto à funcionalidade histórico-ficcional do modelo científico--naturalista e do método experimental do seu romance, que iriam sustentar o teor crítico do projeto que estava empreendendo.

Meu romance seria impossível antes de 89. Eu o faço sustentar-se numa verdade do tempo: a inversão das ambições e dos apetites [...]. O Império desencadeou apetites e ambições. Orgia de apetites e de ambições. Sede de gozar, e de gozar pelo pensamento extenuado e pelo corpo extenuado. Para o corpo, esforço do comércio, loucura de ágio e especulação; para o espírito, excitação do pensamento levado à loucura [...]. É preciso que eu aplique a força da hereditariedade numa direção. Essa direção foi encontrada: a família se contentará com o apetite *fortuna* ou *glória* e com o apetite *pensamento*[11].

A história "natural e social" de Zola é a história circunstanciada das promessas e ilusões do II Império, que culminam com a guerra franco-prussiana. Nessa história as duas famílias e o Império são faces da mesma matéria, apanhando a vida dos mais ricos e a dos mais pobres. A pergunta que tinha atravessado todos esses anos, e foi abandonada nos anos de 1890, queria saber em que condições os homens tidos como "eternos vencidos" poderiam se libertar, e queria entender "o problema da inatividade revolucionária da classe trabalhadora francesa, enfraquecida pela sangria de 48 e talvez amolecida ainda pela política social filantrópica de Napoleão III", segundo Dolf Oehler.
Oehler continua :

---

11. Cf. "Documents préparatoires, Nouvelles acquisition françaises", édition Folio, Gallimard, 1981, manuscrit 10 345.

Os teoremas satânicos de Baudelaire mal tinham sido publicados quando Paris viveu, em maio de 1871, a repetição sangrenta dos acontecimentos que haviam composto o ponto de partida de suas reflexões. Uma vez mais os pequeninos tinham ousado sair em defesa da repartição do bolo. [...] A história da Comuna confirma, de maneira mais cruel, o pessimismo de Baudelaire sobre a possibilidade de um entendimento tanto entre as classes quanto entre o autor e seu público. Por outro lado ela desmente, pelo menos na França, qualquer esperança no emprego de violência revolucionária[12].

Os melhores romances de Zola não estavam a serviço da separação das especialidades nem do encobrimento das hostilidades sociais, pois ao separar seus assuntos ele não perdeu de vista que todos nasciam de uma experiência comum, descrita pelo conjunto dos romances. O procedimento não permite uma dissociação simples dos destinos individuais, ainda que eles possam pertencer a esferas sociais diversas. Em *Le Ventre de Paris* (1873), a burguesia radiante de pequenos comerciantes do mercado Les Halles cresce também às custas da repressão e da exclusão dos Magros (a teoria dos gordos e magros é apresentada no romance pelo pintor Claude Lantier).

Le Ventre de Paris faz ironicamente o elogio da medianidade representada pelos "Gros" ("a barriga da honestidade mediana"). Na verdade, os comerciantes são um outro e mesmo lado, não menos terrível, dos aventureiros e financistas sem nenhuma lei moral. E desse mundo faz parte uma jovem como Cadine, que flana pelas ruas do comércio, desejosa, invejosa e fascinada pelo esplendor das mercadorias, como se estivesse num santuário, enquanto come os restos de comida jogados ao lixo pelo Palácio das Tuileries[13].

12. Cf. Dolf Oehler, *O Velho Mundo Desce aos Infernos*, trad. José Marcos Macedo, São Paulo, Companhia das Letras, 1999, p. 282; Cf. Erich Auerbach, *Mimesis*, 2. ed., São Paulo, Editora Perspectiva, 1976, p. 459.
13. "O programa dos radicais franceses constava de uma série de variações sobre o tema 'o pequeno é belo': 'a palavra *petit* é constantemente repetida nos congressos do Partido Radical'. Seus inimigos eram *les gros* – o grande capital, a grande indústria, a grande finança, os grandes negociantes. Essa mesma atitude, com uma deformação direitista, nacionalista e antissemita, e

Enquanto mostra o preço da prosperidade no romance de 1873, no romance de 1877, *L'Assommoir*, Zola dará uma contribuição literariamente revolucionária com a incorporação da linguagem falada popular daquelas pessoas massacradas pelo mesmo processo econômico-social que também enriquecia, da prostituta Nana ao especulador imboliário e financeiro Saccard. Através de uma fina operação de mediação técnica, ele constrói uma voz narrativa que, em terceira pessoa, "não se distingue qualitativamente da dos personagens"[14].

É Adorno quem recupera as categorias da "universalidade" e do "particular" ao tratar do papel do esteticismo do século XIX quando, frente a uma universalidade tomada como excessivamente transparente, apareceria, enganosamente e como oposição a ela, a diferença de um particular como acaso e mera existência, "cuja opacidade apenas reflete a não-verdade da má universalidade". A exigência de Adorno – uma mediação que permitisse ir além de um mero reflexo sem crítica, e além de um particular como "mera existência" – foi tarefa realizada por Émile Zola em quase todos os romances do ciclo, sabendo que seus assuntos não comportavam personagens romanescas com suas desgraças particulares, mas foi tarefa impossível para o romance de 1892, *La Débâcle*[15].

Nos anos de 1890, no entanto, Zola andava na contramão do esteticismo do tempo e continuava interessado em apanhar a dimensão da tragédia histórica que tinha se instalado com o Estado de Napoleão e vinha tendo continuidade na República com suas inúmeras crises. De uma delas Zola participou diretamente, mudando inclusive o seu rumo – o caso Dreyfus. Naqueles anos, Zola estava fincado entre o realismo poético de um Alphonse Daudet ("um vendedor de felicidade", como dizia o próprio Dau-

---

não esquerdista e republicana, encontrava-se entre seus equivalentes alemães, mais pressionados pela irresistível e rápida industrialização desde a década de 1870" (Eric Hobsbawn, *A Era dos Impérios (1875- 1914)*, 3. ed., Rio de Janeiro, Paz e Terra, 1988, p. 241).
14. Cf. Antonio Candido, "O Mundo-Provérbio", *O Discurso e a Cidade*, p. 105.
15. Cf. Theodor Adorno, *Minima Moralia*, São Paulo, Ática, 1992, p. 82.

det), os estudos sobre a arte japonesa de um Edmond de Goncourt; o idealismo de um Villiers de L'Isle Adam ou Leon Bloy numa linha que vai dar em Huysmans, interessado no mistério e nas "doenças do sentido", sem perder o propósito de "guardar a veracidade documental, a precisão do detalhe, a língua rica e nervosa do realismo", como afirma em *Là-bas*, de 1891. A voga antinaturalista no romance europeu significou também desinteresse pela compreensão do chão material do mundo[16].

Ainda que, com léguas de distância, Zola se diferenciasse da ambiguidade com que o esteticismo do seu tempo respondia à totalidade capitalista, ao escolher a guerra de Sedan e a Comuna de Paris como assuntos do romance de 1892, *La Débâcle*, ele foi jogado no miolo de uma matéria que, afrontando na prática e com radicalidade (no caso da Comuna) a sociedade do capital, chocou-se com os limites da posição anticapitalista do escritor (se essa qualificação não for exagerada), conferindo ao romance uma carga de regressão formal em relação ao trabalho que realizava. A relação entre o narrador e as personagens de *La Débâcle* poderá dar uma boa medida do quanto pode ser revelador um romance ficcionalmente problemático, situando historicamente comportamentos e atitudes.

Fica a questão, respondida apenas em parte, do sentido que a tarefa de escrever esse romance teve para o próprio Zola. O que se pode saber é que, em relação a suas traduções no estrangeiro, Zola afrouxou suas expectativas nos anos de 1880. "Autorizo o senhor mais uma vez a suprimir as passagens que lhe parecerão excessivamente vivas. Elas são pouco numerosas e não estão essencialmente vinculadas à ação", concede surpreendentemente a seu editor alemão em 1884, revertendo

---

16. Uma ruptura com a ideologia da Terceira República francesa (que vai até a entrada de Hitler na França em 1940) será levada a cabo por Jean-Paul Sartre, na sua marcha filosófica em direção a uma filosofia não-contemplativa, interessada na experiência viva, mais do que no arranjo bem organizado dos conceitos.

justamente um dos pontos decisivos das suas escolhas de procedimentos, que era não conferir centralidade à intriga. No caso dos leitores estrangeiros, ele não se preocupa com uma recepção que procure sobretudo enredo e ação, com o que talvez respondesse aos mecanismos do mercado editorial globalizado. Delega a decisão ao tradutor porque, segundo diz, ele conhecia melhor os leitores alemães[17].

*

Sublinho alguns pontos de interesse para uma análise de *La Débâcle*. Esse penúltimo romance do ciclo, epílogo histórico de todo o conjunto sobre o Império de Luís Napoleão, narra os últimos momentos da derrota na guerra franco-prussiana, em Sedan (1870) e os últimos momentos da Comuna de Paris (1871). Mas será mesmo da guerra e da Comuna que ele trata? Sabemos que, em todo bom romance, a passagem da posição particular do escritor para a situação ficcionalizada nunca é direta, mas mediada, assim como também a passagem da experiência social para a literária. A oposição pessoal de Zola à Comuna de Paris não seria argumento suficiente para o malogro do romance. Não seria suficiente, mas foi decisiva enquanto posição hegemônica do tempo[18].

Nos anos de 1890, a ameaça de um movimento como a Comuna de Paris ainda era um risco que a burguesia precisava controlar, invertendo para isso o sentido do horror e da violência com que a Comuna tinha sido massacrada. Além disso, são

---

17. Cf. Émile Zola, *Correpondance* (éd. B.H. Bakker), Paris, Éditions du CNRS et Presses de l'Université de Montreal, vol. 3, 1982.
18. A letra da música *A Internacional* foi escrita para a Comuna de Paris, em junho de 1871, pelo *communard* Eugène Pottier, e a música composta, em 1888, pelo operário anarquista Pierre Degeyter. A título de lembrança, os dois primeiros versos diziam "Debout! Les damnés de la terre / Debout! Les forçats de la faim" (na tradução em português "De pé, ó vítimas da fome / De pé! famélicos da terra").

desses anos as discussões, à esquerda, sobre a aliança entre proletários e camponeses, quando (em 1891) Karl Kautsky – que terá influência marcante na política social-democrata – defende a ruína necessária da propriedade camponesa e condena aquela aliança, que efetivamente não ocorreu, enfraquecendo o próprio alcance da Comuna.

O escritor que, no ciclo dos Rougon-Macquart, estava expondo o alcance do projeto moderno burguês do Império (dando em miséria no campo, especulação e atividade industrial e, ao mesmo tempo, em enriquecimento, corrupção e pobreza), comungava na hostilidade corrente contra o alcance revolucionário do governo da Comuna, durante seus 72 dias de existência na sequência da derrota para a Prússia – um "governo do povo pelo povo" e a "antítese do II Império", como disse Marx.

Para Henri Mitterand, com o endurecimento de sua posição em relação à Comuna, o escritor teria estabelecido uma unidade mais firme entre as ideias de método, de ciência e de naturalismo. Bem olhada, essa unidade que mescla a ideia de naturalismo, como método e ciência, à de patriotismo e nacionalismo, nos termos da doutrina e a serviço de ideologias, cimenta a encenação de uma prosa realista-naturalista em *La Débâcle*. Falo em encenação porque os procedimentos narrativos do romance se servem de alguns recursos da prosa naturalista, mas numa direção contrária, que leva água ao moinho daqueles que viam, no romance naturalista, apenas explicações mecânicas baseadas na biologia.

Como se ratificasse os preconceitos correntes, mas alertando inadvertidamente para os os seus limites, há em *La Débâcle* fatalidade da ação justificada por patologias hereditárias, mecanicismo na concepção de espaço e tempo, mescla explícita de pretenso documentário e fábula moral. O romance interessa como resposta ficcional possível num momento de definição de um patamar histórico, resposta que é em tudo oposta à chave crítica contida no subtítulo do ciclo – *História Natural e Social de uma Família sob o Segundo Império*. Chave que pressupunha, em cada um dos demais romances, uma negatividade entranhada no conceito de determinismo naturalista.

Muitas vezes entendido indevidamente pela crítica como adesão a um suposto fatalismo dos acontecimentos, o fatalismo acaba sendo assumido pelo romance de 1892. Desse modo, o encadeamento da trama desmente o que o próprio Zola escrevera: "mas não é preciso usar a palavra fatalidade, que seria ridícula em dez volumes. O fatalismo é um velho instrumento". *La Débâcle* é exemplar pela reverência da forma narrativa a uma versão normativa e argumentativa dos fatos narrados, redutora da complexidade da história e, assim, indicando, na contramão do ciclo dos Rougon-Macquart, de que o modo os projetos naturalistas e realistas poderiam encontrar seus próprios limites. O ponto mais revelador, que por enquanto venho apenas indicando com insistência, é o comportamento do narrador.

Os limites do romance levam a perguntar sobre a particularidade da matéria do romance que, como venho adiantando, fazia explodir de modo escancarado a modernidade (a qualquer preço) do Segundo Império napoleônico, até que sua pretensão de hegemonia europeia fosse desbancada pela Alemanha nos anos de 1870. Os assuntos tratados em *La Débâcle* desmentiam o andamento ideológico habitual da vida capitalista, dado o caráter particularmente agudo das experiências narradas – uma guerra e uma revolução operária recentes. Tanto a guerra franco-prussiana como a Comuna de Paris suspendiam e desestabilizavam as promessas liberais dando a ver, como afirma Zola no sentido burguês da expressão, "um espetáculo monstruoso". Volto a isso em "Prosa e Tempo de Crise: Tarefas Realistas" (pp. 52 e ss.).

O papel desestabilizador de Comuna de Paris diante da "comédia ideológica" burguesa pode ser confirmado pela referência que Marx faz à carta do Ministro dos Negócios Exteriores, Jules Favre, em "A Guerra Civil na França", que em 1870 confessa claramente a Gambetta que eles "'se defendiam' não contra os soldados prussianos, mas contra os operários de Paris". Isso posto e sabido, a questão que poderia ser colocada para um escritor verdadeiramente à altura do seu tempo, seria: qual o ângulo narrativo escolher para tratar esses assuntos, em 1892?[19]

Feita a pergunta, a resposta deve reconhecer que não foi possível a Émile Zola tratá-los como matéria ficcional que exigia os mesmos recursos ficcionais trabalhados nos outros romances. Malogrado, sem enfrentar com vigor formal os antagonismos postos pelo tempo, *La Débâcle* é o resultado de um realismo fraco que revela os fundamentos de um trabalho regressivo com o material histórico-ficcional, frente às determinações históricas. Adiantando um pouco mais, a forma literária irá então destoar da matéria narrada, ainda que pudesse confirmar, até certo ponto, as pretensões do autor quanto ao que pretendia dar a ver a seu leitor. Não foi possível ao escritor tratar seus assuntos com o distanciamento crítico que sustentou seus melhores romances.

Escolher a leitura de um mau romance no conjunto dos bons romances naturalistas do autor (insisto em lembrar que *L'Argent* foi publicado apenas um ano antes de *La Débâcle*), e no contexto de um estágio capitalista de uma sociedade já diferenciada, pode ser mais do que uma boa provocação. Vem também desse romance, devolvido a seu contexto histórico e literário, mais uma lição sobre a "ideia social de forma", expressão de Roberto Schwarz ao ler a análise de Antonio Candido sobre o romance de Aluísio Azevedo, que retomarei adiante para discutir as tarefas realistas da prosa literária.

Das três partes com oito capítulos cada uma, que compõem o romance, Zola dedicou à Comuna de Paris apenas os dois últimos capítulos da terceira parte. Mesmo assim o episódio dá o eixo a todo o romance, e arma um campo ideológico comum com a narrativa sobre a derrota na guerra. De modo geral, a crítica

---

19. "O triunfo de Paris sobre o agressor prussiano teria sido o triunfo do operário francês sobre o capitalista francês e seus parasitas dentro do Estado" (cf. Karl Marx, *Obras Escolhidas,* São Paulo, Alfa-Ômega, s.d., vol. 2, pp. 64-65).

costuma valorizar a narrativa de guerra, em *La Débâcle,* e passar rapidamente pelos dois capítulos finais (a crítica contemporânea de Zola praticamente os desprezou). Ao fazer isso, ela perde de vista a pretensão de unidade ideológica entre esses dois acontecimentos históricos, que é significativa para o que o autor parece pretender. O tratamento literário da Comuna conduz retrospectivamente todo romance moldando a narrativa inicial, mais longa, sobre os últimos momentos da guerra franco-prussiana.

Para além da afirmação óbvia quanto à natureza própria desses fatos diversos, uma guerra e um movimento revolucionário, a insistência do romance em fazer crer que são experiências semelhantes, escolhendo um modo de narrar cujo propósito parece ser justamente um esforço para compatibilizá-las, precisa ser ressaltada. A construção do juízo do narrador se estende da guerra para a Comuna de Paris. Explicitamente, o que os une é um lamento pela perda da fraternidade entre os homens. O narrador os costura por uma aposta na reconstrução futura do Estado nacional, com a derrota da Comuna, promessa que já teria sido realizada no tempo em que escritor elabora seu romance.

Ao contrário do desfecho promissor de *La Débâcle,* em outros romances do ciclo os desfechos em suspense tinham marcado, com força crítica e melancólica, o grande entusiasmo popular despertado pela declaração da guerra franco-prussiana. Em *Nana* (1880), uma multidão entusiasmada brada a favor da guerra quando ela acaba de ser declarada, enquanto Nana, símbolo da devassidão imperial, morre corroída pela varíola; em *La Bête Humaine* (1890), soldados bêbados cantam alto, abestalhados, enquanto são levados à morte pelo trem descarrilhado, antes mesmo de chegar aos campos de batalha que, afinal, estarão descritos e narrados em *La Débâcle.*

No fim de *Nana,* um breve diálogo sobre a guerra próxima pontua a inconsequência generalizada e os termos do debate do tempo: Mignon, prático e realista, estima que ela poderá alimentar os canhões com carne humana; Fontan, um tipo cínico e estetizante, acredita que ela trará à vida prática a dimensão do sublime. Assim o narrador dá a ver, sublinhando com distanciamento crítico, a reação da opinião pública à chegada da guerra, deixando em aberto uma problematização cujos resultados poderiam ter sido colhidos em *La Débâcle*. Aqueles desfechos, no contexto da análise crítica que Zola fazia do II Império, levam a pensar que eles tenham, como pressupostos, fatos semelhantes aos que a *communard* Louise Michel conta em 1898.

Os espiões policiais e os imbecis berravam: À Berlin, à Berlin! À Berlin! Repetiam os ingênuos, imaginando que iriam à guerra cantando *Le Rhin allemande*; mas daquela vez, o rim não tingiu nosso copo e foi no nosso sangue que os pés dos cavalos deixaram suas marcas. Os administradores financeiros entraram em cena mais uma vez. [...] Viram-se, depois disso, empreendimentos financeiros ainda mais monstruosos do que os daquele tempo. Diante dos preparativos para a guerra, havia manifestações pela paz compostas por estudantes, internacionalistas, revolucionários[20].

O debate naqueles anos deixava claro que a declaração de guerra de Napoleão III pretendia continuar alimentando a ignorância das classes populares sobre o que se passava (incluindo as expedições colonialistas do Império), além de mostrar desprezo pelos interesses dos trabalhadores. Tal era a posição assumida pelos operários franceses que se opunham ao II Império:

Se a emancipação das classes operárias exige o seu esforço fraterno, como podem realizar esta grande missão quando a política externa só visa a projetos criminosos e, explorando os preconceitos nacionais, só desperdiça o sangue e os tesouros dos povos em guerras de rapina? [tinha perguntado Marx em 1864][21].

---

20. Cf. Louise Michel, *La Commune. Histoire et souvenirs*, 3. ed., Paris, Éditions La Découverte & Syros, 1999, p. 25. A tradução é minha.
21. Cf. Madeleine Reberioux, "O Debate sobre a Guerra", *História do Marxismo*, Rio de Janeiro, Paz e Terra, 1986, vol. IV, p. 282.

As multidões que gritavam a favor do combate contra a Prússia, na mesma rua em que Nana morria apodrecida pela bexiga, ou os soldados que iam sendo levados à morte, cantando bêbados num trem descarrilhado, explicitavam o regozijo ilusório de quem não dava conta do conjunto da situação em que tinham sido mergulhados (assim como, numa marcha sem críticas do processo capitalista, os supostos êxitos parciais do sistema são comemorados de modo eufórico). Por isso mesmo é possível imaginar que, se a matéria de *La Débâcle* tivesse sido trabalhada com o mesmo ímpeto formal dos outros romances de Zola, ele poderia ter apontado essa alienação na própria elaboração ficcional, tópico que não pode perder de vista o sentido do oposto nele embutido.

No entanto, ao contrário de uma exposição crítica, a resposta do romance vai instalar, na própria narrativa, o procedimento de esfacelar o todo e reificar suas partes, o que se pode observar no modo como o narrador encaminha a andança desgovernada dos soldados nos momentos finais da guerra franco-prussiana e, finalmente, no modo como dissocia o processo político-econômico e a marcha capitalista do Império, com sua opção pela guerra, da alternativa trazida pela Comuna. Desse modo o romance antecipa, sem se dar conta, um processo de retalhamento da totalidade que começará a ser regra, e hoje acaba por conferir sentidos autônomos e pontuais a fragmentos a que ficam reduzidas as experiências dos sujeitos contemporâneos da autonomia do capital financeiro. Haverá ainda uma saída emancipatória possível?

É significativo que os estereótipos de *La Débâcle* tenham sido bem acolhidos e desdobrados no plano das leituras críticas. Além disso, as leituras de *La Débâcle* têm passado ao largo dos restos que o romance larga na narrativa da guerra, e que apontam para um outro romance possível, no avesso do que é apresentado. Se não é possível garantir que o escritor tenha tido algum constrangimento ao elaborar sua história, o leitor interessado pode encontrar pistas do que a ideologia e a falta de senso histórico fizeram a forma perder, massacrada pela dificuldade de uma visão de conjunto e pela falta de uma reflexão crítica.

Como ponto de fuga do ciclo dos Rougon-Macquart, *La Débâcle* revela muito no seu desastre ficcional: o narrador vai largando pelo caminho alguns restos indesejáveis, que não irrompem como forma do romance. São restos que fazem ver a derrocada final do narrador que, naquele momento, abdica de uma posição de distanciamento a-crítico e não é capaz de assumir as próprias contradições. Um saldo que, mesmo dando em debacle formal, pode vir cobrar a sua dívida e, assim, dar interesse ao romance. Destacar esses restos indesejáveis é uma maneira menor de pagá-la, dando a ver a negatividade recalcada.

A maneira como o narrador desenvolve a narrativa da derrota de Sedan lembra um fantoche, aquele jogador de xadrez que vencia sempre seu adversário. Ele era manipulado por um anão corcunda, mestre no xadrez, num tabuleiro que parecia ser completamente visível pelo efeito de um jogo de espelhos. Na primeira tese de "Sobre o Conceito de História" de Walter Benjamin, a imagem representava a manipulação do fascismo, que ainda poderia ser revertida se o mecanismo fosse desmascarado. Vale a pena pensar, se for justa a lembrança benjaminiana, porque uma imagem apropriada às manipulações autoritárias poderia caber também no horizonte histórico revelado pelos bastidores deste romance de Émile Zola[22].

Pego carona na reflexão de Perry Anderson para expor a questão: como conciliar visada crítica e negativa ("pessimismo histórico") e notação realista ("representação da totalidade dos objetos"), desde que "o desenvolvimento do capitalismo lançara a classe trabalhadora revolucionária contra uma burguesia que não mais acreditava trazer o futuro consigo e estava decidida a esmagar qualquer sinal de alternativa a seu domínio?"[23]

---

22. Cf. Walter Benjamin, "Sobre o Conceito da História", *Magia e Técnica, Arte e Política*, São Paulo, Brasiliense, 1985, pp. 222 e 224.
23. Na continuidade, escreve Perry Anderson: "Nessa situação muito diversa – mas após 1848 muito mais típica –, as conexões do passado com o presente foram cortadas na ficção europeia e o romance histórico foi gradualmente se tornando um gênero morto, de antiquário, especializando-se em representações, mais ou menos decadentes de um passado remoto, sem conexão

Resumo, por enquanto, em duas palavras: em nome de uma pretendida unidade ideológica, a situação dos soldados do 7º batalhão derrotado em Sedan e a situação dos combatentes da Comuna de Paris não encontram formas literárias capazes de dar conta do sentido mais complexo desses acontecimentos. O preço dessa impossibilidade é alto, em termos históricos e estéticos, mas serve à reflexão. Trata-se, portanto, de ver *La Débâcle* como o oposto dos melhores resultados formais dos romances de Zola, e de vê-los também por comparação. Oposto que se dá em ponto revelador dos resultados da experiência contemporânea.

*

A crítica da época dividiu-se entre uma apreciação política (vinda de patriotas católicos e militaristas que viram ali acusações ao exército francês) e uma apreciação estética. Ao responder às primeiras, Zola declarou suas próprias intenções moralistas e patrióticas. De fato, muitos leitores de 1892 cobraram exatidão dos fatos, respeito pela resistência da armada francesa e chegaram a defender o Imperador e a considerar leve demais o retrato da Comuna; grande parte deles, por outro lado, tirou sentimentos de conforto e interpretações morais das cenas dos soldados na guerra.

Anatole France, que dela participara, testemunhou a veracidade do relato ("nós procurávamos em vão compreender os movimentos das tropas"), destacou o senso épico das multidões, a pintura dos que "sofrem e morrem" pela pátria, a importância maior conferida à "infeliz armada" do que aos indivíduos, ainda que aqui, ao invés de "humilhar a natureza humana", Zola tivesse mostrado pessoas corajosas (ele enumera o coronel Vineuil, o tenente Rochas, o canhoneiro Honoré, o cabo Jean Macquart)

viva com a existência contemporânea, ou funcionando como rejeição dela ou evasão. Esse o caso, arquetipicamente, da fantasia sobre a Cartago antiga construída por Flaubert em *Salambô* (cf. "Trajetos de uma Forma Literária", *Novos Estudos Cebrap*, mar. 2007, p. 206).

a quem faltavam chefes; Georges Pellissier também destaca a armada como o verdadeiro herói do romance e minimiza os episódios individuais; Gaston Deschamps fala das multidões que formigam nessa "obra-prima" sobre o massacre da sociedade e da nação que levou de roldão, como nunca, as ambições e esperanças, mas onde se vê um país ferido a ser refeito[24].

O artigo que Henri Mitterand considera o melhor dentre todos, pela análise da composição da obra, é o de Émile Faguet. Curiosamente, um crítico tradicionalista e ultraconservador (suas ideias discutíveis "sabiam se fazer discutir" é o veredito de Thibaudet a seu respeito), um *anti-dreyfusard*, membro em 1898 da Liga da Pátria Francesa, que deu "substância espiritual" à política da Liga dos Direitos do Homem. Embora em campo oposto ao de Zola, Faguet julgou *La Débâcle,* "com suas belas cenas de horror", um verdadeiro épico e o seu melhor romance, com o qual o escritor teria superado o romantismo entranhado nos outros[25].

Também Faguet fica reconfortado e acredita que, a despeito de pintar a derrota, esse romance mostraria, ao contrário dos outros romances de Zola, o melhor do país (o romance "tem verdadeiramente o 'espírito das coisas belas'"). Os dois pontos que incomodaram o crítico são realmente de interesse, se seu artigo for lido como sintoma e pelo avesso. E eles deixam curiosidade em saber como terá se situado frente a esses pontos o próprio Zola, ao escrever seu romance. São eles: o tratamento

---

24. Cf. Henri Mitterand, "Étude", *La Débâcle*, Paris, Éditions Fasquelle et Gallimard, édition intégrale publiée sous la direction d'Armand Lanoux, études, notes et variantes par Henri Mitterand, 1967, p. 1434.
25. Essas Ligas sustentaram na Terceira República, entre outros pontos, o papel central das "famílias tradicionalistas e católicas afastadas dos cargos políticos e administrativos, o dever de se manterem como grandes proprietários, profanos e militaristas e de terem uma concepção do mundo e da vida compatível com tais posições; o papel da boa consciência moral e da expressão literária que, florescendo numa elite numerosa e cultivada, ajudassem a construir ideologias que legitimem, esclarecessem e idealizassem essas concepções espontâneas do mundo, do espírito e da França" (cf. Albert Thibaudet, *Histoire de la Littérature Française (de 1790 à nos jours)*, p. 418).

conferido aos soldados na guerra e a desproporção da narrativa sobre a Comuna, focada apenas na "semana sangrenta".

Para Faguet, a presença do próprio Imperador que, em intervalos precisos, surge ao fundo de algumas poucas cenas, teria dado a unidade necessária ao pesadelo, marchas e contramarchas incoerentes dos soldados, à agitação febril e delirante das tropas no fim da guerra. Faguet entendeu que o narrador, pressionado a explicitar a marcha das tropas para o leitor numa longa narrativa, que não poderia mostrar soldados ignorantes durante todo o tempo em que são "levados e trazidos por todas as estradas da Alsácia", teria sido obrigado a mostrá-los como se compreendessem os movimentos que são obrigados a fazer. Para Faguet, a questão seria como manter a unidade necessária da narrativa, sem ser inverossímil.

A sua sugestão é prática: que o próprio narrador localizasse na abertura de cada um dos capítulos, o ponto exato em que se encontrava a tropa naquele episódio, evitando ser obrigado a fazê-lo por meio dos próprios soldados. Veremos adiante quais foram as estratégias do narrador de Zola, para que o tema do estranhamento dos soldados não tomasse a dianteira. Interessa sublinhar que Faguet leu como excesso de conhecimento estratégico a incompreensão dos soldados quanto às idas e vindas das suas tropas sem rumo. Quanto à Anatole France, a desorientação serviria para garantir caráter documental e verdadeiro do narrado. Quanto aos antirrealistas de plantão, mesmo eles entenderam que ali estaria a sustentação do caráter épico e histórico do romance.

Émile Faguet compara a narrativa de Sedan e a descrição da batalha de Waterloo em *La Chartreuse de Parme,* de Stendhal, observando que só mesmo em episódios curtos seria possível mostrar personagens que apenas assistiam, "sem nada compreender", a um acontecimento daquele porte. Mas seria também anacronismo esperar que Faguet pudesse cogitar que Stendhal – escrevendo no período da Restauração bourbônica e assumindo a dificuldade de representar a batalha que Fabrice Del Dongo mal reconhece, depois de um esforço ingênuo para alcançá-la – punha sob suspeita o sentido daquela ambição personalista no culto a Napoleão I, levando a pensar sobre os limites dos projetos individualistas, a falta de atitude política, a derrota e a nova ordem social e política conservadora que se seguiu – a Restauração. Lembro que a Faguet agrada apenas este romance de Zola, e que a ele não é dirigida, por nenhum dos críticos, a pecha de desprezo pelo "literário" e pelo "estético" (as aspas remetem aos termos no contexto em que eles são empregados pelos antirrealistas), com que são comumente rotulados os romances realistas e naturalistas. Perceber o que estava embutido no material ficcional das cenas de guerra no romance seria, por certo, pedir muito a Émile Faguet ou aos críticos seus contemporâneos. Um anacronismo. Mas seria pedir muito, a Émile Zola, como ficcionista, nos termos em que ele mesmo vinha tratando seus assuntos, durante todo o ciclo dos Rougon-Macquart? Como se verá, a Comuna de Paris foi uma determinação poderosa na constituição de *La Débâcle*.

O caos, a desordem, e a falta de rumo das tropas que serão massacradas em Sedan eram o resultado de uma guerra declarada em condições intempestivas por Napoleão III, e aceita de forma irrefletida e entusiasmada por grande parte da população (como Zola tinha sugerido em outros romances). Documentos oficiais mostraram depois, com clareza, a precariedade daquela máquina de guerra na qual o Império apostara, sem condições técnicas.

Quando Louise Michel, a famosa *communard*, escreveu suas memórias em 1898, trouxe à baila esses documentos oficiais, que ficaram conhecidos quando foram publicados como despachos, dando conta da falta de condições do projeto imperialista francês diante da Prússia. Mas para aqueles que, na França, se posicionaram contra a invasão da Alemanha e contra a guerra franco-prussiana, esses documentos apenas confirmaram o sentimento forte e a intuição impecável de que estavam sendo enganados pelo Ministério da Guerra e pelo Estado napoleônico.

Aquela guerra que expunha exemplarmente os soldados como acessórios secundários no jogo de poder das nações e dos interesses financeiros era apenas um prelúdio, como se sabe, do que viria a ser mais tarde a dominação do planeta, sob a égide do progresso técnico-militar. Vencida a guerra, o partido operário alemão que a tinha apoiado junto com os homens do campo, reconhecendo que mais uma vez os trabalhadores tinham sido vítimas de interesses maiores e internacionais, manifestou-se contra a anexação da Alsácia e da Lorena.

O outro ponto levantado por Faguet diz respeito à narrativa da derrota da Comuna, observando que ela chega ao leitor sem nenhuma preparação, ficando solta e sem justificativa em relação ao todo, como se viesse "de um outro país e de outro hemisfério". O mais significativo, no entanto, está na pergunta que ele faz a Zola: a Comuna teria sido um último efeito da guerra ou um último efeito do Império? Assim, Faguet separa o que não pode ser separado historicamente e minimiza o sentido da corrupção imperial, afirmando que um jovem com vinte anos, em 1865, ainda poderia ter "a ingenuidade de acreditar um pouco" nela. Ele tira da cena justamente a crítica ao Império, que sustenta o ciclo dos Rougon-Macquart[26].

A resposta dada pelo romance vai de encontro com a que daria o próprio Faguet. Sim, a Comuna foi antes um efeito mais pontual da guerra de Sedan, um grito de nacionalistas desesperados, inconformados, perdidos e levados ao extremo da loucura que se infiltrou em todos, nas condições precárias da vida da cidade, abandonada pelos bons burgueses diante da violência. Em Zola a narrativa da Comuna está diretamente ligada à narrativa da guerra, e se o Império empalidece, muito mais as origens complexas da Comuna, que, como se sabe, passam também pelo papel centralizador da cidade de Paris e consequente desprezo por uma forma de poder municipal mais democrático,

---

26. "Antítese direta do Império era a Comuna. O brado de 'República social', com que a Revolução de Fevereiro foi anunciada pelo proletariado de Paris, não expressava mais que o vago desejo de uma República que não acabasse com a forma monárquica da dominação de classe, mas com a própria dominação de classe. A Comuna era a forma positiva dessa República" (cf. Karl Marx, "A Guerra Civil na França", *Obras Escolhidas*, São Paulo, Alfa-Ômega, s.d., vol. 2, p. 80).

que contrabalançasse o papel dos monarquistas tradicionais e do autoritarismo bonapartista.

Detenho-me, por fim, dentre os contemporâneos de Zola, nos comentários de Gustave Kahn, poeta simbolista, que critica as "descrições documentais", os breves sumários entalados entre duas frases descritivas, as paisagens tratadas de modo fortuito, e conclui pela desproporção entre meios técnicos e grandeza do assunto. Para Gustave Khan, esses problemas não estariam apenas neste romance, *La Débâcle*, mas seriam comuns a todos os romances de Zola, verdadeiros melodramas que pretenderiam fazer crer, ao leitor, a verdade dos fatos narrados, e invocar sua participação na narrativa.

Na descrição inicial do romance (citarei no momento oportuno), além de exatidão excessiva, Kahn aponta semelhanças com uma gravura romântica convencional – soldados imóveis como estátuas, de olhar perdido, contemplando ao longe a pátria distante, ou o inimigo que se não consegue distinguir. Dentre as personagens secundárias de origem pequeno-burguesa e camponesa, ele considera excessivamente banal a construção de Weiss (ao contrário de Faguet), alsaciano clarividente e heroico, que propõe estratégias de guerra por conhecer bem a região, e que talvez tivessem podido levar a batalha a tomar outro rumo.

Kahn não vê interesse maior no episódio de Weiss no romance, que remete ao quadro *Les dernières cartouches*, de Neuville, um apelo à imaginação popular anterior ao romance, que pinta a defesa heroica de uma casa pelos seus moradores em Bazeilles. Deixo para retomar adiante o episódio em que aparece a personagem Weiss, que morre defendendo sua primeira propriedade – uma pequena casa que, enfim, tinha conseguido comprar. Adianto, no entanto, que no episódio de Weiss como um mártir nacional, perpassam aqueles restos indesejáveis, aqueles rastros perdidos que não chegam a pregar nenhuma peça grave no narrador astuto[27].

---

27. Alphonse Neuville foi o pintor de cenas militares na III República, impregnadas de caráter heroico e nacionalista. Este quadro está hoje no Museu d'Orsay.

Se há algum acerto nas críticas de Gustave Khan (ele sugere inclusive que a escolha do assunto de *La Débâcle* mirava um interesse de época e boas vendas, aproveitando a maré de alta popularidade que o escritor tinha alcançado), sua generalização crítica, abarcando todos os romances, as torna inconsistentes e elas se perdem na vala comum dos elogios, ao ignorar os dois capítulos sobre a Comuna de Paris. Esse é o ponto.

2. Prosa e Tempo de Crise: Tarefas Realistas

Na sequência da pergunta feita por Perry Anderson (como conciliar visada crítica e negativa – "pessimismo histórico" e notação realista – "representação da totalidade dos objetos" –, desde que "o desenvolvimento do capitalismo lançara a classe trabalhadora revolucionária contra uma burguesia que não mais acreditava trazer o futuro consigo e estava decidida a esmagar qualquer sinal de alternativa a seu domínio?"), e olhando o conjunto dos romances do ciclo dos Rougon-Macquart, chama atenção o modo como Émile Zola enfrentou o assunto da Comuna de Paris mais de vinte anos depois de ocorrido.

Que a lembrança da Comuna estivesse viva nos anos de 1890 não constitui novidade do ponto de vista da história. O que pode dar a pensar é o que fez desse assunto o escritor experiente, de posições políticas progressistas que, para realizar seu projeto de romance naturalista tinha estado sempre atento ao poderoso material crítico e formal acumulado por uma larga tradição de prosa anterior, sempre disposto a pesquisar os documentos históricos, a entrevistar pessoas e a colher depoimentos.

As tarefas realistas da prosa evidentemente não se esgotam e nem dependem necessariamente desse tipo de pesquisa. É preciso que a matéria recolhida possa revelar, pela mediação ficcional, o ainda não previsto, o que está sendo descartado como improdutivo (a repetição é proposital) ou o que, sendo da ordem da prática dos homens, é tido no entanto como processo natural.

De qualquer modo, nem mesmo o procedimento de pesquisa habitual do escritor foi seguido à risca, no caso de *La Débâcle*. Henri Mitterand publicou uma carta inédita escrita a Émile Zola por P. Martine, em 29 de fevereiro de 1892, e sublinhou as razões que o levaram a divulgá-la. É bom não perder de vista que, como informa Mitterand, "a última palavra de *La Débâcle* foi escrita apenas no dia 12 de maio", e que o romance começou a aparecer em *La Vie Populaire* no dia 21 de fevereiro. Cito Mitterand:

> No momento em que ia se dedicar às páginas consagradas à Comuna, ele recebeu de um homem que lhe era desconhecido, assim como o é também para nós, uma carta que publicamos integralmente, em razão de sua dignidade, e também porque ela merece ser comparada aos quadros e retratos que Zola pinta rapidamente nos seus dois últimos capítulos (carta inédita, coleção Jean-Claude Le Blond)[28].

O que dizia essa carta "absolutamente confidencial" de P. Martine, que terminava "com um súplica" que Zola não levou em consideração? Seu autor dizia ser um funcionário do Estado, pobre e com a (má) reputação de homem independente, temendo por isso que a carta pudesse ameaçar a segurança de sua família. P. Martine era um professor secundário, socialista militante, antigo aluno da Escola Normal Superior, antigo *communard* e revolucionário, que tinha sido exilado na Rússia. Admirador de Zola, presenciara com alegria a boa acolhida do romancista naquele país.

Após ter lido os primeiros capítulos de *La Débâcle* pela imprensa francesa, pôde entrever que os acontecimentos da Comuna iriam fazer parte da narrativa e decide escrever ao escritor. Cito algumas passagens da carta:

> Vinte e um anos são passados desde então, e à geração relativamente ardente de 1870 sucedeu-se a geração indiferente e cética que vemos

---

28. Cf. Henri Mitterand, "Étude", *La Débâcle*, p. 1437. A tradução é minha.

agora em volta de nós. Nenhuma grande obra foi escrita sobre a Comuna. Pensei algumas vezes que tentaria isso, mas sempre me desviei dessa ideia acreditando ser necessário um homem de talento para escrevê-la[29].

Aqui é o caso de lamentar que o peso de uma ideia de "homens de talento", desabando sobre o professor de liceu, pudesse ter exercido uma autocensura num escritor supostamente "menor", impedindo que ele escrevesse sobre o assunto. Mas ainda que essa possa não ter sido sua única razão, vale supor que essa autocensura fazia parte de um clima de época e de lugar: indiferença e ceticismo generalizado que em 1892, vinte anos depois de terminada a guerra civil, o missivista detectava mesclado a temor de retaliação como ex-combatente da Comuna, diante do Estado republicano francês, no tempo em que, "de meados dos anos 1890 à Grande Guerra, a orquestra econômica mundial tocou no tom maior da prosperidade, ao invés de, como até então, no tom menor da depressão"[30].

Continuo com mais um trecho da carta:

A História costuma ser dura com os vencidos, eu sei disso; mas a sua obra é mais do que uma história, ela é uma ressurreição, uma fotografia, um drama vivo. [...] Se sua obra, ao invés de chegar até o dia 2 de setembro, prolongar-se até o dia 29 de maio, reflita ainda, Mestre! Seja clemente com os mortos da Comuna, pois aqueles que foram mortos eram ainda os melhores! Pense que nós estávamos todos, quer os mais velhos quer os muito novos, tomados pelo ideal, sedentos de justiça social, humanos com os vencidos, e cometemos apenas o erro de termos sido massacrados. Pense nas mulheres evisceradas, nas crianças fusiladas (falo daquilo que vi) sob ordens de jovenzinhos insignificantes carregando

---

29. Cf. "Étude", *La Débâcle*, p. 1419. A tradução é minha.
30. "Na verdade, o contraste entre a Grande Depressão e o *boom* secular posterior motivou as primeiras especulações sobre aquelas ondas longas no desenvolvimento do capitalismo mundial, mais tarde associadas ao nome do economista russo Kondratiev. Nesse ínterim, de qualquer maneira, tornou-se evidente que aqueles que haviam feito previsões sombrias acerca do futuro do

a cruz do papa, eles que dois meses antes fugiam como lebres com o traseiro cheio de chutes na bunda dados pelos prussianos[31].

Com bastante probabilidade de acerto, é possível supor que um livro escrito por P. Martine seria capaz de acrescentar espessura histórica à matéria do romance de Zola, que não construiu ficcionalmente um objeto de conhecimento, posto como problema, integrado numa totalidade também problemática que deveria incluir os limites do próprio narrador. A carta foi ignorada por Zola. Tomando partido da ala mais conservadora nos debates do seu tempo, *La Débâcle* não enfrenta o assunto da Comuna de Paris, e passa ao largo do sentido mais fundo daquela experiência de derrota na guerra – o desconcerto que envolve soldados de origens sociais diversas, generais, imprensa parisiense e moradores das cidades próximas de Sedan, como o industrial que toca a empresa familiar e, ainda nostálgico do Império, lamenta por Napoleão III, enquanto culpa os deputados republicanos pelo desastre nacional, ao impedirem que mais homens e mais dinheiro fossem escoados para a guerra.

O que será mostrado em "Narrador Sabido, Personagens sob Medida" (pp. 127 e ss.) é de que modo a construção do narrador conflui com um princípio "realista" meramente formal, dando o limite histórico-ficcional (ou o realismo fraco) de *La Débâcle,* que procura garantir a posição de um narrador que parece saber até onde quer chegar em relação ao que narra. Esse realismo fraco vem da tentativa de centralizar a posição narrativa como um eixo de despiste das dificuldades de enfrentamento da matéria.

---

capitalismo, ou mesmo acerca de seu colapso iminente, haviam errado. Entre os marxistas ocorreram discussões acaloradas sobre o que isso implicava para o futuro de seus movimentos e se a doutrina de Marx teria de ser 'revista'. [...] A questão importante não é quem, no contexto da economia mundial em expansão, cresceu mais e mais rápido, mas o conjunto do crescimento desta" (cf. Eric Hobsbawn, *A Era dos Impérios – 1875-1914*, pp.74-75).

31. Cf. "Étude", *La Débâcle*, p. 1420. A tradução é minha.

O material épico da guerra de Sedan e da Comuna de Paris fica desperdiçado no meio do ciclo. Para escamotear as contradições da sua matéria que, ao fim e ao cabo, são as da totalidade capitalista figurada pelos movimentos da guerra entre nações e da revolução proletária, o narrador toma posição deliberadamente esquiva e calculada, evitando ser respingado por aquilo que conta, com distância bem medida. Essa pretensa distância é em tudo oposta a um distanciamento crítico em relação à matéria narrada que, levado a cabo, poderia expor o próprio narrador como uma personagem dentre outras. O comportamento do narrador, que preza sua eficiência, revela as condições de tempo e lugar em que o romance foi escrito.

O narrador é construído para evitar temas incômodos, num romance onde a posição crítica habitual dos romances de Zola se estilhaça deixando, todavia, os resíduos já mencionados, que não são absorvidos pela forma ficcional, o que torna evidente a construção calculada desse narrador que não se intimida. Insisto na ideia de que, se esses restos indesejáveis, como chamei atrás, sufocados na condução romanesca da derrota da guerra e ausentes na narrativa sobre a Comuna, tivessem sido conduzidos com competência narrativa menos empenhada em sabotá-los, ou a fratura entre assunto e forma ficcional seria superada ou, ao contrário, a fratura ficaria mais evidente, como acontece nos capítulos finais sobre a Comuna de Paris.

Esse narrador de *La Débâcle,* procurando dar o passado "como ele de fato foi", não quer "fixar uma imagem do passado tal como ela se apresenta no momento de perigo ao sujeito histórico, sem que ele tenha consciência disso". Nesse sentido pode-se mesmo dizer que a tarefa conferida por Walter Benjamin ao materialismo histórico se assemelha àquela que constitui um narrador ficcional, quando capaz de refazer literariamente a desorganização do mundo, conferindo-lhe organicidade ficcional, mas inconformada e acusadora. Por isso é que o *deficit* ficcional de *La Débâcle,* que aborta esse movimento, toca pelo avesso o nervo da possibilidade de um romance como forma de conhecimento da realidade[32].

No romance de 1892, o que se vê é um verdadeiro programa de abdicação de um material histórico-literário já conquistado e exaustivamente elaborado, inclusive pelo próprio autor. Esse gesto não pode ser desprezado como problema menor. Roberto Schwarz mostra o trabalho em relação à posição do narrador levado a cabo por alguns escritores mais radicais, que viveram a experiência da desinteligência social europeia claramente posta pelos acontecimentos políticos dos massacres de junho de 1848, quando então "normalidade burguesa e, com ela, o conjunto da linguagem contemporânea, passavam a viver em estado de sítio: impregnam-se de acepções inimigas, produzidas pelo antagonismo social – as oficiais de um lado e de outro as vencidas e semiclandestinas".

O "primado do procedimento", referido pelo crítico, significa que o narrador evita opinar para não ser acusado de parcialidade, para fazer falar as vozes recalcadas pelo ódio de classe, resultando na "objetividade *sui generis* da forma moderna" como um outro modo, mais agudo, de tomar posição em relação à complexidade maior que observa na matéria que narra.

Autoridade e significação relativa são conferidas pela mediação do método literário, sobretudo por seus efeitos deslocadores, que funcionam como instâncias e como alegorias da precedência da formação social sobre as intenções subjetivas.

Ele lembra o

[...] esforço metódico de impessoalidade (Flaubert), a tentativa de dar padrão científico à ficção (Zola), o reconhecimento dos problemas ligados ao ponto de vista (Henry James), a utilização demonstrativa da

---

32. Cf. Walter Benjamin, "Sobre o Conceito da História", *Obras Escolhidas, Magia e Técnica, Arte e Política,* São Paulo, Brasiliense, 1985, p. 224.

primeira pessoa do singular – o prisma espontâneo por excelência – em espírito de exposição dela mesma, como se a pessoa fosse a terceira (Dostoiévski nas *Memórias do Subsolo*)[33].

Dou dois exemplos de como o escritor vinha montando sua leitura ficcional do surto de modernização do Império, surto que a Terceira República de Gambetta irá capitalizar como advento de "novos estratos sociais" que então viveriam em regime democrático, afeitos aos lucros da iniciativa privada. Um deles trata do universo da democratização da moda para as classes médias, *Au Bonheur des Dames* (1883), e um outro anterior, *L'Assommoir* (1877), traz a humilhação dos operários artesanais na mesma cidade de Paris, onde a exclusão do mundo do consumo burguês, além de ser um dado realista, é também a alegoria de um impedimento mais definitivo em relação à subsistência e sobrevivência dos pobres, num romance que também apreende com vigor o alcance do mundo da mercadoria[34].

O romance de 1877 se passa entre 1850 e 1869; o outro entre 1864 e 1869. *Au Bonheur des Dames* mostra o destino dos pequenos comerciantes excluídos do novo sistema de circulação das mercadorias imposto pelos grandes magazines, e sustenta com ironia fina uma ambiguidade que invade, implacavelmente, a própria história amorosa. Em *L'Assommoir*, como mostra a análise de Antonio Candido, o desejo do operariado de ser burguês é também o desejo de se vestir e passear como burguês "pelo menos uma vez na vida".

Vistos os dois romances em conjunto tem-se, entre outras coisas, uma medida do alcance restrito e do sentido da pretensa democratização da moda, impiedosamente revelados, pois o "ar de

---

33. Cf. Roberto Schwarz, "Questões de Forma", *Um Mestre na Periferia do Capitalismo*, 4. ed., São Paulo, Duas Cidades/Editora 34, 2000, pp. 161-203.
34. Sobre as transformações na organização social da economia capitalista europeia após 1870, escreve Hobsbawn: "Estabelecer critérios identificáveis era, portanto, urgente para os então membros, reais ou virtuais, da burguesia e da classe média, e particularmente para aqueles cujo dinheiro, por si só, não seria

bicho de outro tempo" que o grupo de operários carrega pelas ruas centrais de Paris, com roupas "misturando diversos momentos da moda num vago carnaval", leva ao riso e à chacota. Para as tarefas da exposição ficcional no romance que tomo aqui como exemplo às avessas, *La Débâcle*, também o lugar do narrador é um material decisivo, se levarmos em conta que nesse romance o escritor já não pode contar com o pressuposto do desvendamento da comédia ideológica burguesa, já desmascarada pela própria matéria[35].

O impasse inesperado, num autor como Émile Zola, leva seu romance a um nível de descolamento da vida prática até então impensado, e pede uma consideração da ordem mais geral sobre as determinações de uma situação exemplar. Os assuntos de *La Débâcle* não permitem nenhum desmentido, nenhuma revelação a contrapelo que não obriguem a levar em consideração o que já está dado na própria matéria. E é justamente dela que o romance precisa se livrar. Diante desse desafio, será mesmo possível escrever um bom romance realista que tenha sua realização garantida apenas pela manipulação de algumas técnicas e procedimentos formais, o que confirmaria finalmente que o romance realista é efetivamente apenas uma "empresa ilusionista"?

Os acontecimentos de 1870 e 1871 – a guerra franco-prussiana e a Comuna de Paris – suspenderam uma vida cotidiana que parecia promissora e progressista, nos termos dos seus ideólogos, e que os romances de Émile Zola vinham tratando, sem recuo, nas suas fissuras: de um lado as chamadas "classes

---

suficiente para a compra de um *status* seguro de respeito e privilégio para si e para sua descendência. [...] Todos exigiam que se preenchessem duas condições: deviam distinguir claramente os membros da classe média dos das classes operárias, dos camponeses e de outros ocupados em trabalhos manuais, e deviam apresentar uma hierarquia de exclusividade, sem afastar a possibilidade de o candidato galgar os degraus da escadaria social. [...] Ao mesmo tempo, no entanto, a grande burguesia não podia separar-se formalmente de seus inferiores, pois suas estruturas precisavam manter-se abertas a novos membros – uma vez que esta era a natureza do seu ser – e porque precisavam mobilizar, ou pelo menos conciliar, as classes médias e as inferiores, a fim de enfrentar as classes operárias, sempre mais mobilizadas" (cf. *A Era dos Impérios*, pp. 245 e 250).

35. Cf. Antonio Candido, "Degradação do Espaço", *O Discurso e a Cidade*.

perigosas" andando pelo centro de Paris e atrapalhando a bela cena burguesa, de outro o especulador que olha gulosamente da colina de Montmartre aquela mesma cidade de Paris, sempre disposto a renascer das cinzas, mil vezes que fosse, até conseguir acumular e enriquecer ainda que ao preço de estropiá-la, retomando a comparação feita por Antonio Candido.

Lembremos que Marx, falando da Comuna, descreve a guerra civil com ironia e sarcasmo, como espetáculo ao vivo para deleite dos burgueses numa

> Paris rica, capitalista; a Paris dourada [...] com seus lacaios, seus escroques, sua boêmia literária e suas meretrizes. A Paris para a qual a guerra civil não era senão um divertido passatempo, a que acompanhava as batalhas por meio de binóculos, contando os tiros de canhão e jurando por sua própria honra e a de suas prostitutas que aquele espetáculo era muito melhor do que os que representavam em Porte-Saint-Martin. Ali, os que caíam eram mortos de verdade, os gritos dos feridos eram verdadeiros também e, além do mais, tudo era tão intensamente histórico![36]

É como se, tendo girado a uma velocidade insuportável, as aparências burguesas se desintegrassem dando lugar a uma ameaça tenebrosa, onde caberia uma cena macabra e real, mas contemplada à distância e de binóculos como divertimento. A verdade é que agora a própria matéria é o lugar da revelação daquilo que poderia caber ao escritor desvendar, para além das aparências.

O massacre dos *communards* representa um impedimento que incidiu sobre uma experiência coletiva partilhada, caindo sobre as mesmas cabeças que o poder imperial tinha tentado arrebanhar com promessas democráticas. Naqueles anos em que explode a Comuna, o governo de Thiers representava uma "pequena comédia de conciliação" (a expressão é de Marx) para as classes médias, fingindo estendê-la para as classes operárias

---

36. Cf. Karl Marx, "A Guerra Civil na França", *Obras Escolhidas*, p. 90. O teatro Porte-Saint-Martin, queimado durante a Comuna de Paris, foi logo depois reconstruído.

(uma encenção de segundo grau, pode-se dizer, usando o termo de Schwarz, que voltará em seguida). Assim, a crise do funcionamento normal das ideologias liberais, naquelas circunstâncias da guerra e da Comuna, suspendia o encobrimento da exploração pelo capital que parecia assegurar a existência de liberdade do trabalho e igualdade da lei para todos. A derrota na guerra encontrou no movimento da Comuna um pretexto para reforçar o programa do Estado burguês, de circulação internacional, onde não cabiam as particularidades do campesinato francês e as reivindicações operárias.

Retomo a comparação anunciada na apresentação inicial. Se no começo dos anos de 1870 a "comédia ideológica" europeia é posta em risco no solo francês, entre nós o grau de abstração do falseamento ideológico (a "ideologia de segundo grau") dependia de dispensar solenemente a prova da realidade, a fim de manter a própria eficiência dos esquemas ideológicos (essa a originalidade do falseamento nacional). Os ressentimentos brasileiros pareciam (apenas pareciam) se dar numa zona anterior à dos conflitos reais. A teoria das "ideias fora do lugar" de Roberto Schwarz, que acabo de glosar de modo parcial, propõe levar em consideração, juntas, as comédias ideológicas brasileira e europeia do oitocentos para dar conta não só das singularidades de uma e de outra, mas também da universalidade das duas[37].

Quando escreveu sobre o ensaio de Antonio Candido que trata do romance *O Cortiço* (1890), onde a comparação com a obra de Zola (*L'Assommoir,* 1877) se fez necessária, Roberto Schwarz chamou atenção para o compromisso de todo o escritor com os materiais históricos do seu tempo. No romance de Aluísio Azevedo, eles foram cavados pelo próprio Antonio Candido, e assim puderam mostrar o que o escritor brasileiro não tinha sido capaz de perceber, a despeito da sua realização narrativa, o que não deixou de valer ao romance, já que ali fi-

---

37. Cf. Roberto Schwarz, "As Ideias Fora do Lugar", *Ao Vencedor as Batatas*, 5. ed., São Paulo, Duas Cidades/Editora 34, 2000, p. 18. Schwarz mostra que, no Brasil, a vida ideológica se dava entre os proprietários e os agrega-

caram decantados como forma e problema. Como mostrou Antonio Candido, o romance *O Cortiço* de Aluísio Azevedo deu conta de mostrar, ainda que inadvertidamente, o modo como se dava a vida das ideologias entre nós.

Digamos então que a liberdade artística, tal como os tempos modernos a formaram, dispensa o escritor de se curvar às prescrições da pátria ou de qualquer outra modalidade de oficialismo. Mas não o dispensa de consistência e profundidade com os seus materiais, que tomou onde e como quis, e sobre os quais trabalha[38].

No sentido de trabalho com o material, o romance bem-sucedido de Aluísio Azevedo pode ser contraposto ao romance mal sucedido de Émile Zola, instado nos seus próprios termos a uma definição da nacionalidade. Não há maiores vantagens nisso, mas dados para observação e reflexão sobre as determinações das formas ficcionais.

O pessimismo e as contradições do escritor brasileiro, alimentados por um sentimento de inferioridade geracional, expuseram um processo de exploração e um modo particular de enriquecer que foram além da repetição de um esquema naturalista. A inconsciência do narrador de Aluísio Azevedo em relação aos preconceitos do brasileiro médio do seu tempo, que eram os seus próprios preconceitos, armou à sua revelia uma espécie de rascunho de personagem e garantiu o caráter peculiar e original do romance, como mostra a análise de Antonio Candido.

Evidentemente o procedimento não pode ser tomado como regra, pois mais uma vez o risco seria transformar desvantagens nacionais em vantagens. No caso de *O Cortiço*, o resultado veio

---

dos, embora a escravidão tivesse sido determinante da prática de acumulação comercial, quadro que depois da Abolição manterá ainda profundos débitos estruturais com o passado.
38. Cf. Roberto Schwarz, "Adequação Nacional e Originalidade Crítica", *Sequências Brasileiras*, p. 34. Schwarz afirma que o "golpe de vista para o parentesco histórico entre estruturas díspares é talvez a faculdade-mestra da crítica materialista, para a qual a literatura trabalha com matérias e configurações

por conta da experiência que, encravada no próprio material narrativo, fez valer o que havia de social naquilo que o escritor tomava, no seu projeto, como uma "realidade orgânica", dando no que Antonio Candido apreendeu como "dialética entre o espontâneo e o dirigido".

De qualquer modo, o movimento social parece o mesmo que o movimento da narrativa, porque, como vimos, o cortiço é ao mesmo tempo um sistema de relações concretas entre personagens e uma figuração do próprio Brasil[39].

Em *La Débâcle,* ao contrário do romance brasileiro, a matéria é programaticamente cerceada através de estereótipos, inclusive naturalistas, e impedida de fazer valer e dar a ver que o progresso, que já dependia dos novos agentes do capital, esbarrava no atraso de tecnologias, inclusive as de guerra, aumentando os gastos do Império, a corrupção privada e estatal, e acentuando o atraso do campo. Desse modo, o romance de 1892 faz um movimento ao inverso do que se observa nos outros romances de Zola, que retiravam de um suposto mundo natural toda a carga de fatalismo confinado a forças místicas e religiosas, para opor a ele uma compreensão material e científica do mundo real em processo.

A construção de *La Débâcle* põe em jogo muito mais do que o progresso turbulento, regressivo e autoritário dos anos do II Império, que Zola vinha tratando de modo distanciado e crítico. Por isso vale a pena retomar os termos comparativos do estudo de Antonio Candido, que destaca no próprio tratamento

engendradas fora de seu terreno (em última análise), matérias e configurações que lhe emprestam a substância e qualificam o dinamismo. Repitamos que o objetivo desse tipo de imaginação não é a redução de uma estrutura a outra, mas a reflexão histórica sobre a constelação que elas formam. Estamos na linha *estereoscópica* de Walter Benjamin, com a sua acuidade, por exemplo, para a importância do mecanismo de mercado para a compleição da poesia de Baudelaire" (cf. "Adequação Nacional e Originalidade Crítica", *Sequências Brasileiras*, São Paulo, Companhia das Letras, 1999, p. 28).
39. Cf. Antonio Candido, "De Cortiço a Cortiço", *O Discurso e a Cidade*, p. 140.

da matéria romanesca a presença da experiência onde também está situado o escritor, ao qual não pode caber uma apreensão ficcional que não seja mediada.

Como já se viu, o crítico mostrou que o estágio diverso de acumulação capitalista nos dois países configurou as especificidades do romance brasileiro (que nem por isso era inferior ao francês). Lembrou que o intelectual brasileiro do tempo era instado a definir o próprio país através do seu romance ("necessidade de autodefinição nacional"), o que não acontecia necessariamente com um escritor na França. E que o bom resultado do romance de Aluísio Azevedo se devia ao fato de que os estereótipos naturalistas tinham sido superados pela força da matéria.

Ora, as conquistas formais que *La Débâcle* abandonou, e que já estavam sedimentadas e historicamente fundamentadas na impessoalidade moderna, vinham armando o quadro ficcional de forte negatividade crítica de Zola em relação ao tempo de Napoleão III. Se o trabalho do seu melhor romance nos obriga a considerar o alcance da mediação da prosa naturalista, o resultado do abandono dessas conquistas formais dá a ver não só um problema de fatura ficcional, como também a carga ideológica dos argumentos teóricos que dependem da consideração de uma relação direta entre ficção e realidade.

Os problemas enfrentados por esses escritores, em situações diversas em relação às respectivas matérias, não deixam de apontar, nas diferenças, os impasses de "um verdadeiro 'universal moderno'", para retomar a expressão com que Roberto Schwarz sintetizou a exposição machadiana da consciência dilacerada, mas não diminuída, da inserção brasileira numa ordem mundial também problemática, através de movimentos dialéticos dos narradores das suas crônicas e dos romances, que funcionam como "caricatura do presente do mundo, em que as experiências locais deixam mal a cultura autorizada e vice-versa, num amesquinhamento recíproco de grande envergadura"[40].

40. Cf. Roberto Schwarz, "Leituras em Competição", *Novos Estudos Cebrap*, n. 75, jul. 2006, p. 70.

Comentando a análise que Antonio Candido dedicou à comparação entre Émile Zola e Aluísio Azevedo, observou Roberto Schwarz:

O desejo naturalista de transcrever a realidade *diretamente*, sem a intermediação da literatura prévia ou de artifícios de linguagem, mostra ser irreal; mas isso não anula as suas obras, como pensa a crítica antimimética, para a qual o Realismo se resume numa empresa ilusionista; antes obriga a lhes entender o valor em termos que não os da doutrina.

Em *La Débâcle,* a doutrina cumprirá o seu papel, mas também mostrará, pelo avesso, que por não ser mera "empresa ilusionista" a prosa realista não poderia dispensar o atrito com o mundo real[41].

Retomando pelo outro lado – o de um mau romance do escritor francês – a diferença apontada por Antonio Candido entre Aluísio Azevedo e Émile Zola, mais uma vez é possível ver que o romance realista é um resultado histórico e não uma mera classificação. Trata-se de um romance que surgiu no interior do próprio capitalismo, acompanhou seus diferentes estágios e, como tal, é prosa capaz de representar as contradições e os problemas sociais e individuais, sociológicos e psicológicos trazidos pela forma moderna do capital. Nesse sentido, o mau romance francês é também fundamentalmente histórico e, por isso mesmo, dinâmico nas suas formas malogradas de representação do material contemporâneo.

Desse modo, *La Débâcle* interessa para fazer pensar a que vem as formas ficcionais quando a matéria é simplificada, amortecida, desprezada. Lembremos que a má-consciência narrativa, que nesse romance não passa de uma sugestão muito bem controlada pelo narrador, convivia com a certeza comum no tempo de que durante a Comuna os proletários teriam ousado mais do que lhes era possível permitir. E que eles poderiam voltar a ousar, apesar do seu retraimento depois do massacre

---

41. Cf. Roberto Schwarz, "Adequação Nacional e Originalidade Crítica, *Sequências Brasileiras,* p. 26.

da Comuna e, mais tarde, com a cisão da I Internacional dos Trabalhadores e a volta dos Bourbon na Espanha.

Aqui Zola usa mal, a favor do voluntarismo relativo de grande escritor, o que nos outros romances era experimentação e método de observação das relações sociais e individuais. Por isso mesmo, o avesso que traz esse romance é também a constatação de um impasse exemplar: rigorosamente não estamos diante de um romance realista. Esse impasse expõe a situação extraliterária que forja o lugar social ocupado por um escritor como Zola que, pedra no sapato da ordem social conservadora estava, no entanto, suficientemente garantido por essa mesma ordem que sai ratificada pelo romance.

Visto de hoje, o processo é revelador pelos resultados que a marcha do capital logrou obter com um pretenso projeto civilizatório, onde os atos emancipatórios são congelados, já de nascença, pela autonomia com que a marcha rege o andamento do mundo e confina destinos, gestos e decisões de engajamentos as mais íntimas e particulares. Em vista disso, não é descabida a sugestão de um outro romance que poderia ter sido escrito e que não foi, tivesse sido possível manter o espírito crítico--formal do ciclo. Mas o que caberia fazer diante da configuração da matéria que Zola resolveu enfrentar?

Fica evidente neste romance a má-consciência difusa do escritor, que é sempre menos perceptível em países onde as distâncias entre classes sociais antagônicas são suficientemente determinadas para evitar que os do mundo de baixo venham bater, desagradavelmente, às portas dos de cima (para o que tinha sido feita também a reforma urbana de Haussmann, o arquiteto de Napoleão III), a ponto de poder embaçar as contradições que podem ser deslocadas, como secundárias, sempre que um um escritor não escolhe tratar delas. Nesse momento faz-se decisivo o trabalho da leitura crítica que apreenda a carga de sentido histórico das formas ficcionais[42].

---

42. Comentando a análise comparativa de Antonio Candido, que aproxima o romance naturalista de Aluísio Azevedo, *O Cortiço*, dos romances de Zola,

Não é possível medir se houve algum custo pessoal do escritor na configuração do narrador como autoridade prudente, moralista, superior e otimista quanto ao futuro da narrativa e o seu próprio presente da escritura, cuja maquinaria feita de clichês não será capaz de salvar o romance. Mas a pretensão realista dá a ver, em *La Débâcle*, isso sim, o grau de eficácia com que o vendaval hegemônico capitalista ia enquadrando, nos seus termos, os movimentos do espírito crítico que, no caso de um escritor como Zola, era um dos que melhor tinham sido capazes de levar os recursos literários para muito além do consenso de época.

Nesse sentido, desdobrando o caráter didático que subjaz à fábula moral exposta, o resultado de *La Débâcle,* no conjunto, é ele mesmo didático num sentido inesperado, já que a escolha dos procedimentos não pode ser tomada apenas como deliberação pessoal do romancista. A análise do romance e o tratamento comparativo, no interior do próprio ciclo dos Rougon-Macquart, nos dão pistas em relação ao que ficou sufocado por uma inequívoca posição de classe, exposto através de um narrador experiente e controlador, limitando o alcance do seu realismo.

Lembro mais uma vez, para reforçar o contraste com o romance em questão, que mesmo depois dele Zola continuaria a desmentir a "comédia ideológica bem fundada nas aparências" que se encenara durante o II Império, sem perder de vista seus desdobramentos no próprio presente – os anos de 1890. Ao errar a mão em *La Débâcle*, o romance expõe indigências literárias e extraliterárias. A precariedade da construção ficcional que sustenta um propósito ideológico, posto como histórico, leva o leitor atento a pedir mais realidade e complexidade, condição necessária para que se pudesse obter mais... ficção!

Roberto Schwarz sublinha que "o estágio primitivo da acumulação brasileira sugeria a um naturalista local, mesmo inspirado em *L'Assommoir,* um enredo em que explorador e explorados convivem estreitamente, com certa vantagem estética, devida ao realce espontâneo da polarização" (cf. "Adequação Nacional e Originalidade Crítica", *Sequências Brasileiras*, São Paulo, Companhia das Letras, 1999, p. 25).

Não por uma exigência de dados históricos exatos ("realistas" num sentido imediatista e simplista), que exigisse um retrato de corpo inteiro de Thiers (que ajudou a instigar a repressão em 1848, a preparar o II Império, e que depois de 1871 estava em Versalhes), uma presença detalhada do papel dos "homens da ordem" ou uma dissecação minuciosa do auxílio explícito dos prussianos aos versalhistas. Tal como aprendemos a ler em outros romances de Zola (onde o excesso realista das descrições e detalhes era submetido a uma transfusão alegórico-social), a exigência diz respeito justamente a essa transfusão literária.

A introdução escrita por Engels em 1891 à reedição dos textos de Marx sobre a Comuna (*La Débâcle* já circulava em capítulos) poderia ser usada para cobrar de Zola verossimilhança histórica mais exata, se apenas fosse esse o caso. Ainda que não o seja, sublinho que no romance de Zola o episódio da entrada dos versalheses em Paris é, para dizer o mínimo, singelo, quando se sabe que eles tiveram sua entrada na cidade facilitada pelos próprios prussianos: "Em Point-du-Jour, os versalheses, encontrando uma porta abandonada, tinham entrado livremente em Paris". Considerando o massacre popular da Comuna ainda mais violento do que o de 1848, Engels lembra que os prussianos permitiram que os versalheses atravessassem pelo norte da cidade que ocupavam além do Este[43].

Sublinho ainda a mescla sem discriminação do massacre no Père-Lachaise, mostrando o prazer de uma multidão em festa pelas ruas "reconquistadas", o que acaba minimizando a culpa de Versalhes e do próprio Thiers ao deixar indefinido o agente daquele horror e abrandar o final sangrento da Comuna. "Dizia-se que a ordem para cessar as execuções tinha chegado de Versalhes. Mas assim mesmo se matava. Thiers iria ficar como o lendário assassino de Paris, na sua pura glória de libertador do território [...]". Retomarei este ponto.

---

43. Cf. *La Débâcle*, em *Les Rougon-Macquart*, Paris, Gallimard, Bibliothèque de la Plêiade, 1967. Todas as citações dos romances de Émile Zola foram tiradas da edição da Bibliothèque de la Plêiade, que indico agora. *La Curée* e *Le Ventre*

Olhando o conjunto dos romances de Zola – incluído nele *La Débâcle*, como impasse formal – ele nos obriga a pensar no tempo que vai do início do projeto dos Rougon-Macquart, nos anos de 1870, à sua conclusão nos anos de 1890, sabendo que as heranças de 1789 há muito já tinham ficado empalidecidas na vida social--ideológica da burguesia francesa, no sentido daquele prometido projeto revolucionário sustentado pela ciência, pelo progresso e pela liberdade e daquela aposta no peso clássico da língua francesa sustentando uma vida comunitária proporcionada pelo Estado.

Estamos assistindo à forte voga do conservadorismo que definirá nosso tempo, e que encontrará maneiras novas de incorporar a ameaça da plebeização (ou "democratização", segundo Jameson) sem eliminar, todavia, os privilégios da minoria e o crescimento da miséria, no âmbito dos esquemas internacionais das gangues e do consumo tido como traço de civilidade (a história desses esquemas fraudulentos, com as conhecidas figuras que incluem os tipos hoje designados "laranjas" – aqueles que emprestam nome e mesmo assinatura para esconder os verdadeiros autores dos negócios escusos, está descrito em *L'Argent*).

A explicitação programática e didática de um trauma histórico, transformado numa história de suspense e moralidade em *La Dèbâcle*, parece ter sido feita na medida exata para ajudar a restaurar as bases de uma ideologia burguesa, numa sociedade que precisava assegurar sua coesão e evitar uma desintegração na então preocupante "era das massas". O "horror" revolucionário assume então o lugar de um Mal a ser exorcizado. O desastre histórico-ficcional, com esforço de cálculo, silencia os dados históricos ao procurar exibi-los plenamente[44].

---

de Paris, vol. I, 1980; *L'Assommoir*, vol. II, 1878, *Au Bonheur des Dames* e *Germinal*, vol. III, 1981, *La Terre*; *Nana* e *La Bête Humaine*, vol. IV, 1978; *L'Argent* e *La Débâcle*, vol. V, 1967. Os textos originais serão reunidos, a partir de agora, nas notas de rodapé. As traduções foram feitas por mim.

44. "A nova situação política desenvolveu-se passo a passo, e irregularmente, dependendo da história interna dos diversos Estados. Isso dificulta e quase inutiliza uma avaliação comparativa da política de 1870-1890. Foi a súbita

Nesse sentido, a posição regressiva do romance tem grande chance de ser uma execução deliberada, até onde isso é possível. Se nos outros romances interessa ao escritor a crítica dos fundamentos modernos do II Império, no romance de 1892 trata-se de abandonar o enfoque na marcha do II Império. Mais do que projetar um futuro, o romance mostra que o futuro só seria (ou tinha sido) possível com o massacre da Comuna. E o acerto de contas com a burguesia nacional não poderia caber num romance cuja matéria traz potencial para destruir sua fraseologia, mas cuja complexidade ele não pretende devolver à terra firme.

O tema da ilusão quanto ao ímpeto individual, uma das linhas de força nos outros romances, passa a ser evitado justamente quando o assunto-eixo, a Comuna de Paris, tinha vindo desmascará-lo. É desse modo que o romance responde mal, de modo equívoco e equivocado, à consolidação da debacle efetiva e prática do indivíduo liberal disparada no II Império pela união poderosa de capital bancário e industrial. E responde mal pela sua própria inconsistência literária. Naqueles anos 1890, a distância entre as classes na sociedade econômica e socialmente diferenciada pareceu ser capaz de ameaçar o projeto liberal burguês já debilitado. *La Débâcle* é também um resultado dessa distância e dessa ameaça.

A pressão é traduzida pela correspondência entre tratamento ficcional rebaixado e insuficiência histórica. Nomes de figuras históricas e datas exatas dos acontecimentos, reconstituição

---

emergência internacional dos movimentos operários de massa e dos movimentos socialistas, durante e após 1889, que parece ter colocado numerosos governos e classes dominantes em dificuldades essencialmente semelhantes, conquanto retrospectivamente seja possível perceber que não foram esses os únicos movimentos de massas a dar dores de cabeça aos governantes. De modo geral, na maioria dos países europeus de constituição limitada e restrições ao direito de voto, a predominância política da burguesia liberal na metade do século caiu por terra no decorrer da década de 1870, se não por outras razões, como um resultado da Grande Depressão" (cf. Eric Hobsbawn, *A Era dos Impérios*, p. 144).

e localização dos movimentos das tropas e das batalhas, descrições das paisagens da região e localização das barricadas nas ruas de Paris não constroem, neste romance, uma representação realista, mas, sim, a sua ausência. E, no entanto, os fatos históricos aparentemente estão ali, e parecem ser decisivos para o que se espera do romance, se aplicássemos como receita alguns traços do romance histórico tradicional.

A localização das datas e figuras ligadas aos acontecimentos não é capaz de superar a ausência da totalidade histórica, pensada a partir da confluência das experiências individuais e coletivas. O que se tem são apenas episódios sequenciais. O acúmulo de detalhes, dando em "efeito de real", não é suficiente para que se configure uma prosa realista, no sentido de um realismo forte. O que se passa? O esforço para driblar o assunto dificultoso que, no entanto, de algum modo está ali, revela que a verdadeira mentira realista está na incapacidade de incrustar, na própria forma, um "máximo" de visão e compreensão do mundo. Os limites deste romance põem a nu as condições para a boa fatura de uma prosa realista.

Quase encerrando o ciclo dos Rougon-Macquart, é como se *La Débâcle* já fizesse praça (a sugestão é anacrônica, mas premonitória) da batalha antirrealista e antirrepresentação levada a cabo nos anos 60 do século XX, que encontraria uma parceria frutífera nas teorias pós-modernas do nosso tempo. Esse romance de 1892 pretende se valer da garantia histórico-discursiva do conteúdo do relato, rebaixando a invenção... por insuficiência de história. Mas o tiro sai pela culatra, pois as forças e formas sociais da matéria são reduzidas por um narrador que, pouco a pouco, vai mandando às favas o pudor de recorrer a chavões, dentre eles os que sustentam inclusive a ele mesmo, e dão régua e compasso para a construção das duas personagens centrais.

Se o que tomo como traço grosso em *La Débâcle* foi considerado por grande parte da crítica (e, não à toa, pelos críticos habitualmente avessos ao trabalho do escritor) como exemplo de realização de uma épica realista, ou mesmo de um romance histórico, resta assinalar, com ênfase, que razões apenas literárias não dão conta de explicar tais avaliações. O que cabe a um romance realista em tempos de pessimismo histórico? Como conciliar visada crítica negativa e representação da totalidade dos objetos?

*

Em 1901, encerrado o ciclo dos Rougon-Maquart e de volta do exílio forçado na Inglaterra, depois de condenado a um ano de prisão pelo caso Dreyfus, Zola escreve o romance *Travail* (parte de *Quatre Evangiles*, e o último que o autor viu publicado em vida), que vai resolver mal a divisão pessoal do escritor entre o horror ao capitalismo e ao socialismo revolucionário, trazendo uma visão messiânica, mística e humanitária que ele tinha colhido também nas leituras de Proudhon. Pouco antes, com *Paris* (1898), do ciclo *Trois Villes* (*Lourdes*, 1894, e *Rome,* 1896), as contradições do progresso já eram formatadas por uma prosa otimista, retórica e passadista. O tempo dos romances naturalistas já tinha se escoado irremediavelmente e, junto, a tarefa realista-ficcional a que o escritor tinha se proposto.

Michel Butor mostra um humor corrosivo ainda visível num episódio de *Paris,* em que a personagem Pierre Froment – abade que procura inutilmente restaurar sua fé católica abalada pela devoção massificada e pelo modo da condução religiosa da Igreja de Roma – dissuade, com argumentos de racionalidade e razoabilidade, o irmão que pretende lançar uma bomba de fabricação própria na Basílica de Sacré-Coeur, em Montmartre. O argumento usado por Guillaume para justificar sua escolha da basílica como alvo vai eliminando, um a um, os outros alvos possíveis: a Opéra, a Bolsa de Valores, o Palácio da Justiça e o Arco do Triunfo, antes de escolher a basílica. Por que a presença da basílica como alvo? E quem está mirando a basílica, a Opéra, o Palácio da Justiça, a Bolsa de Valores, o Arco do Triunfo?

O projeto da basílica de Sacré-Coeur nasceu da burguesia católica francesa em 1872 como desagravo à derrota de Sedan e expiação dos pecados dos *communards*, cujo levante tinha começado justamente em Montmartre. Quando foi sacramentada, em 1919 (o interior da basílica tinha sido inaugurado em 1891), foi preciso um protesto popular para que não se instalasse, logo em frente da basílica, a réplica da Estátua da Liberdade que ainda está hoje às margens do Sena. Há um belo ensaio de David Harvey, "Monument and Myth: the Building or the Basilica of the Sacred Heart", que recupera a história do culto ao Sagrado Coração de Jesus, privatizado por Luís XVI e Maria Antonieta, que prometem construir uma capela para salvar (aspas por certo desnecessárias) a França da ameaça revolucionária[45].

A propagação do culto entre os católicos, retomada com força pela Restauração, foi deixada um tanto de lado pelas transformações da industrialização capitalista que marcam os primeiros anos do II Império de Napoleão III, colocando em primeiro plano interesses materiais, ostentação, moral burguesa e tensões entre classes sociais. Se desde a década de 1860 a emergência da classe trabalhadora foi motivo de apreensão burguesa, com a Comuna o projeto de construção de uma igreja ao Sagrado Coração de Jesus fortalecerá o nacionalismo católico e o desejo de homenagear as vítimas de Thiers, apagando a memória dos mais de vinte mil *communards* mortos.

Harvey soma às experiências de 1870 e 1871, a intervenção de Napoleão III em 1869 na unificação italiana, com oposição ao poder do papa, como móveis que acendem os ânimos católicos e o culto do Sagrado Coração de Jesus. Em 1872 o papa é o ultraconservador Pio IX. A derrota em Sedan para Bimarck pareceu

---

45. Cf. David Harvey, *The Urban Experience*, Baltimore and London, The John Hopkins University Press, 1984, pp. 200-228. Harvey lembra ainda que, comemorando o centenário da Comuna de Paris em 1971, a basílica foi ocupada para marcar o fato de que sua construção tinha sido feita "sobre os corpos dos *communards*" a fim de "apagar a memória daquela bandeira vermelha que pairou sobre Paris há muito tempo". Trazendo de volta o mito dos incen-

ser aos católicos um castigo divino, e a permanência das tropas prussianas uma razão para orar pela salvação do país. Mas é o horror aos "vermelhos", que a reforma urbana de Haussmann tentou conter em nome da Beleza e de uma cidade imperial moderna, que unirá católicos monarquistas tradicionais (dentre os quais os ruralistas mais conservadores e figuras como o sanguinário general Mac-Mahon) em torno das ideias de lei e ordem e da procura de uma solução política fundada em respeito e autoridade.

O projeto e a construção da Basílica de Montmartre – a vitória da Igreja contra a revolução, como se dizia – se dá, portanto, em clima de iminente restauração monárquica e católica, com intenções de um novo tempo de retorno à tradição cristã que purificasse os vícios burgueses do II Império. Não sem resistências e mesmo algum temor dos próprios defensores da basílica e do ensino religioso nas escolas, quanto à possibilidade de divisões sociais e ideológicas, quando a urgência era encontrar meios para a pacificação e união da burguesia nacional e para uma luta contra a impiedade das classes trabalhadoras. Projeto que a III República levará adiante a seu modo.

É preciso lembrar, acompanhando o ensaio de David Harvey, que a lei de 1873, que declarava os propósitos da construção da basílica naquele momento como de interesse e utilidade pública foi mantida enquanto Gambetta e Clemenceau, deputados reformistas republicanos, se opunham inflamadamente à lei, mas não à sua recisão, dado o alto valor que deveria ser pago à igreja. Em 1899, o culto do Sagrado Coração de Jesus adquiria um outro sentido por decreto papal – o de símbolo de harmonia das raças, de justiça social e conciliação geral, sob protesto dos deputados socialistas.

A presença subjacente da Comuna, no romance *Paris,* de 1898, foi observada mais de uma vez, e com razão, pela crítica.

diários e o antigo pânico, a polícia caçou os invasores da igreja com intensa brutalidade. E lembra que, em 1976, uma bomba explodiu na basílica ao mesmo tempo em que uma rosa vermelha foi colocada na tumba de Blanqui no cemitério de Père Lachaise.

Ela aparece aqui depois dos movimentos pela anistia dos *communards* e das agitações contra o projeto da basílica que culminaram no episódio da Estátua da Liberdade, que representava o modelo de república laica acalentado pelos franceses. Essa presença no romance talvez estivesse respondendo, em outras circunstâncias políticas, à velha ameaça que vinha agora dos grupos anarquistas, à antiga aflição geral causada pela esquerda, e que o projeto de pacificação parecia pretender desarmar. Mas a simplificação dos grupos políticos à esquerda no romance, que mescla anarquistas e *communards*, trazendo figuras dos anos de 1860 como se fossem dos anos de 1890, tem um aspecto que pode interessar.

Primeiro porque o caráter datado dos representantes dos movimentos socialistas pode dizer respeito à permanência da insatisfação política que ameaçava a estabilidade burguesa. Depois porque, mal ou bem, as referências mescladas indicam problemas acumulados na passagem do Império para a III República, além de serem também uma solução narrativa, como costuma apontar a crítica zoliana diante do desafio de encerrar a história de três gerações de duas famílias nos dezoito anos de Império.

Butor dá uma sugestão para a leitura de *Paris,* que não chega a desenvolver e, por isso, fica um tanto enigmática: "Infelizmente talvez para a força do romance, Pierre Froment consegue persuadir seu irmão de que a destruição de Sacré-Coeur tem apenas um valor figurativo". Ao fim do livro, este "templo construído para glorificar o absurdo está ainda de pé". Recupero a sugestão de Butor, que leio como constatação de uma solução ficcional e histórica infeliz, para além da falta de verossimilhança na construção da figura do anarquista (que andava com sua bomba caseira mal disfarçada num visível pacote). O gesto de Zola, retomando a Comuna, não retira um escombro do passado, mas o enterra ainda mais – se não era essa mesma a sua função –, no sentido de uma memória a serviço da cautela e não de uma tarefa histórica[46].

---

46. Cf. Michel Butor, "Émile Zola romancier expérimental et la flamme bleue", *Repertoire IV*, Paris, Éditions de Minuit, 1974.

Nos romances do ciclo dos Rougon-Macquart, o que seria mero anacronismo tem também sentido crítico. Nas narrativas que se passam entre os anos de 1860 e 1870, como *Au Bonheur des Dames* (1883), *Germinal* (1885), *L'Oeuvre* (1886), *La Terre* (1887), *L'Argent* (1891), as crises e escândalos do mundo das finanças, da indústria, da agricultura, do Parlamento, a ruína do pequeno comércio em favor das lojas de departamentos são fatos que marcam os mais de vinte anos que Zola viveu, depois da queda do Império, e durante os quais escreveu seus romances. No capítulo das tarefas da prosa realista, vale a pena seguir a pista que mostra o escritor interessado em processos e meios sociais.

É esse o caminho do seu realismo forte, tal como estou chamando aqui. Ao escrever, em 1938, sobre John dos Passos e o romance *1909*, Jean-Paul Sartre resumiu de modo lapidar a questão das relações entre uma prosa realista e o seu próprio tempo e, para isso, referiu-se a Émile Zola. O problema que levanta diz respeito ao que chama "pedra de toque do romance social", isto é, a construção de uma personagem-tipo, ou do típico enquanto "média exata de milhares de existência".

Em Dos Passos, segundo Sartre, as singularidades de cada personagem já estão profundamente marcadas pelo social ("mais do que teria feito qualquer circunstância particular, pois o social *é ele*", isto é, é a personagem). "A pressão que um gás exerce sobre as paredes do recipiente que o contém não depende da história individual das moléculas que o compõem." Assim, a linguagem jornalística em Dos Passos exige uma perspectiva histórica radical – a de um tempo-lugar em que "os dados já foram lançados". A técnica de narrar em terceira pessoa, como se fosse primeira, torna típico o que está incrustado na alienação mais particular pela própria violência da sociedade capitalista, "onde os homens não têm vidas: têm apenas destinos"[47].

A verdade que salta do romance de John dos Passos é o limite da liberdade possível, a tênue linha entre consciência in-

---

47. Cf. Jean-Paul Sartre, "John dos Passos e 1919", *Situações I*, trad. Cristina Prado, São Paulo, CosacNaify, 2005, p. 44.

dividual e coletiva, dando a ver o próprio indivíduo como uma "criatura estranha, desprezível e fascinante". Mais à frente retomarei comparativamente o sentido de liberdade, incidindo sobre seu próprio presente com fundas diferenças, na leitura que Sartre faz de Jules Renard. Neste momento interessa mais destacar essas relações estabelecidas em Dos Passos, do que a inclusão que Sartre faz de Zola na linhagem:

> Assim, para além do acaso dos destinos e da contingência do detalhe, entrevemos uma ordem mais flexível que a necessidade fisiológica de Zola ou o mecanismo psicológico de Proust, uma constrição doce e insinuante que parece soltar suas vítimas e deixá-las ir, para recapturá-las sem que elas se deem conta: um determinismo estatístico.

De que ordem se trata, em cada um dos casos?

Por certo, os romances de Zola não se fariam sem a história que os viu nascer e lhes dá corpo. Por isso, ao dar conta da alienação que se instalava no mundo dos homens, Zola tomou a si as tarefas de uma prosa realista, no sentido de empreender e descrever forças reais. Ao contrário, o que se verá em *La Débâcle* é um mergulho nessa mesma alienação sem distância ou, melhor ainda, com uma falsa distância. Nessas duas possibilidades de distanciamento está a diferença entre o realismo forte e o realismo fraco e, no primeiro, as tarefas que estou aqui procurando considerar.

Como é possível se acercar dessa diferença? Tomo um romance como exemplo. Ao dizer que o capital financeiro é o tema do romance de 1891, *L'Argent* (que Zola tinha começado a escrever em 1890 e publica em 1891), não basta afirmar que o seu conteúdo é o funcionamento de uma rede financeira poderosa, parceira da ambição colonialista, das guerras, dos projetos de urbanização e dos negócios industriais e comerciais que se expandiram nos anos de 1870 da III República com a chegada de bancos estrangeiros.

No entanto, já seria um pouco mais (mas ainda pouco) afirmar que em *L'Argent*, que se passa entre 1864 e 1869, a experiência sobre a qual se conta é também a do presente do escritor. Misturando os tempos, mas sem perder essa relação com o presente, um dos homens que vivem de jogar na Bolsa afirma: "Há na França um protesto, um movimento revolucionário que se acentua a cada dia... Eu digo a você que o verme está na fruta" (de modo direto a referência é a Internacional dos Trabalhadores dos anos de 1860, e de modo indireto a permanência dos temores burgueses).

Dando mais um passo na leitura do romance, chegaremos mais próximo do caráter ficcional do assunto se dissermos que, em *L'Argent*, o dinheiro é alegoria da imaterialidade que afoga destinos individuais levados à bancarrota. É no âmbito da universalização do capital financeiro pela Bolsa de Valores, na nova etapa da economia capitalista, que proliferam os individualismos, ali mesmo onde já não cabe a ilusão do indivíduo autônomo. O processo está ficcionalizado em *L'Argent*. A vertigem das personagens nas transações financeiras é também aquela em que mergulha o leitor dos anos de 1890, que começa a experimentá-la na sua própria vida[48].

Nesse contexto, recriado no romance que apanha bem mais do que apenas os fatos dos anos de 1860, aquele senhor que aplicava na Bolsa se mostrava temeroso com a organização da Internacional dos Trabalhadores de Marx, "que acabam de fundar para melhorar as condições dos trabalhadores". Lembro que, quebrada a influência da esquerda socialista pré-marxista, os trabalhadores ameaçaram com a Internacional em 1862 e, depois, com o crescimento do voto socialista na Alemanha nos anos de 1870 e com as organizações dos anos de 1880.

Mais do que isso, é ver como o romance constrói a narrativa. Já que não se trata aqui de analisá-lo particularmente, aponto como na descrição dos sentimentos de Caroline, em *L'Argent*, é notável o deslizamento dos seus móveis mais vivos e mais agudos, na direção de um ressecamento onde a esperança brotará entranhada na sua adesão à prática dos negócios e do dinheiro,

---

48. Cf. Émile Zola, *L'Argent*, em *Les Rougon-Macquart (histoire naturelle et sociale d'une famille sous le Second Empire)*.

quando então ela pergunta se "sua invencível esperança lhe viria de sua crença na utilidade do esforço". Caroline se espanta diante do poder do dinheiro, sem se dar conta de imediato dos seus paradoxais "efeitos dissolventes".

A reação que Caroline manifesta quando fica sabendo, pelas palavras do próprio Saccard ("eu nunca tive um centavo [...] sim, eu vendi, mas também recomprei"), da derrocada do Banco Universal, da volatilidade e inexistência real daqueles milhões de francos, é a nova etapa da perplexidade anterior da mesma Caroline, então esgarçada entre a tese de que "a remuneração legítima e medíocre do trabalho" não poderia fazer frente à chama do sonho especulativo ("um sonho no horizonte"), e o medo intuitivo dessa embriaguez sem lei nem freio (que traz uma marcada conotação sexual).

Quando Saccard tinha dado início às manobras que poriam em pé o seu banco, com empreendimentos internacionais, Caroline fizera perguntas pontuais sobre os limites da irresponsabilidade da empreitada e de seus voos ilegais, com uma "sensação singular de terreno movediço, uma inquietude de queda e aniquilamento ao primeiro passo em falso". No entanto, num momento posterior, ela se deixa invadir por um sentimento que poderia ser entendido como destemor de luta, em que "cada passo à frente mergulhava no sangue e na lama". Nesses momentos, a crença no progresso da personagem de Zola confina e se distancia, como se verá adiante, da aposta que a *communard* Louise Michel ainda fará nos rumos da ciência e das invenções nos anos de 1880, como confessa no seu diário.

Depois de algum tempo, Caroline sonha o futuro a partir de gráficos e tabelas:

> Era preciso querer. Pelas paredes seus olhos não abandonavam os projetos e os desenhos, e o futuro se fazia presente, portos, canais, estradas, estradas de ferro, campos com fazendas imensas e trabalhadas como usinas, cidades novas, sadias, inteligentes, onde se viveria até uma idade muito avançada e com muita sabedoria.

No momento em que a queda de Saccard é fato consumado, sempre a partir do que diz o próprio Saccard ("mas como você pôde acreditar que eu abandonaria a partida? o rigor matemático do meu plano provê até os últimos tostões"), a solução para o pêndulo, que balança entre crítica e aceitação de Caroline, vem carregada de um sentido que o narrador se compraz em sublinhar, com distanciamento narrativo.

Esse sentido se insinua no momento mesmo em que Caroline percebe, numa mescla de regozijo, terror e impotência diante do especulador Saccard ("esta força inconsciente e ativa"), que a roda do jogo poderia ser movida ainda a favor de Saccard (a primeira derrocada, em *La Curée,* de 1872, tinha culminado com a morte de sua mulher Rennée). Cito a passagem de *L'Argent.*

E apesar dela mesma, de seu terror, uma admiração crescia. Subitamente, naquela cela miserável e nua, fechada, separada dos vivos, ela acabava de ter a sensação de uma força transbordante, de uma vida resplandescente: a eterna ilusão de esperança, a obstinação do homem que não quer morrer. Ela procurava nela mesma a cólera, a execração pelos erros cometidos, e já não as encontrava[49].

É explícito o contraste entre a "cela miserável e nua, fechada, separada dos vivos" e o apego que demonstra à ilusão do especulador falido, contaminando o que podia restar de racionalidade crítica em Caroline. Apesar dos desastres, ela termina com uma profissão de fé no dinheiro que, "venenoso e destrutivo", seria também "o fermento de toda a vegetação social" levando a civili-

---

49. Trechos originais: "Il fallait vouloir. Le long des murs, ses yeux n'avaient pas quitté les plans et les dessins, et l'avenir s'évoquait, des ports, des canaux, des routes, des chemins de fer, des campagnes aux fermes immenses et outtilllées comme des usines, des villes nouvelles, saines, intelligentes, où l'on vivait très vieux et trè savant"; "Et, malgré elle, de son effroi, une admiration montait. Brusquement, dans cette cellule misérable et nue, verrouillée, séparée des vivants, elle venait d'avoir la sensation d'une force débordante, d'un resplendissement de vie: l'éternelle illusion de l'espoir, l'entêtement de l'homme qui ne veut pas mourir. Elle cherchait en elle la colère, l1exécration des fautes commises, et elle ne les trouvait déjà plus."

zação ocidental para terras distantes. Ela se lembra do progresso que vira em Beirute, com os prédios administrativos e as imensas lojas! O seu sonho de pacificação contaria com a Companhia Geral de Transportes Marítimos e com o Banco Nacional Turco, que se mantiveram de pé quando da liquidação do banco de Saccard! Naquele momento, Caroline acabara de presenciar a morte de Sigismond que, em delírio, lhe expusera seu sonho coletivista de um mundo justo de trabalho.

No romance de 1885, *Germinal,* Zola também tinha exposto, de modo mais cifrado, a tensão embutida na própria matéria que problematizava com extrema acuidade, e que por isso ainda merece atenção. Para tanto, proponho uma outra leitura do desfecho desse romance censurado pelo ministro Globet, sob a acusação de que estaria ameaçando gravemente a ordem pública e social.

Entendido, via de regra, como aceno para uma futura ação revolucionária, talvez ele possa ser lido na chave de um outro alcance crítico, quem sabe maior do que o que pôde ser percebido a seu tempo, e mesmo depois dele. Seu desfecho pode servir como figuração exemplar do que o futuro parecia prometer ao trazer um problema sem solução imediata à vista, justo onde se costuma reconhecer a utopia socialista do escritor. Publicado em 1885, a ação do romance decorre entre 1866 e 1869[50].

As medidas liberais de Napoleão III foram impostas entre 1864 e 1870, primeiro com a lei que legalizava as greves (desde que não ferisse o direito à liberdade de trabalho), depois com uma reforma do código civil prevendo a igualdade legal do trabalhador e do empregador, tolerando greves sem admiti-las ofi-

---

50. Paule Lejeune, que se apresenta como uma crítica materialista, relança o debate sobre *Germinal*, apoiada em Marx, Gramsci, Lênin e Mao-Tse-Tung, e conclui que esse romance é, na verdade, contra o povo, o que poderia ser percebido pela comparação entre a realidade histórica e sua versão ficcional. Lejeune quer revelar o racismo antitrabalhador de *L'Assommoir* (1877), creditando o sucesso entre o público burguês ao choque do público com a audácia popular da Comuna de Paris. A leitura de Lejeune, que escreveu sobre a Comuna e sobre Louise Michel, carece de mediações formais. Cf. *Germinal. Un roman antipeuple*, Paris, L'Harmattan, 2002.

cialmente até propor, em 1870, um corpo de inspetores para solucionar problemas trabalhistas. Em *Germinal*, a descrição da armada de futuros revolucionários, germinando do fundo das minas de carvão e brandindo sua revolta e sua vida miserável, coincide com o momento em que Étienne Lantier parte entusiasmado para Paris.

Àquela altura Étienne dá por encerrada e cumprida sua formação prática entre os mineiros. Como um "soldado racional da revolução", Étienne, que "acreditava naquele momento que a violência talvez não apressasse as coisas", parte na busca do seu destino pessoal, quando então o narrador indicia, sem alarde, a tensão e o conflito que poderão se instalar na sua relação com o coletivo."Aqueles trabalhadores cujo cheiro de miséria agora lhe incomodava, ele tinha a necessidade de colocá-los na glória. [...] Ele já se via na tribuna, triunfando com o povo, se o povo não o devorasse"[51].

A presença dessa ambiguidade entre projeto pessoal e projeto coletivo, que é da matéria e da construção formal (dada, no caso, pelo discurso indireto livre) podendo ou não ser também do próprio escritor, torna cruéis as duas páginas finais de *Germinal*: a saída de Étienne (e ele sabe que jamais voltará à mina), escolhendo seu lugar entre os vencedores depois do massacre dos mineiros, se torna quase indecente e, quem sabe, premonitória. E faz valer a hipótese da tensão com a qual o próprio Zola enfrentava os impasses do seu tempo. Esse impasse está no futuro projetado para Étienne com sua anunciada distância do operariado, quando vai para a capital. Ele integra a própria marcha capitalista da República, que tenta aprimorar a modernização democrática que os erros do II Império de Napoleão III não lograra alcançar.

A racionalidade de Étienne é seu passaporte de ingresso num mundo que vinha desdobrando rigorosamente a etapa imperial, e que Debord leu com precisão na avaliação de Marx sobre o II Império, descrevendo o bonapartismo como

---

51. Cf. *Germinal*. em *Les Rougon-Macquart (histoire naturelle et sociale d'une famille sous le Second Empire)*.

[...] esboço da burocracia estatal moderna, fusão do capital e do Estado, constituição de um "poder nacional do capital sobre o trabalho, de uma força pública organizada para a sujeição social", em que a burguesia desiste de toda vida histórica que não seja sua redução à história econômica das coisas e quer "ser condenada ao mesmo nada político das outras classes"[52].

O final ambíguo de Étienne Lantier diante de sua chance de ascensão pessoal leva a pensar sobre os rumos das "bases sociopolíticas do espetáculo moderno, que pela negativa define o proletariado como único pretendente à vida histórica". O seu triunfo de intelectual na tribuna da grande capital, que ele pretende a favor do proletariado, não implica necessariamente uma transformação revolucionária. O que implicaria, considerando que o "espetáculo moderno" consagrará a "vida histórica" como sinônimo de "história econômica das coisas"? A despeito das contradições e das crises das economias industriais, uma "cultura do progresso" irá definindo a totalidade apolítica do capital que, pouco mais de um século depois, terá deslocado o lugar histórico do próprio proletariado e terá feito da democracia um sinônimo de negociações entre hegemônicos.

Essa leitura do final de *Germinal* sugere que as circunstâncias do presente mergulhavam numa ambiguidade mais funda a saída de Étienne Lantier para Paris, ele que chegara numa noite de março na casa dos Maheu e sempre ambicionara uma carreira política. Poderá Étienne Lantier ser o futuro condutor de um projeto revolucionário dos mineiros? A possibilidade de novas irrupções revolucionárias tem duas direções simultâneas.

Pelo viés da "legalidade" constituída, seria um controle do processo de democratização sem deixar de lado a repressão aos movimentos organizados. Pelo lado da energia revolucionária reprimida, a manutenção do projeto ainda não realizado, a esperar pelas suas possibilidades históricas. É o que se vê no romance

---

52. Cf. Guy Debord, *A Sociedade do Espetáculo*, 4. ed., Rio de Janeiro, Contraponto, 2003, pp. 56 a 59. Cf. também Karl Marx, *O 18 Brumário de Luís Bonaparte*, em *Obras Escolhidas*.

sobre os mineiros de carvão, onde o trauma latente desenha uma violência represada e iminente pelo menos até a cena final. Como resposta viva do material literário à matéria, os limites impostos pelo poder hegemônico, ainda não claramente perceptíveis do ponto de vista histórico, agora sim podem estar apontando um impasse ainda não nominado – o núcleo duro do Real.

Nessa mesma direção das tarefas da prosa realista, como se situa o homem do campo nos romances de Zola? Em *La Débâcle* ele estará representado por Jean Macquart, irmão de Gervaise Macquart (de *L'Assommoir*) e tio de Étienne Lantier, e a ele será dada a grande tarefa de refazer o país após a Comuna. Por isso, é com certo espanto que lemos neste romance:

> Mas o que fazer? Quando não se tem mais profissão, quando não se tem mais mulher nem bens, e o coração salta na garganta de tristeza e raiva? [...] E ele se recordava do seu grito: ah! sangue bom! já que ele não tinha mais coragem para trabalhar, ele a defenderia, a velha terra da França[53].

O lado simplório desse homem que vivera dez anos como camponês em *La Terre* e, antes, tinha sido aprendiz de marceneiro em *La Fortune des Rougon* (1870), o leva a descrever desse modo o caminho de sua opção como soldado – a pátria depois da mulher e da terra –, o que talvez torne anêmico um coração nacionalista e, de certo modo, desqualificaria a integridade de sua figura e a própria escolha do narrador ao transformá-lo em salvador da pátria. É estranha essa "coragem" que, deficitária para o amor e para o trabalho, é direcionada para a defesa do país. De que modo ela foi exposta em *La Terre* (1887), onde Zola mostra a vida sem dignidade desses trabalhadores? Para entender melhor as escolhas do escritor é preciso compreender também a situação do trabalhador do campo. Como retomarei

---

53. Textos originais: "qu'on vient de fonder pour améliorer la conditions des ouvriers"; "jamais je n'ai eu un sou [...] certes, oui, j'ai vendu; mais j'ai racheté aussi"; "comment avez-vous pu croire que j'abandonnais la partie? [...] mon plan est d'une rigueur mathématique, prévu jusqu'aux derniers cen-

no Capítulo III, é impossível entender os acontecimentos na cidade (incluindo a Comuna de Paris) sem a contrapartida do campo, com seus resultados na própria III República.

No *18 Brumário,* escrito em 1852, Marx mostrou que o campesinato disperso e desorganizado, sem ser capaz de representar seus próprios interesses, escolhera Napoleão III como seu representante. Em que condições "os Bonaparte são a dinastia dos camponeses, ou seja, da massa do povo francês"? Resumindo uma página de *O 18 Brumário,* vê-se a terrível pobreza e o isolamento de cada família camponesa, a precariedade do trabalho na pequena propriedade e o trabalho para subsistência como um limite para uma verdadeira interação social com a sociedade que progride. Sem chegar a formar uma classe social, os camponeses "não podem representar-se, tem que ser representados". Já em 1852, Marx esclarecia:

> times"; "Et, malgré elle, de son effroi, une admiration montait. Brusquement, dans cette cellule miserable et nue, verrouillée, séparée des vivants, elle venait d'avoir la sensation d'une force débordante, d' un resplendissement de vie: l'éternelle illusion d'espoir, l'entêtement de l'homme qui ne veut pas mourir. Elle cherchait en elle la colère, l'exécration des fautes comises, et elle ne les trouvait déjà plus". "Ces ouvriers dont l'odeur de misere le gênait maintenant, il éprouvait le besoin de les mettre das uns gloire [...] Déjà, il se voyait à la tribune, triomphant avec le peuple, si le peuple ne le dévorait pas"; à la travailler, il la défendrait, la vieille terre de France". "Ces ouvriers dont l'odeur de misere le gênait maintenant, il éprouvait le besoin de les mettre das uns gloire [...] Déjà, il se voyait à la tribune, triomphant avec le peuple, si le peuple ne le dévorait pas". "L' ordre de cesser les exécutions était, disait-on, venu des Versailles. Mais l'on tuait quand même. Thiers devait rester le légendaire assassin de Paris, dans sa gloire pure de libérateur du territoire [...]"; "qu'on vient de fonder pour améliorer la conditions des ouvriers"; "jamais je n'ai eu un sou [...] certes, oui, j'ai vendu; mais j'ai racheté aussi"; "comment avez-vous pu croire que j'abandonnais la partie? [...] mon plan est d'une rigueur mathématique, prévu jusqu'aux derniers centimes"; " Et, malgré elle, de son effroi, une admiration montait. Brusquement, dans cette cellule miserable et nue, verrouillée, séparée des vivants, elle venait d' avoir la sensation d'une force débordante, d' un resplendissement de vie: l'éternelle illusion d'espoir, l'entêtement de l'homme qui ne veut pas mourir. Elle cherchait en elle la colère, l'exécration des fautes comises, et elle ne les trouvait déjà plus."

A ordem burguesa, que no princípio do século pôs o Estado para montar guarda sobre a recém-criada pequena propriedade e premiou-a com lauréis, tornou-se um vampiro que suga seu sangue e sua medula, atirando-a no caldeirão alquimista do capital[54].

Walter Benjamin lembra que "sob o terceiro Napoleão o exército já não é mais a flor da juventude camponesa, ele é a planta palustre do lumpen-proletariado camponês". O pulo do gato está na substituição do primeiro Napoleão pelo segundo. Enquanto o primeiro transformara os camponeses em proprietários livres, as condições históricas do segundo fazem da pequena propriedade uma fonte de pauperização e de dependência econômico-política. O processo de dependência terá continuidade depois de 1870, com o comércio internacional sendo dominado pelos novos mercados mundiais e pelo fantasma da superprodução, incapaz de garantir estabilidade aos pequenos produtores[55].

São os conservadores "rurais" – os proprietários – que interpelam Thiers quando, por um momento, ele acena com a promessa de anistia, caso houvesse uma capitulação dos insurretos da Comuna. É também a França rural que vota maciçamente pelo armistício ou pela "paz", quando as condições impostas

54. "O desenvolvimento econômico da pequena propriedade modificou radicalmente a relação dos camponeses para com as demais classes da sociedade. Sob Napoleão a fragmentação da terra no interior suplementava a livre concorrência e o começa da grande indústria nas cidades. O campesinato era o protesto ubíquo contra as aristocracias dos senhores de terra que acabara de ser derrubada. [...] Mas no decorrer do século XIX, os senhores feudais foram substituídos pelos usurários urbanos; o imposto feudal referente à terra foi substituído pela hipoteca; a aristocrática propriedade territorial foi substituída pelo capital burguês. A pequena propriedade do camponês é agora o único pretexto que permite ao capitalista retirar lucros, juros e rendas do solo, ao mesmo tempo que deixa ao próprio lavrador o cuidado de obter o próprio salário como puder. A dívida hipotecária que pesa sobre o solo francês impõe ao campesinato o pagamento de uma soma de juros equivalente aos juros anuais do total da dívida nacional britânica" (cf. K. Marx, *O 18 Brumário de Luís Bonaparte*, em *Obras Escolhidas*, São Paulo, Alfa-Ômega, s.d., vol. I, pp. 279-280).
55. Cf. Walter Benjamin, "A Modernidade", *A Modernidade e os Modernos*, Rio de Janeiro, Tempo Brasileiro, 1975, p. 11. Em *O 18 Brumário de Luís*

pela Prússia eram a rendição e o desarmamento de Paris, além de um tributo de doze milhões de francos pagos pelo país à Bismarck. O resultado dessa eleição foi a constituição de uma Assembleia Nacional conservadora, formada por um grande número de monarquistas. E um dos erros da Comuna, segundo analistas como o próprio Engels, teria sido não ter ido até a população do campo, que constituía uma ampla maioria num país ainda agrícola como era a França naquele momento.

Como ensina Hobsbawn, a propriedade tradicional da terra se tornava, ao mesmo tempo, entrave arcaico para o capital, garantia para a manutenção da estrutura social e freio para possibilidades de revolução e anarquia, trazendo a ameaça de ter seu descontentamento capitalizado por movimentos liberais mais radicais. "Num tempo onde o capitalismo estava arruinando suas classes trabalhadoras de forma tão evidente, podia um Estado prescindir de um reservatório de saudáveis homens do campo para recrutar para as cidades?"[56]

Antes de retomar a pergunta pelo sentido da escolha de Jean Macquart, que representa o campo no romance *La Débâcle,* mas, considerada sua presença em outros romances, não tem origem nem experiência marcadas pelo trabalho na terra, lembro o contexto de reflexão no qual David Harvey observou que "Zola apanhou o impacto rural de tudo isso com grande intensidade dramática em *A Terra*". Com "tudo isso", Harvey está querendo lembrar, como mostrou Marx, que o campo é o derradeiro lugar onde a separação entre compra e venda se dá no espaço e no

---

Bonaparte lemos: "É preciso que fique bem claro. A dinastia de Bonaparte representa não o camponês revolucionário, mas o conservador; não o camponês que luta para escapar às condições de sua existência social, a pequena propriedade, mas antes o camponês que quer consolidar sua propriedade, não população rural que, ligada à das cidades, quer derrubar a velha ordem de coisas por meio de seus próprios esforços, mas, pelo contrário, aqueles que, presos por essa velha ordem em um isolamento embrutecedor, querem ver-se a si próprios e suas propriedades salvos e beneficiados pelo fantasma do Império" (*op. cit.*, p. 278).

56. Cf. Eric Hobsbawn, *A Era do Capital*, 4. ed., Rio de Janeiro, Paz e Terra, 1988, p. 196.

tempo, e onde a dependência pessoal (e local) em relação aos negócios cede seu lugar às regras do comércio mundial, referido como "comunidade", mas em relação à qual o dinheiro no bolso é a medida objetiva que define o vínculo entre homem e vida social. "Aqui, também, o dinheiro é o maior e mais cínico nivelador, o maior integrador e unificador através da grande diversidade das comunidades tradicionais e dos interesses dos grupos"[57].

No parágrafo que encerra *La Débâcle*, Jean Macquart aparece como repetição farsesca do caminho tomado por Étienne Lantier nas últimas páginas de *Germinal* (1885), onde a trama histórico-ficcional sustentava sua aposta na racionalidade e num refinamento burguês que, segundo o próprio Étienne Lantier, o tinha levado para além de sua própria classe e aumentado ainda mais o seu ódio contra a burguesia. Os dois romances foram publicados com dois anos de diferença, *Germinal* em 1885 e *La Terre* em 1887, sendo que o primeiro se passa ente maio de 1866 e abril de 1867, e o segundo entre 1859 e 1870.

Lantier prometia levar os trabalhadores à glória e defendê-los na tribuna que talvez conseguisse ocupar em Paris, "triunfando com o povo se ele não o devorasse". Em relação a Jean, no entanto, o seu papel de salvador da pátria, em *La Débâcle*, pode ser alguma coisa a mais do que um voto piedoso do narrador. "O campo devastado estava sem cultivo, a casa queimada por terra; e Jean, o mais humilde e o mais sofrido ia embora, caminhava para o futuro, para a grande tarefa de toda uma França a ser refeita"[58].

O que pode significar no novo contexto ficcional e histórico de *La Débâcle* fazer de Jean Macquart um depositário das esperanças de futuro, ele que em *La Terre* tinha abandonado a disputa feroz e assassina pela pequena propriedade no campo, indo engrossar as fileiras do exército francês? Como vimos, a terra

---

57. Cf. David Harvey, *The Urban Experience*, Baltimore and London, The John Hopkins University Press, 1989, p. 175. Cf. também, do mesmo autor, os capítulos "Money, Credit and Finance" e "Abstract and Concrete Labor" do livro *Paris, Capital of Modernity*, New York and London, Routledge, 2003, 7ª edição.
58. Trechos originais: "Le champ ravagé était en friche, la maison brûlée était

que escapara a Jean Macquart como proprietário, no romance de 1887, ele defenderá como soldado no romance de 1892, já agora em termos nacionalistas – a terra de todos os franceses!

Embora se passe no II Império, *La Terre* tem como assunto não só a crise rural daqueles anos de 1870, que se estendia ao próprio tempo em que Zola escrevia o romance: o escritor fala, na verdade, da sociedade francesa de toda a segunda metade do século XIX. Lembremos que, frente às condições trazidas pelas relações capitalistas impostas ao campo, sobretudo depois da Depressão agrária mundial de 1880, a consciência dos trabalhadores rurais foi uma realidade no final do século XIX na Sicília e na Andaluzia, levando à formação de ligas camponesas (com o precedente da revolta dos trabalhores do campo na Inglaterra, em 1830). Consciência que avançaria pelo século XX, dando papel central aos camponeses empobrecidos na Revolução Mexicana de 1911 e na Revolução Russa de 1917, para ficar apenas no primeiro decênio de 1900. Situação que a marcha da modernização irá agravar depois da Segunda Guerra.

par terre; et Jean,le plus humble et le plus douloureux s'en alla, marchant à l'avenir, à la grande et rude besogne de toute une France à refaire". "Mais quoi faire? Quand on n'a plus de métier, qu' on n'a plus de femme ni bien au soleil, que le coeur vous saute dans la gorge de tristesse et de rage? [...] Et il se rappelait son cri: ah! bon sang! puisqu' il n' avait plus de courage à la travailler, il la défendrait, la vieille terre de France". "Ces ouvriers dont l'odeur de misere le gênait maintenant, il éprouvait le besoin de les mettre das uns gloire [...] Déjà, il se voyait à la tribune, triomphant avec le peuple, si le peuple ne le dévorait pas". "L' ordre de cesser les exécutions était, disait-on, venu des Versailles. Mais l'on tuait quand même. Thiers devait rester le légendaire assassin de Paris, dans sa gloire pure de libérateur du territoire [...]"; "qu'on vient de fonder pour améliorer la conditions des ouvriers"; "jamais je n'ai eu un sou [...] certes, oui, j'ai vendu; mais j'ai racheté aussi"; "comment avez-vous pu croire que j'abandonnais la partie? [...] mon plan est d'une rigueur mathématique, prévu jusq'aux derniers centimes"; "Et, malgré elle, de son effroi, une admiration montait. Brusquement, dans cette cellule miserable et nue, verrouillée, séparée des vivants, elle venait d' avoir la sensation d'une force débordante, d' un resplendissement de vie: l'éternelle illusion d'espoir, l'entêtement de l'homme qui ne veut pas mourir. Elle cherchait en elle la colère, l'exécration des fautes comises, et elle ne les trouvait déjà plus."

Neste romance, a divisão dos bens dos Fouan e a disputa em torno da pequena herança e da renda darão em violação e assassinato. O procedimento que compõe o conjunto dos romances do ciclo dos Rougon-Macquart também será adotado neste romance, no sentido de separar as diferentes atividades do homem do campo e os ritos de sua sociabilidade, incluindo as comemorações e a organização administrativa. E, ao mesmo tempo, integrar essas separações numa totalidade maior, que aqui diz respeito à situação miserável da maioria dos pequenos proprietários e à perspectiva da posse da terra que assombra muitos deles. A alguns é dado ser proprietário, enquanto a outros nenhum tipo de propriedade é concedida (nem mesmo o da força de trabalho do trabalhador assalariado).

A crise geral aparece sob focos diversos, que incluem a paixão de Buteau pela propriedade e o sonho revolucionário de Canon da coletivização da terra, opondo as ilusões do sonhador e a racionalidade prática representada por Buteau, um dentre aqueles que estão procurando as brechas para participar da modernidade que avança também no campo.

– Tente então! Interrompeu de novo Hourdequin; você vai ser recebido a golpes de forcado, nenhum pequeno proprietário deixará você pegar uma unha.
– Mas eu disse que iria atormentar os pobres? respondeu Canon, zombeteiro.

Nas condições das pressões dos interesses e lutas no campo, os homens não recuam diante de nenhuma violência, e o romance dá conta do papel brutal da submissão daquelas criaturas aos imperativos do dinheiro e da propriedade que os transforma em verdadeiros animais sem consciência. Do ponto de vista formal, *La Terre* leva ao máximo o enxugamento do peso dramático das cenas e o mergulho nos pequenos detalhes miúdos da vida cotidiana, jamais insignificantes nas abundantes descrições.

O próprio movimento das estações do ano, retomado com toda a sua força mítica, sofre o comentário implacável da situação prática dos camponeses. O que vai sendo narrado descreve um enredo que, todavia, está apenas implícito: o modo como a propriedade da terra está sendo submetida às condições de exploração do trabalho e das formas modernas de valor e de renda impostos pelo movimento do capital.

A situação de impasse histórico é, neste romance, apanhada pelo lado da perplexidade e mesmo da falta de saída, mas as personagens compõem a coreografia de um horror coletivo e de uma frustração definitiva sem que o narrador queira responder definitivamente aos impasses: ele os expõe, e é essa a sua força ficcional. Hourdequin, o fazendeiro simpático ao imperador, que pretende ser prefeito e promete mundos e fundos, pondera indiferente: "Ah! sim, a felicidade! sonhava-se com ela através da ciência depois que ela tinha sido sonhada pelo direito: era talvez mais lógico, mas isso não iria acontecer amanhã".

O excesso despudorado de *La Terre,* ultrapassando a medida dos outros romances de Zola, expõe o tema da posse e do desejo irracional (e também sexual) que se fortalecia através dos estímulos da sociedade moderna, das ameaças do comércio internacional e do sofrimento imposto aos trabalhadores do campo. Não há espaço para localismos pitorescos. A desmedida e o grotesco das situações e dos apetites (o termo é de Zola, como se viu) é sintoma e resultado. As promessas da sociedade burguesa são desmascaradas pelo romance ali mesmo, em Rognes, a apenas dezenove quilômetros de Aix-en-Provence e a 37 quilômetros de Cavaillon, hoje um próspero centro agrícola e comercial.

Tomo como exemplo uma cena de diálogos num romance repleto delas, onde a interlocução tensa entre as personagens pode ser comparada a duas outras cenas que serão aqui comentadas do ponto de vista da posição do narrador. Uma delas em *L'Argent*, a outra em *La Débâcle*. Aqui, como em *L'Argent,* o narrador expõe as posições das próprias personagens como tensão, problema e componente formal do assunto, ao contrário de

La Débâcle, onde as opiniões serão dissolvidas por uma descrição providencial e diluidora da paisagem, com o que o narrador dissolve o peso das próprias personagens e do assunto. Nesta cena destaco Canon, Lequeu e Jésus-Christ.

A pregação coletivista de Canon, com seu sonho de um mundo pleno de felicidade, aguarda pelos avanços da ciência e das máquinas, que iriam permitir uma jornada de quatro horas de trabalho entremeadas de lazer, numa vida com dignidade e segurança. E replicando as palavras de ordem "Liberdade, igualdade e fraternidade" de Jésus-Christ: "Mas, imbecil! Foi engolindo essas asneiras que teus republicanos de 48 cagaram seu trabalho porco!" Enquanto isso Lequeu, que costuma fazer profecias catastróficas, como um "homem prudente, morde a língua". Mas num outro momento, ele dirá: "Com certeza, se o trigo continuar a vir da América, em cinquenta anos não haverá mais um único camponês na França... Nossa terra poderá lutar contra aquela lá longe?" E recebe como resposta: "É mesmo por causa do trigo da América, declarou Canon, que vocês serão de fato abatidos, enquanto o povo não se apoderar das grandes propriedades"[59].

A chamada terceira geração naturalista, ligada a Edmond de Goncourt, recebeu com estupefação o romance e o criticou numa carta aberta ao escritor, publicada no *Le Figaro* naquele mesmo ano. O "Manifeste des cinq" repudia *La Terre* como "impostura da literatura verdadeira", decadência, obscenidade e escatologia, reivindicando "nosso supremo respeito pela Arte" em nome de "ambições sadias e viris". Mas não apenas

---

59. Textos originais: "– Essayez donc! interrompit de nouveau Hordequin; on vous recevrait à coups de fourche, pas um petit propriétaire ne vous em laisserait prende une poignée. – Est-ce que j'ai dit qu'on tourmentarait les pauvres? répondit Cânon, gouailleur"; "Ah!, oui, le bonheur! On le rêvait par la science après l'avoir revê par lê droit: c'était peut-être plus logique, ça n'était pas pour le lendemain"; "Mais, bougre de bête! C'est en gobant ces âneries-là que tes républicanis de 48 ont foiré leur sale besogne!"; "Certainement que, sile blé continue à venir d'Amérique, il n'existira plus dans cinquante ans un seul paysan en France...Est-ce que notre terre poutta lutter avec celle de là-bas?"; "C'est bien à cause du blé d'Amérique, déclara Cânon, que vous serz foutus em effet, tant que lê peuple ne s'emparera pas des grandes terres".

na França, *La Terre* foi recebido com horror. A sua tradução na Inglaterra também chocou a moral inglesa e o escritor foi banido das leituras recomendadas. A materialidade da experiência narrada – da linguagem à sexualidade desenfreada das personagens – não correspondia a nenhuma noção bem comportada de decoro literário ou, no plano extraliterário, de uma sociabilidade pautada pela lei moral e pela ordem burguesa.

Num certo sentido, a posição de Jean Macquart em *La Terre* diante da realidade no campo é semelhante à de Étienne Lantier em *Germinal,* como observadores da situação rebaixada dos homens que ali vivem. Nenhum deles pertence àquelas comunidades em que viveram durante algum tempo. Jean não ocupa posição central em *La Terre* e não está integrado à violência e destrutividade do desejo de posse (propriedade e mulher) das outras personagens. Jean Macquart é desenhado como um Macquart diferente das irmãs Lisa e Gervaise (também distintas uma da outra como tipos sociais). E não chega a ser o herói da história amorosa que termina muito mal. Como ele escapa do destino rebaixado que o progresso do capital impõe àqueles homens, mulheres e crianças – vítimas de um estado de coisas que os degrada passo a passo, tal como tinha sido em *L'Assommoir*?

Quando Jean Macquart parte do campo, a terra para a qual ele olha enterra a mulher e o velho Fouan, e ele se sente em paz e cheio de esperança, apesar de tudo o que se passou e do comentário que faz sobre as tentativas malogradas de Hourdequin de fazer funcionar o maquinário agrícola – "toda aquela ciência ainda tão mal empregada", ele pensa. E pensa também que a terra que ali está será um bem eterno – a mãe que amamentará sempre os seus filhos, dando o melhor trigo, o que dependerá apenas do seu bom trato. Mas é Jean quem pensa tudo isso, como se anunciasse uma revolução: a terra que pertenceria a todos os que a pudessem cultivar para não morrer de fome, a terra sempre capaz de renascer, indiferente aos conflitos dos homens, "insetos raivosos". Mas já desalentado: "O que conta nosso sofrimento, no grande mecanismo das estrelas e do sol!"

Em *La Terre,* o narrador assinala o breve lampejo de sonho, seguido por comodismo e indiferença de Jean, sem assinar embaixo. Aqui o discurso indireto livre não impede o acréscimo de um comentário, que se junta às outras falas: "Por muito tempo, esse desvario confuso, mal formulado, rolou na cabeça de Jean". O que vai conferir a Jean um novo impulso de entusiasmo, tingido com a mesma precariedade dos demais, será justamente a imagem da guerra ao longe com seus cavalos, canhões e "seu clamor por massacre".

Nesse contexto de "desvario confuso" é que, cerrando os punhos, Jean Macquart dirá a mesma frase que será repetida depois em *La Débâcle,* numa outra situação narrativa e conduzida por uma outra posição de narrador. No romance de 1892, a palavra "coração" será substituída por "coragem", quem sabe para tentar sublinhar o pontual caráter heroico pretendido pelo narrador. "Ah, bom sangue! já que ele não tinha mais coração [coragem] para trabalhar a terra, ele a defenderia, a velha terra de França!"[60]

O amesquinhamento geral vai-se instalando como um "universal moderno", no entanto, sem nenhum toque de heroísmo. Quando em 1898, a ex-*communard* Louise Michel imagina a nova epopeia popular prestes a irromper, ela ancora suas esperanças na marcha da técnica e da racionalidade. Vendo semelhanças entre o fim do II Império e o tempo em que escreve suas memórias, vinte e cinco anos depois, Louise Michel reconhece a ferocidade da repressão comum aos dois momentos, mas ainda acredita que o avanço da ciência e da educação seriam decisivos na luta contra toda a mentira ideológica. Por isso pensa estar bem perto a emergência de um mundo novo, de uma humanidade livre e consciente, capaz de configurar novos ideais "no momento presente, à espera de um novo germinal".

---

60. Trechos originais: "Longtemps, cette rêvasserie confuse, mal formulée, roula dans la crâne de Jean"; "Ah! bon sang! Puisqu'il n'avait plus de couer à la travailler, il la défendrait, la vieille terre de France!"

Hoje, 2 de janeiro de 1898, quando termino este livro, a fotografia abre o caminho, os raios X que permitem ver através da carne elimina o uso de animais vivos em experiências, no mesmo momento em que desparece a ferocidade entre os povos, não pensamos que a vontade, a inteligência humana será livre? [...] Os mundos também, graças à ciência, confessarão seus segredos e será o fim dos deuses, a eternidade antes e depois de nós prosseguindo como os seres, no infinito das esferas, nas suas transformações eternas. Coragem, eis o embrião secular[61].

Louise Michel aposta, sem restrições, na expansão do conhecimento e do pensamento, quando então os trabalhadores unidos, sem se esquecerem da derrota de 1871 ("o espectro de maio"), poderiam vencer os entraves das leis que, em 1894, procuravam "aprimorar" as leis de julho de 1881 a fim de garantir ordem e a segurança (condições do progresso, como dizia o então ministro da Justiça), com controle de reuniões públicas, proibição de associações políticas, de qualquer perturbação das atividades repressivas das autoridades militares ou de desacato à propriedade privada!

Num dos trechos das *Passagens* de Walter Benjamin dedicado à Comuna, ele se refere a um artigo de Jean Cassou, de 1936, que por sua vez comenta uma passagem das memórias de Louise Michel. Ali ela relata uma conversa que tivera com Gustave Courbet, o pintor e ativista *communard*. O comentário de Jean Cassou mostra um Courbet "extasiado com o futuro, perdendo-se em devaneios que, por exprimirem o seu século XIX, não deixam de ser – apesar disso ou justamente por isso mesmo – de uma tocante e maravilhosa grandeza".

E retomando Courbet:

"Se cada um" profetiza Courbet, "se entregar sem entraves a seu gênio, Paris duplicará sua importância. E a cidade internacional europeia

---

61. Cf. Louise Michel, *La Commune. Histoire et souvenirs*, p. 344. A tradução é minha.

poderá oferecer às artes, à indústria, ao comércio, às transações de toda a espécie e aos visitantes de todos os países uma ordem imperecível, a ordem estabelecida pelos cidadãos, que não poderá ser interrompida pelos pretextos de pretendentes monstruosos". Sonho ingênuo por seus aspectos de Exposição Universal, mas que, de qualquer forma, implica profundas realidades, sobretudo a certeza de uma ordem unânime a ser fundada, a ordem criada pelos cidadãos.

Segundo Cassou em 1936, o "sonho ingênuo" de Courbet talvez se realizasse de modo diverso do que ele tinha imaginado[62].

Os destroços já se acumulam sobre novas esperanças e novos desafios para um escritor que não pretende perder o senso do real no fim do século XIX. Ao ver no "declínio da imaginação" um traço do romance moderno (em oposição inclusive ao próprio romance histórico tradicional), Zola reivindica um máximo de invenção para o romance realista, nos termos que se seguem:

> Visto que a imaginação já não é a qualidade mestra do romancista, o que, então, a substitui? É preciso sempre uma qualidade mestra. Hoje, a qualidade mestra do romancista é o senso do real. E é a isso que eu gostaria de chegar [...] com efeito, hoje o crítico e o romancista não concluem. Contentam-se em expor [...] quanto menos nos apressamos em formular as leis, mais sábios somos[63].

Por senso do real (ou fundamentos realistas) podemos entender também os modos diversos como o levante operário de 1848 aparece pelo viés das duas personagens, a comerciante Lisa Macquart de *Le Ventre de Paris* (irmã de Gervaise de *L'Assommoir* e de Jean Macquart de *La Terre* e de *La Débâcle*)

---

62. Cf. Walter Benjamin, *Passagens*, org. Willy Bolle, Belo Horizonte/São Paulo, Editora UFMG/ Imprensa Oficial, 2006, p. 830. Jean Cassou foi historiador, crítico de arte e poeta comunista não-stalinista, autor do romance *Les Massacres de Paris*, publicado pela Gallimard em 1935.
63. Cf. Émile Zola, "O Senso do Real", *Do Romance*, São Paulo, Edusp, 1995, pp. 26 e 40.

e a operária das minas de carvão Maheude, de *Germinal*. Lisa, a próspera dona da salsicharia e defensora da boa ordem imperial, credita a bancarrota de muitos comerciantes ao levante operário, sem atinar para a crise industrial que transformou os atacadistas parisienses, impossibilitados de exportar, em concorrentes dos pequenos comerciantes. A operária das minas de carvão recorda-se do levante de 1848 como um momento de louca esperança, no entanto já perdido, ao qual a desgraça do presente dava continuidade. Ali ela viu seu marido ser assassinado.

Zola escreveu com ironia sobre seus contemporâneos, que chamou "homens de espírito", *dandys* ou *flâneurs* da literatura, denunciando o desprezo e o horror aristocrático que tinham pelo povo, que julgavam um bando de "bárbaros". Com *La Terre* (1887), o conto de fadas às avessas *Le Rêve* (1888), *La Bête Humaine* (1890), *L'Argent* (1891), *Le Docteur Pascal* (1893), para lembrar apenas os romances dos fins de 1880 e de 1890, ele escapava da fantasia idealista e do esteticismo, marcante desde os anos de 1880. No prefácio de *À Rebours,* Huysmans conta que Zola lhe teria endereçado uma carta, em maio de 1844, onde criticava a falta de intervenção do autor justo ali onde seria possível mostrar as relações entre a nevrose finissecular e o caráter excepcional da vida levada pela personagem Des Esseintes no romance de Huysmans. O que confirma a mudança de eixo que a geração posterior a Zola faria na direção de uma experimentação estetizante, de um sentido abstrato de nevrose e do decadentismo como opção à vulgaridade burguesa.

*

A sugestão para armar relações entre prosa de ensaio e prosa ficcional veio de várias frentes expostas por Roberto Schwarz. Aponto duas delas, invertendo sua cronologia: escrevendo sobre o ensaísmo de Gilda de Mello e Souza – textos dos anos de 1960 sobre o cinema novo –, ele mostra que, ao contrário da "seriedade científica" que exigia jargão e escrita mal acabada, sua "prosa assumidamente literária [...] colava a escrita às aparências e às contradições em que estava a vida de seu assunto"[64].

Nesse sentido, a imaginação necessária ao ficcionista, e também ao ensaísta, ia na contramão da especialização universitária e da aplicação de conceitos. A imaginação situada de um e de outro se cruzam na apreensão de tensões e contradições que, sendo do próprio tempo (e quiçá da própria ensaísta) aparecem na elaboração das próprias formas analisadas.

É como se o tanto de realidade e de verdade que o trabalho artístico apreende em suas formas lastreasse a prosa crítica, além de lhe dar um aval incerto, ligeiramente profético, para falar obliquamente do mundo histórico [e] ilumina trechos do impensado de nosso tempo, diante do qual segue nos colocando.

Antes disso, um desafio semelhante tinha sido detectado pelo crítico no diário da menina Helena Morley que, enquanto diário, é também forma do ensaio. A leitura de Morley deu chance ao crítico, que dedicou seu livro *Duas Meninas* justamente à D. Gilda, de mostrar que o olhar miúdo, não-canonicamente literário, mas antes de tudo irreverente, com uma "intimidade imaginativa com o assunto" e com a vida (uma leitura literária do mundo?), fazia parte da composição de um diário infantil e também da composição da personagem de um romance poderoso, *Dom Casmurro*, de Machado de Assis. Aproximando as duas meninas, Helena e Capitu, sem perder as diferenças entre Morley e Machado, o crítico mostra o teor realista de ambos os textos, enquanto apreensão da complexidade das relações familiares e sociais em Diamantina e no Rio de Janeiro.

Um modo de "raciocínio", diria a menina Helena sobre seu próprio modo de olhar a vida: "Vou fazer quatorze anos e já raciocino mais de que todos da família. Comecei a tirar conclu-

---

64. Cf. Roberto Schwarz, "Prosa Crítica", *Gilda, a Paixão pela Forma* (org. Sergio Miceli e Franklin de Mattos), Rio de Janeiro, Ouro sobre Azul/Fapesp, 2007.

sões desde dez anos mais ou menos, penso eu". Raciocínio que, na verdade, pode significar imaginação atritada com o real, e negatividade crítica em relação ao que presencia. Como mostra Schwarz, essas forças vivas são possíveis tanto para a menina esperta na Diamantina pré-moderna, numa história de final pessoal feliz, quanto para a menina carioca, que percebe qual o enredo da sobrevivência e de uma vida melhor para gente agregada no Rio do século XIX, como ela mesma e sua família[65].

Segundo o que o crítico esclareceu com sua análise do romance, Capitolina não leva a melhor já que o narrador, dono do mundo, toma a frente da ação e da palavra. A tarefa realista, que consiste em observar e procurar compreender o processo material real, com todas as implicações cruzadas e contraditórias que dão conta de inserir o miúdo e os detalhes numa totalidade problemática, por certo arma um enredo que revela o que ainda não está inteiramente nomeado, que está sendo descartado ou que, em processo, ainda não está previsto pela ordem hegemônica. "Não se deve tomar a realidade por ficção", tínhamos lido em Zizek.

Comentando o golpe de Napoleão a 2 de dezembro de 1852, com o isolamento do proletariado depois do massacre de três mil insurretos e deportação de quinze mil sem julgamento (como Florent, cunhado de "la belle Lisa", deportado pelo golpe, que no entanto tentará ainda reviver seus sonhos de insurreição popular no ambiente conservador de "comerciante parisiense", e será denunciado pela própria cunhada, em *Le Ventre de Paris*), a descrição poderosa e irônica de Marx apanha, de um só golpe, um movimento geral ao modo de uma grande página ficcional. Por isso, ela é também premonitória em relação a cenas que ele não poderá testemunhar, e que se repetirão em momentos posteriores da história, nos quais o proletariado, que tinha ficado no fundo da cena vai tentar procurar "readquir o terreno perdido".

65. Cf. Roberto Schwarz, *Duas Meninas*, São Paulo, Companhia das Letras, 1997.

Serviria apenas como alerta se não trouxesse uma carga de sentidos que reconhecemos como fazendo parte da nossa própria experiência. Esses sentidos são organizados cuidadosamente e com critérios pelo narrador de *O 18 Brumário*:

> A Constituição, a Assembleia Nacional, os partidos dinásticos, os republicanos azuis e vermelhos, os heróis da África, o trovão vibrando da tribuna, a cortina de relâmpagos da imprensa diária, toda a literatura, os políticos de renome e os intelectuais de prestígio, o código civil e o código penal, a *liberté*, *égalité*, *fraternité* e o segundo domingo de maio de 1852 – tudo desaparecera como uma fanstasmagoria diante da magia de um homem no qual nem seus inimigos reconhecem um mágico. O sufrágio universal parece ter sobrevivido apenas por um momento, a fim de que ele pudesse fazer, de próprio punho, o seu último testamento perante os olhos do mundo inteiro e declarar em nome do próprio povo: Tudo o que existe merece perecer[66].

Talvez esteja mesmo em *O 18 Brumário de Luís Bonaparte*, incluindo o prefácio à segunda edição de 1869, o grande exemplo da tensão literária constituiva de uma boa prosa ensaística, uma prosa sob pressão dos acontecimentos que situa o mundo contemporâneo como horizonte do texto. Nesse sentido, ela é radicalmente exemplar daquilo que é fundamental num escritor, mesmo quando ele se volta para o passado: é do presente que se pode armar um olhar compreensivo sobre a matéria, apanhando recorrências e recortando grandes linhas.

Como lembra Antonio Candido, os textos realistas de maior envergadura

> [...] procuram algo mais geral, que pode ser a razão oculta sob a aparência dos fatos narrados ou das coisas descritas, e poder ser a *lei* destes fatos na sequência do tempo. Isso leva a uma conclusão paradoxal: que talvez a realidade se encontre mais em elementos que transcendem a

---

66. Cf. Karl Marx, *O 18 Brumário de Luís Bonaparte*, em *Obras Escolhidas*, p. 207.

aparência dos fatos e coisas descritas do que neles mesmos. E o realismo, estritamente concebido como representação mimética do mundo, pode não ser o melhor condutor da realidade. [...] Mas a visão realista só se completa graças ao registro das alterações trazidas ao pormenor pelo tempo, que pode ir de algumas horas até um século – e ao introduzir a duração introduz a história no cerne da representação da realidade[67].

No prefácio, Marx já avisa que o seu enfoque de Napoleão III difere daqueles de Victor Hugo e de Proudhon, que considera os melhores. Hugo se limitara à força individual de uma personagem, e Marx observa que o privilégio de delegar toda a iniciativa a uma só figura histórica, Napoleão III, faz dele um herói desmedido; Proudhon pretendera entender o golpe de 1851 como resultado de um processo histórico, mas se engana, tal como os pretensos historiadores objetivos, que acabam em "apologia histórica do autor" por falta de processo histórico. E a pergunta de Marx é: por que um "personagem medíocre e grotesco" desempenha o papel de herói?

Para respondê-la, ele movimenta um conjunto de personagens, as situa no seu tempo e naquela sociedade burguesa no fio de suas transformações, quando o golpe de 2 de dezembro de 1851 dá origem ao II Império, como um retrocesso. Por isso a concentração num único indivíduo, nos moldes de Victor Hugo e Proudhon, faria perder a dimensão da tragédia coletiva. Para tanto, apanha a história das revoluções burguesas no século XVII e das revoluções proletárias no século XIX e arma o contexto mais geral, localizando as forças agora agrupadas no conservador "partido da ordem" e no seu opositor, o assim chamado "partido da anarquia".

É preciso dizer que o texto de Marx é atravessado por um humor notável, além da ironia que permite que o narrador comente os fatos, recorrendo a jargões imediatamente desmoralizados logo

---

67. Cf. Antonio Candido, "Realidade e Realismo (via Marcel Proust)", *Recortes*, 3. ed., Rio de Janeiro, Ouro sobre Azul, 2004, p. 135.

que são colocados em matéria. Esse narrador pede, portanto, um leitor também ativo e dialético, atento aos fatos da história e à "identidade fundamental" (o termo é de Antonio Candido) em que se ancoram as diferenças do tempo, do lugar e das figuras envolvidas no relato. "Nesse nível é que os detalhes desaparecem como registro documentário para formarem o alicerce de uma visão unificadora, obtida por meio do descarte do accessório [...]"[68].

A "visão unificadora" das formas do mundo narrado é o narrador quem as apreende, assume e ajuíza, segundo o material disponível, o que permite conferir consistência e fôlego crítico à matéria narrada: o narrador que descreve e narra como voz organizadora dos fenômenos não é um mero narrador opinativo. As condições para o golpe de 2 de dezembro são dissecadas ao vivo desde a eleição de Luís Napoleão, descrevendo as posições assumidas pelo poder executivo, pelos partidos e pelo Parlamento. O que o ensaio vai montando, portanto, é o cruzamento variado dos interesses e das conduções políticas desastradas, dando conta de um arco mais amplo onde se incluem os sentidos particulares das ações pontuais.

O que poderia parecer um pequeno acontecimento avulta no conjunto, e o narrador em terceira pessoa pode assumir até mesmo a voz da classe hegemônica, antes de esclarecer numa retomada do foco – "a essa declaração..." etc. –, ou pode também dar a palavra a um dos artigos da Constituição, dentre aqueles que embutem a destruição da própria Assembleia Legislativa no rumo do poder pessoal do presidente Luís Napoleão, como se o artigo constitucional fosse personagem viva de cenários um tanto fantasmagóricos, que algumas frases e expressões tentam recolher – República social, República democrática, República parlamentar –, até que o golpe de 1852 desmanche todas as encenações.

A palavra constitucional, coletiva e impessoal, funciona como um curioso coro que já não pode deixar de exibir-se também como farsa: saído do interior da própria armação enge-

---

68. *Idem*, p. 139.

nhosa do poder, ratifica e comenta, ao ser exposta, os termos da aparente inviolabilidade da sua montagem. Dar a palavra à constituição para mostrá-la, criticamente, é um outro modo de descrever para narrar, de recortar para contar, combinando num mesmo movimento a escolha do material exibido, o distanciamento e comentário do próprio narrador.

Enquanto a Assembleia permanece constantemente em cena exposta às críticas da opinião pública, o presidente leva uma vida oculta nos Campos Elísios, com o artigo 45 da Constituição diante dos olhos e gravado no coração, a gritar-lhe diariamente: *Frère, il faut mourir!* Teu poder cessa no segundo domingo do lindo mês de maio, no quarto ano após tua eleição! Tua glória terminará então, a peça não é representada duas vezes, e se tens dívidas, cuida a tempo de saldá-las com os seiscentos mil francos que a Constituição te concede, a menos que prefiras ser recolhido a Clichy na segunda-feira seguinte ao segundo domingo do lindo mês de maio! – Assim, enquanto a Constituição outorga poderes efetivos ao presidente, procura garantir para a Assembleia Nacional o poder moral. À parte o fato de que é impossível criar um poder moral mediante os parágrafos de uma lei, a Constituição mais uma vez se anula ao dispor que o presidente seja eleito por todos os franceses, através do sufrágio direto[69].

As análises finas ligam decisões particulares ao geral da sociedade e do tempo, com senso das temporalidades. O narrador recorta e recua para amarrar seus fios com mais clareza. E as ações estão incluídas num processo criterioso de valores exigidos pelos próprios assuntos que, evidentemente, são exigências extraensaísticas, que o narrador escolhe e ordena. A dialética entre o assunto e suas formas, no caso dos acontecimentos narrados, poderia no entanto ser desfeita e perdida caso ela não fosse refeita e recomposta na forma do ensaio.

Do mesmo modo, os juízos nascem da exposição dos materiais. Trata-se de um olhar para as formas do mundo que, sem

---

69. Cf. Karl Marx, *O 18 Brumário de Luís Napoleão*, em *Obras Escolhidas*, p. 215.

prejuízo de sua verdade histórica, pode ser chamado ficcional em sentido amplo. Vejamos um trecho mais longo onde, sem poupar metáforas assustadoramente premonitórias, porque não perdem de vista o chão real, o narrador comenta as jornadas de junho e a vitória do "partido da ordem" – uma frente ampla, como diríamos hoje:

> Tinha "salvo" a sociedade dos "inimigos da sociedade". Tinham dado como senhas a seus exércitos as palavras de ordem da velha sociedade – "propriedade, família, religião, ordem" – e proclamando aos cruzados da contrarrevolução: "Sob este signo vencerás!" A partir desse instante, tão logo um dos numerosos partidos que se haviam congregado sob esse signo contra os insurretos de junho tenta assenhorear-se do campo de batalha revolucionário em seu próprio interesse de classe, sucumbe ante o grito: "Propriedade, família, religião, ordem". A sociedade é salva tantas vezes quantas se contrai o círculo de seus dominadores e um interesse mais exclusivo se impõe ao mais amplo. Toda reivindicação ainda que da mais elementar reforma financeira burguesa, do liberalismo mais corriqueiro, do republicanismo mais formal, da democracia mais superficial, é simultaneamente castigada como um "atentado à sociedade" e estigmatizada como "socialismo". E, finalmente, os próprios pontífices da "religião e da ordem" são derrubados a pontapés [...] em nome da religião, da propriedade, da família e da ordem. Os burgueses fanáticos pela ordem são mortos a tiros nas sacadas de suas janelas por bandos de soldados embriagados, a santidade dos seus lares é profanada e suas casas são bombardeadas como diversão em nome da propriedade, da família, da religião e da ordem[70].

Ao trecho acima se segue um novo tópico, que poderia ser apaziguador, não fossem as formas do mundo às quais diz respeito, e que vem sendo expostas: "Retomemos o fio dos acontecimentos". Ou, num outro momento: "veremos mais adiante para que fins...". A revelação das artimanhas, das intrigas políticas e do peso dos interesses particulares cumpre o mais rigoroso programa realista

70. *Idem*, p. 210.

ao expor o caráter das relações, ditas lógicas, que os governam. Esse é rigorosamente um olhar ficcional para o mundo porque agarra, com vigor, a complexidade das relações na realidade que expõe, movidas por homens que respondem à marcha hegemônica com subserviência, conformados a ela, e que manipulam ou são manipulados (como a massa do "lumpen-proletariado" pela "sociedade beneficiente" criada por Napoleão em 1849)[71].

Mundo já prestes a explodir em 1851, pouco antes do golpe do Império, metido numa crise geral de superprodução e superespeculação, tanto na França quanto na Inglaterra, alavancada pela Exposição Industrial de Londres. A narrativa da situação mundial é minuciosa e atenta aos fatos particulares. Pouco antes do golpe do Estado, por exemplo, Napoleão distribuirá medalhas de honra à burguesia industrial francesa pela sua participação na mesma Exposição que contribui com a crise, e lançará a pedra fundamental do novo mercado da cidade encantando, definitivamente, as mulheres comerciantes (*les dames des hales*).

O burguês francês com "seu cérebro comercialmente enfermo, torturado na agonia desse pânico comercial, girando estonteado pelos boatos de golpes de Estado e de restauração do sufrágio universal, pela luta entre o Parlamento e o poder executivo", entre todos os acontecimentos, palavras de ordem desencontradas e ameaças, "berra furiosamente para a sua República parlamentar: 'antes um fim com terror, do que um terror sem fim'". O narrador, depois de descrita a situação, adverte o leitor: "pensai em tudo isso e compreendereis a razão pela qual

71. "A pretexto de fundar uma sociedade beneficiente o *lumpen-proletariado* de Paris fora organizado em facções secretas, dirigidas por agentes bonapartistas. [...] Lado a lado com *roués* [velhacos] decadentes, de fortuna duvidosa, lado a lado com arruinados e aventureiros rebentos da burguesia, havia vagabundos, soldados desligados do exército, presidiários libertos, forçados foragidos das galés, chantagistas, saltimbancos, *lazzaroni* [feridentos], punguistas, trapaceiros, jogadores, *maquereaus* [alcoviteiros], donos de bordéis, carregadores, *literati* [literatos], tocadores de realejo, trapeiros, amoladores de facas, soldadores, mendigos – em suma, toda essa massa indefinida e desintegrada, atirada de ceca em meca, que os franceses chamam *la bohème* [...]" (cf. *O 18 Brumário de Luís Napoleão*, p. 243).

em meio a essa incrível e estrepitosa confusão de revisão, fusão, usurpação e revolução, o burguês berra furiosamente [...]", arrematando com ironia que "Bonaparte compreendeu esse grito" com seu poder de compreensão aguçado pela "crescente turbulência de credores [...] um movimento dos astros protestando suas terrenas letras de câmbio. Tinham-se convertido em verdadeiros astrólogos". E aquela voz da Constituição, que alertava diretamente o Presidente sobre os limites do seu poder, encontra então as condições para ser atendida. Virá o golpe e a organização da máquina do Estado – com seu papel decisivo na vida social e política, especulando em vínculo já estreito com o sistema financeiro[72].

Pensando nas tarefas necessariamente negativas de uma prosa realista, cabe ainda observar como os manifestos de Marx dirigidos à Associação Internacional dos Trabalhadores, escritos no calor da Comuna em 1870 e 1871 (reunidos em *A Guerra Civil na França*), diante de uma matéria em processo e tentando apreender os seus movimentos em ebulição, conseguem manter inseparáveis a força da escrita e a força dos argumentos. Uma resposta ao que se observa talvez pudesse estar no próprio fato de que o método da exposição enfrentava fenômenos ainda não catalogados e que, nem naturais nem eternos, são história em processo.

Essa resposta deixa de lado, no entanto, a posição nada simples que o narrador é capaz de assumir. Desafio desse tipo foi posto à própria formulação teórica marxista. Avaliando o lugar dessa teoria num momento de hegemonia burguesa, Guy Debord pontuou a defasagem entre teoria e prática, retomando o que o próprio Marx já tinha apontado: "A falha na teoria de Marx é a falha da luta revolucionária do proletariado de sua época. A classe operária não decretou a revolução permanente em 1848; a Comuna foi vencida no isolamento". Entre a marcha do mundo, as análises marxistas e os limites práticos

---

72. *Idem*, p. 268.

da teoria revolucionária (que "ainda não atingira sua própria existência total", retomou Debord um século depois) havia, portanto, movimento e confronto[73].

Nessa correlação concreta e não predeterminada entre teoria e prática, o método de exposição dos estudos econômicos de Marx já pressupunha determinação recíproca entre forma e conteúdo, num processo material de fenômenos em constituição. Transposto para o texto de intervenção e para as análises conjunturais, o método passa a ter força de revelação literária. O embate com a matéria viva tem a contundência de um ensaio dialético, se não de uma narrativa ficcional, pela maneira como lê a prosa do mundo. No caso dos textos de 1870 e de 1871, o narrador que analisa o assunto em suas partes para devolvê-las ao conjunto, que as contêm, impede que essas partes se mantenham autônomas e sejam apreendidas de modo reificado.

Ao enfrentar a vida do assunto, a posição do próprio narrador em relação aos fatos expostos faz emergir uma imaginação situada que, fundamental para o ficcionista, é também elaborada, com ganhos, num texto não-ficcional. Desse modo, a escrita assume um ponto de vista sobre os acontecimentos, cava sem preguiça a complexidade material dos interesses e desigualdades, em âmbito internacional inclusive, e chega a encenar passagens como se as sublinhasse com tinta grossa, podendo até mesmo comentá-las com ironia, um tanto à parte, figurando assim o seu próprio leitor.

Ao apontar o interesse direto de Bismarck na luta civil, que via como estímulo à guerra e manutenção da dependência do governo republicano francês junto à Prússia (Bismarck devolve prisioneiros da guerra para que integrassem as colunas de Versalhes), o narrador justifica os incêndios na cidade como "vandalismo de defesa desesperada", e não "vandalismo de triunfo, como aquele de que os cristãos deram prova ao destruir os tesouros artísticos, realmente inestimáveis, da

---

73. Cf. Guy Debord, *A Sociedade do Espetáculo*, p. 56.

antiguidade pagã". E não se furta a comentar: "A burguesia do mundo inteiro, que assiste com complacência a essa matança em massa depois da luta, treme de horror ante a profanação do ladrilho e do tijolo"[74].

O comentário implica considerar um espaço para a dissidência. Ao invés de uma sociabilidade compacta e indivisa, o trabalho com versões e contraversões dos fatos não significa acenar para o reino de uma positiva indecidibilidade, entre alternativas intercambiáveis, mas isso sim, significa assumir nomeações precisas do objeto, captando assim seu movimento. A organização dos focos narrativos expõe a matéria sem escamotear o trabalho de configurar uma experiência histórica, particular e social, de modo surpreendente, revelador e crítico. Assim como em *O 18 Brumário de Luís Napoleão* tinha transcrito o discurso eufórico do quase Imperador em relação à Exposição Universal trazendo, entre parênteses, as várias reações da plateia entusiasmada ("fortes, estrondosos e reletidos aplausos de todos os lados do anfiteatro", ou "bravo, bravo, bravo, uma tempestade de bravos"), colhidas no *Journal des Débats*. "Aplausos abjetos", como irá assinalar.

Na mesma linha uma outra citação – no caso, o depoimento do correspondente parisiense de um jornal conservador de Londres – dá lugar a uma outra voz narrativa para ampliar, com um grau a mais de distância, a ferocidade da matança de homens, mulheres e crianças ao final dos oito dias de luta:

Enquanto ao longe ouvem-se disparos esparsos e entre as tumbas do cemitério Père-Lachaise agonizam infelizes feridos abandonados; enquanto seis mil insurretos aterrados vagam numa agonia de desespero no labirinto das catacumbas e pelas ruas se veem ainda infelizes arrastados para ser abatidos pelas metralhadoras, torna-se revoltante ver os cafés cheios de devotos do absinto, do bilhar e do dominó, ver como as mulhe-

---

74. Cf. Karl Marx, *A Guerra Civil na França* em *Obras Escolhidas,* São Paulo, Editora Alfa-Omega, s.d., vol. 2, pp. 96-97.

res viciadas circulam pelos bulevares e ouvir como o estrépito das bacanais nos reservados dos restaurantes ricos turvam o silêncio da noite.

E retificando que "a população de Paris" não era mais do que "a população de Paris do senhor Thiers", o narrador traz ainda o *Journal de Paris* que a própria Comuna fechara. Como num bom romance, as palavras dessa personagem-jornalista fazem pensar. Até mesmo um jornal conservador testemunha e julga excessivas as comemorações de um massacre?

O modo como a população de Paris (!) manifestou ontem sua satisfação era mais do que frívolo, e tememos que isso se agrave com o tempo. Paris apresenta agora o ar de um dia de festas, lamentavelmente pouco adequado. Se não quisermos que nos chamem de "parisienses da decadência" deveremos por fim a tal estado de coisas[75].

Temer pela pecha de "parisienses da decadência" revela a preocupação daquele jornal marcado pelo decoro, aparência e adequação de atitudes – tudo o que poderia ser facilmente resolvido, sobretudo depois de garantida a tranquilidade trazida pelo fim da Comuna. O leitor que, porventura, ligue esses "parisienses da decadência" com o "espírito de perversidade", o "mal banalizado do cotidiano burguês" e o tédio, com os quais Baudelaire caracterizou a indiferença pelos massacres em 1848 (e que é a marca de um outro *flâneur*, Frederic Moreau, de *A Educação Sentimental* de Flaubert), deverá dar conta da distância que vai entre quem se interessa pelos ritos da aparência (o *Journal de Paris*), e quem exibe o caráter realista de sua empreitada (Baudelaire, Flaubert e Zola, mas não *La Débâcle*), ao procurar compreender as determinações do que observa. E o fará se não quiser repetir a indiferença burguesa para o mundo de 1848 e de 1870. A inclusão de Zola na sequência de Baudelaire e Flaubert é aqui proposital.

75. Cf. Karl Marx, *A Guerra Civil na França*, em *Obras Escolhidas*, pp. 95-96.

A prova dos nove é que qualquer tentativa de resumo de ensaios deste quilate seria tão desafiador quanto resumir uma boa obra literária, que assim põe à prova o seu leitor: o resumo revela o alcance (maior ou menor) da própria leitura. Quando Antonio Candido compara o que é acúmulo de pormenores nos Goncourt com a "discriminação em perspectiva" de Proust, a partir do próprio Proust, ele escreve:

> Ao contrário, a arte do narrador (Proust) pretende descrever de muitas maneiras, recomeçar de vários ângulos, ver o objeto ou pessoa de vários modos, em vários níveis, lugares e momentos, só aceitando a impressão como índice ou sinal. É uma visão dinâmica e poliédrica, contrapondo-se a outra, estática e plana[76].

A reconstituição de fios do passado e do presente por um narrador situado, em relação à experiência histórica que conta, é uma tarefa do romance realista, ainda que se trate de um narrador impassível, colado à personagem como em Flaubert que, no entanto, apenas figura desinteresse, segundo a boa observação de Émile Zola. Ou um narrador que explode, em excesso, as aparências e os objetos do mundo para mostrá-los, insuportavelmente, como o que há de mais verdadeiro – a "realidade por perda da realidade", como falou Adorno sobre o próprio Zola.

3. Leituras da Forma Realista

Nos termos de Barthes e dos conceitos linguísticos que ele privilegiou a partir de um certo momento de sua obra, em fins dos anos de 1960, a representação realista estaria definitivamente malograda, limitada e justificada pela sua própria natureza de "atividade fantasmática", e seu correlato formal seria a descri-

---

76. Cf. Antonio Candido, "Realidade e Realismo" (via Marcel Proust), *Recortes*, p. 127.

ção: "a carência do significado, em proveito só do referente, torna-se o significante mesmo do realismo". É o que supõe Barthes, apostando numa "festa um pouco misteriosa, que se substitui ao real, como se fosse necessário, ainda assim, um real", no dizer de Antoine Compagnon[77].

Roland Barthes não está sozinho e vem em curiosa companhia. Como veremos logo adiante, e a partir de uma consideração da categoria da mediação social da forma, Georg Lukács demonstra também má vontade com o que julga ser excesso na descrição de Flaubert e Zola. Ao contrário de Barthes, no entanto, Lukács falava a favor da possibilidade de uma prosa realista, o que faz decisiva diferença para o alcance do enfoque das questões que ele traz para a crítica literária. Para Barthes, a aparência seria o ponto máximo onde pode chegar a prosa realista[78].

Em 1942 Paul Valéry repetirá o mantra da pretensão realista de reconstituição minuciosa dos objetos, especificamente em relação ao realismo de Flaubert, que não teria ido além da "constatação crua e sem escolha das coisas, de acordo com a visão comum", dando em desacordo entre "estilo artístico" e "personagens vulgares". Valéry não vê em *Madame Bovary* mais do que a " 'verdade' de uma mediocridade minuciosamen-

---

77. Cf. Roland Barthes, "O Efeito do Real", *O Rumor da Língua*, São Paulo, Brasiliense, 1988, p. 164. Para uma excelente abordagem histórica da noção de *mimesis* e do conjunto das modernas teorias antirrealistas da narrativa, na sua filiação linguística, antropológica e semiótica com seus paradoxos e imprecisões (cf. Antoine Compagnon, *O Demônio da Teoria (Literatura e Senso Comum)*, trad. Cleonice Paes Barreto Mourão e Consuelo Fortes Santiago, Belo Horizonte, Editora UFMG, 2006).
78. Compagnon aponta o traço antiburguês e anticapitalista do antirrealismo – a *mimesis* como cópia e reflexo. E mostra como a posição que atravessa a obra de Foucault, Derrida, Blanchot, Genette, dando na narratologia francesa dos anos de 1960-1970, teria caído na armadilha do verossímil como convenção arbitrária e código partilhado com o leitor, que sustentou o postulado de intransitividade da linguagem. Assim, o pressuposto de uma condição abstrata de toda a literatura (uma *semiosis*) não foi efetivamente superado nem pelo interesse provocado por Bakthin, quando lido apenas da perspectiva de relações intertextuais, como fez Kristeva: o realismo continuou a ser compreendido como convenção textual e efeito formal.

te reconstituída", formulando seu parecer sobre a escolha do objeto do escritor, ao julgá-la menor e pouco artística.

Nessa mesma direção vale a pena a comparação, sugerida atrás, entre dois ensaios de Jean-Paul Sartre, aquele sobre John dos Passos e o que ele escreve alguns anos mais tarde, em 1944, sobre o *Diário* de Jules Renard, um moralista e estilista da III República marcado pelo interesse da observação e da análise naturalista dos quais, no entanto, também já se zombava um pouco nos anos de 1880 e 1890. Não é difícil ver a que vem a leitura desse escritor, distante da linhagem de um John dos Passos, e diante do qual o crítico mobiliza um outro conceito de realismo. "Ele figura no fim da fila desse grande movimento literário que vai de Flaubert a Maupassant, passando pelos Goncourt e por Zola. [...] Não tendo conseguido uma nova maneira de ver, procura por toda parte e em vão novos espetáculos"[79].

Diante de Renard, o filósofo não reconhece – e nem poderia – uma matéria compartilhada, tal como tinha feito em relação a John dos Passos, com quem se sentia como um "cúmplice a contragosto" do coro (a opinião pública) criado pelo modo particular do escritor de apreender o típico ("não somos nem mecânicos nem possessos; somos piores: livres. Inteiramente *fora* ou inteiramente *dentro*. O homem de Dos Passos é um ser híbrido, interno-externo"). Para ler Renard, no entanto, o filósofo aposta nas "vias livres" que estariam abertas no seu próprio presente[80].

Propondo um sentido positivo de liberdade que, em 1944, via como liberdade possível, os pressupostos do filósofo são agora a possibilidade de um pluralismo que ele vislumbrava fundado "numa indeterminação parcial do universo e na liberdade do homem", e de uma apresentação da "imagem completa da

---

79. Cf. Paul Valéry, prefácio a Gustave Flaubert, *Tentações de Santo Antão*, trad. Luís de Lima, São Paulo, Iluminuras, 2004. Cf. Jean-Paul Sartre, "O Homem Amarrado – Notas sobre o *Diário* de Jules Renard", *Situações I (Críticas Literárias)*, São Paulo, CosacNaify, 2005, pp. 269-277.
80. Cf. "Sobre John dos Passos e 1919" e "O Homem Amarrado – Notas sobre o *Diário* de Jules Renard", *Situações I*, pp. 44 e 274.

condição humana" aos leitores, que a divisão de trabalho após a Primeira Guerra teria viabilizado para um escritor realmente engajado. Nessa situação, o texto de 1944 dirá que "os Flaubert, os Zola, os Dickens", com seu "recenseamento do real" e seus "inventários", teriam constituído apenas um momento que precisaria ser superado para que fosse possível penetrar "o âmago" da coisa e, assim, apreender o concreto individual.

É curiosa a posição de quem aposta que a totalidade pudesse ser apreendida depois de 1914, como se o mundo viesse caminhando no bom sentido de enfrentar com mais clareza suas contradições, ao preservar um "âmago" da coisa. Lendo Renard, ele toma como "caráter distintivo do realista" sua falta de ação, o excesso de contemplação, sua tendência a retratar o real "como ele é", sua neutralidade de testemunha imparcial, que "paira acima dos partidos, acima das classes, e, por isso mesmo se afirma como burguês, já que o caráter específico do burguês é negar a existência da classe burguesa".

Por certo a tradição de um realismo forte, que vem de Flaubert, não se resume a uma resposta conivente com as "aparências abstratas do empirismo", como quer Sartre, e ao contrário do que ele mesmo tinha percebido em relação a John dos Passos. Para o que me interessa aqui, é significativa a afirmação de Sartre: "Assim, para Renard como para os naturalistas, a realidade é a aparência, tal como a ciência positivista a organizou, filtrou, selecionou, e esse famoso 'realismo' ao qual ele adere é um puro e simples relatório do fenômeno enquanto tal"[81].

O romance naturalista de Zola, a rigor, não se conforma num conceito de prosa narrativa como reflexo da aparência de realidade, segundo certo viés positivista-materialista, e tampouco como busca de uma "plenitude referencial", segundo a crítica idealista de Barthes, para quem o *efeito de real* seria "o fundamento desse 'verossímil inconfesso' próprio do realismo". Para tanto, dentre alguns dos resultados formais dos romances

81. Cf. "O Homem Amarrado – Notas sobre o *Diário* de Jules Renard", p. 274.

de Zola, pontos decisivos no romance naturalista do ciclo dos Rougon-Macquart, estão a falta de prioridade concedida aos enredos, às personagens como figurações individuais e às inter-relações meramente subjetivas (esse "meramente" seria desnecessário, mas mantenho para não parecer que tomo algum partido *contra* o trabalho com a subjetividade das personagens).

A apreensão dos homens como "máscaras de individualidade", postas num grau mais extremo de experiência e forma, valeu para que o escritor construísse suas personagens do ponto de vista da constituição de um conjunto, com possibilidades de combinação variadas entre elas, armando o que Michel Butor chamou uma "gramática de hereditariedade" – uma forma de sintaxe. O movimento de conjunto ultrapassaria, portanto, as experiências particulares, na direção de uma totalidade ficcional maior que lhes dá sentido.

Se os resultados da antropologia e da sociologia são, pelo menos a seu tempo, tão magros, é evidentemente por causa da dificuldade que apresenta a verificação nesses domínios, mas aqui Zola descobre que o romance pode cumprir um papel insubstituível, que é o lugar de uma experimentação original e irrecusável. Transformar o romance em experimental não consiste em fazê-lo adiantar-se às experiências exteriores a ele, mas a tornar tão eficaz quanto possível esta experimentação sobre a realidade que ele opera através da linguagem [escreveu Michel Butor][82].

Tomo dois pontos levantados por Michel Butor, que esclarecem alguns dos enganos estabelecidos de longa data sobre o romance naturalista, e que ainda encontramos frequentemente nas páginas dos manuais de literatura do nível médio ao nível superior. Primeiro, é um contrassenso imaginar que Zola apenas aplique modelos científicos para descrever condutas, fazendo depender daqueles as verdades dessas. Segundo, a documenta-

---

82. Cf. Michel Butor, "Émile Zola romancier expérimental et la flame bleue", *Répertoire IV*, Paris, Éditions de Minuit, 1974, pp. 261-271.

ção que Zola recolhe não oferece um modelo pronto às suas narrativas, que são contrapostas aos fatos observados na realidade. Por isso mesmo Zola não teria escrito romances *à clefs*, onde as personagens podem ser identificadas a figuras da vida real, pelo menos no que se refere ao ciclo dos Rougon-Macquart. Ainda segundo Butor, a noção de necessidade narrativa em Zola apareceria ligada não apenas à verossimilhança interna, mas à representação de um conjunto de informações organizadas, que poderiam servir elas mesmas como matéria para pesquisas de sociólogos e antropólogos, além de dar aos leitores um novo enfoque do mundo ou de instigá-los a levar adiante o que está representado pela cadeia dos fatos narrados. A presença do indivíduo, não importa de que meio social, seria em Zola a unidade de comportamento de uma sintaxe, cujo critério é a possibilidade de transmissão e impregnação e onde o meio seria fator decisivo.

Não faria sentido, portanto, desqualificar os Rougon-Macquart junto com teoria da hereditariedade. O próprio Zola alertou sempre para o perigo da adoção pura e simples das teorias e suas generalizações. Sobre as relações entre as personagens, observo que também as classificações familiares estão sujeitas às suas circunstâncias. Um exemplo poderia ser o das personagens Lisa (*Le Ventre de Paris*) e Gervaise (*L'Assommoir*). Irmãs da mesma família Macquart, como já se disse aqui ao tratar de Jean Macquart, e com uma carga hereditária idêntica, elas vivem de modos distintos o mesmo processo geral de alienação, entendido na sua íntima relação com as estruturas da vida prática em que estão mergulhadas.

Lisa, a *charcutière* de *Le Ventre de Paris,* admiradora da ordem do Império e das oportunidades de trabalho, capaz de entregar o cunhado socialista às autoridades, mergulha de modo feroz e dedicado no seu trabalho de salsicheira, a fim de acumular e enriquecer cada vez mais, defendendo quem trabalha para comer: "as pessoas honestas, os comerciantes e os proprietários". Gervaise, excluída do universo do trabalho num "mundo que lhe nega condições de humanização", cai no alcoolismo e é assassinada pelo próprio sistema, que não lhe dá chances de viver. A observação de Zola sobre Lisa é precisa: "Sem se dar conta, Macquart falava alto nela; ela era apenas uma Macquart comportada, razoável, lógica com suas necessidades de bem-estar [...]"[83].

A adesão interessada de Lisa e a desistência de Gervaise são faces do mesmo processo: ele contempla o interesse da primeira pelo mesmo movimento que nega a sobrevivência da segunda. Adorno observou que, quando uma obra coloca de escanteio uma teoria da sociedade já desenvolvida a seu tempo, seu "conteúdo e crítica sociais" caem num "idealismo vulgar", mesmo que essa obra pretenda ser realista. Isso se daria na medida mesma em que, desprezando um olhar reflexivo sobre o tempo de que trata, a obra assumiria o presssuposto de uma "objetividade" independente, sem contradições nem negatividade em relação ao que narra. *Le Ventre de Paris* é tomado por Adorno como um exemplo contrário de uma posição desse tipo.

83. Trechos originais: "À son insu, Macquart parlait haut en-elle; elle n'était qu'une Macquart rangée, raisonnable, logique avec ses besoins de bien-être [...]"; " Le champ ravagé était en friche, la maison brûlée étair par terre; et Jean,le plus humble et le plus douloureux s'en alla, marchant à l'avenir, à la grande et rude besogne de toute une France à refaire". "Mais quoi faire? Quand on n'a plus de métier, qu' on n'a plus de femme ni bien au soleil, que le coeur vous saute dans la gorge de tristesse et de rage? [...] Et il se rappelait son cri: ah! bon sang! puisqu' il n' avait plus de courage à la travailler, il la défendrait, la vieille terre de France". "Ces ouvriers dont l'odeur de misere le gênait maintenant, il éprouvait le besoin de les mettre das uns gloire [...] Déjà, il se voyait à la tribune, triomphant avec le peuple, si le peuple ne le dévorait pas". "L' ordre de cesser les exécutions était, disait-on, venu des Versailles. Mais l'on tuait quand même. Thiers devait rester le légendaire assassin de Paris, dans sa gloire pure de libérateur du territoire [...]"; "qu'on vient de fonder pour améliorer la conditions des ouvriers"; "jamais je n'ai eu un sou [...] certes, oui, j'ai vendu; mais j'ai racheté aussi" ; ""comment avez-vous pu croire que j'abandonnais la partie? [...] mon plan est d'une rigueur mathématique, prévu jusqu'aux derniers centimes"; " Et, malgré elle, de son effroi, une admiration montait. Brusquement, dans cette cellule miserable et nue, verrouillée, séparée des vivants, elle venait d' avoir la sensation d'une force débordante, d' un resplendissement de vie: l'éternelle illusion d'espoir, l'entêtement de l'homme qui ne veut pas mourir. Elle cherchait en elle la colère, l'exécration des fautes comises, et elle ne les trouvait déjà plus".

O naturalismo, por inovações como a renúncia às categorias tradicionais da forma – por exemplo, a ação ligada, fechada sobre si mesma – e, por vezes mesmo, em Zola, a renúncia ao fluir empírico do tempo, foi mais avançado do que o seu conceito. A representação sem concessão, por assim dizer abstrata, dos pormenores empíricos, como no *Ventre de Paris*, destrói as relações habituais de superfície do romance de um modo semelhante à sua forma ulterior, monadológica e associativa. Eis por que o naturalismo regride quando não se arrisca ao extremo[84].

De fato, nesse romance, a descrição é mediação formal onde formas, odores, cores e coisas têm o mesmo peso das falas de personagens que se confundem com o mundo das coisas descritas. O viés crítico se instala, portanto, na própria opção pela descrição. Num outro ensaio, tratando ainda de *Le Ventre de Paris*, Adorno afirma que à semelhança dos desenhos de esquizofrênicos, a perda dos objetos nesse romance é expressa pela insistência em rabiscar seus detalhes: rabiscos que são "a verdade do concretismo literário" e mostram muito mais do que seria capaz uma "semelhança impecável com as coisas".

Sobre o realismo-naturalismo, dirá então Adorno:

> O realismo, ao qual aspiram também os idealistas, não é primário, mas derivado: o realismo por perda da realidade. Uma literatura épica que não subjuga mais o outro como objeto que ela pretende recolher e fixar é obrigada a exagerá-lo pela sua atitude de descrever o mundo com uma precisão exagerada, justamente porque ele se tornou estranho, porque já não é mais possível tocá-lo com o dedo[85].

No ensaio que escreveu sobre o romance *L'Assommoir*, Antonio Candido mostrará, por sua vez, que em Zola o mercado central, a locomotiva, a loja de departamentos, a própria cidade,

---

84. Cf. Theodor Adorno, *Teoria Estética*, Lisboa, Edições 70, 1988; São Paulo, Martins Fontes, s.d., p. 278.
85. Cf. Theodor Adorno, "Lecture de Balzac", *Notes sur la Littérature*, 5. ed., Paris, Flammarion, 1984, p. 92.

as edificações, o teatro, o comércio do sexo e a mina trazem degradação, mas estão no centro das tramas dos romances porque também prometem o futuro. Nesse sentido essas imagens são, ao mesmo tempo, símbolos de progresso e meio de negócios, donde a objetividade fantasmagórica da matéria narrada, que traduz o ritmo moderno avassalador e espetacular a conduzir e destruir destinos sociais e pessoais. Em *L'Assommoir*, a alegoria seria uma forma do realismo e a "multiplicação dos significados no processo simbólico" substituiria a reificação pitoresca e exótica do homem nivelado às coisas, pelas coisas "alçadas ao nível do homem"[86]. A verdade de um processo de desumanização?

Um "realismo por perda da realidade", uma épica de um mundo estranhado, um naturalismo alegórico que mapeia, nas próprias coisas, as experiências sociais e humanas ao invés de ancorar sua compreensão num plano abstrato de sentido.

"Coisas" serão na verdade o principal tema na minha exploração da visão realista. Coisas, em primeiro lugar, porque elas representam a materialidade dura da qual não se pode desviar em nenhuma pintura não idealista do mundo. [...] E a pintura do todo somente emerge – quando isso acontece – da acumulação de coisas,

é o que escreve Peter Brooks no seu estudo recente sobre o realismo[87].

O romance experimental, que se propunha teoricamente como um relatório, revela sua verdade na cifra material da experiência moderna impossível de ser exposta como homogeneidade e conciliação. Desse modo, a orgia de ambições, o desejo inflado pelo comércio, pelo ágio e pela especulação, o pensamento levado ao seu auge de excitação encontram representação nas experimentações materiais a que as personagens

---

86. Cf. "Degradação do Espaço", *O Discurso e a Cidade*.
87. Cf. Peter Brooks, *Realist Vision*, New Haven & London, Yale University Press, 2005, pp. 3 e 16.

são submetidas, a serviço "do apetite fortuna ou glória" e "do apetite pensamento" para aqueles que pensam usufruir desses males exacerbados, e como resultado catastrófico desses mesmos males para os pobres e desafortunados, "na sua inteligência e no seu corpo", retomando aqui as expressões de Zola.

Esse realismo forte do ciclo dos Rougon-Macquart, que Zola resume ao afirmar, "é a convulsão do momento que eu pinto", referindo-se também ao momento presente em que escreve os seus romances. Com a exceção de *La Débâcle,* onde a promessa de um belo futuro, cravada em 1871 com o fim da Comuna, projeta retrospectivamente esse futuro como promessa realizada. A construção realista-naturalista dos romances de Zola assume um modo crítico de largo voo, ao acolher processos e tensões ainda emergentes na matéria de que trata justamente quando o projeto (não realizado) de autonomia do homem vai sendo substituído pela autonomia (bem-sucedida) da mercadoria.

Por tudo isso, acho curioso o modo como, num livro de ensaios de 2005 sobre experiência urbana e linguagem do romance, Robert Alter separe uma linhagem Balzac-Zola de uma linhagem Dickens-Flaubert, essa última chegando com transformações à Kafka, a partir de um pressuposto que gostaria de discutir um pouco e que tomo como ponto de partida. O conceito de realismo com o qual Robert Alter afirma operar, e que permite incluir Kafka nessa linhagem, não é o de realismo como reflexo de uma "entidade objetiva", mas sim como mediação imaginada de uma experiência de cidade, "uma entidade histórica passível de descrição". Por isso, seu capítulo sobre Kafka acaba sendo revelador para nos situar no âmago da questão do realismo e para nos levar de volta a Zola. De modo que é preciso ir a Kafka.

Alter afirma que as descrições do lado sórdido da vida contemporânea em Kafka teriam tido Émile Zola como seu predecessor, sendo preciso distinguir, no entanto, o romance naturalista, como mero documento, da cena urbana do romance kafkiano como extrapolação da cena contemporânea.

Tais descrições em Kafka mostram certo parentesco com a representação da sordidez da vida contemporânea antecipada por Zola, ainda que sua proposição seja diferente. Aqui não é certamente um relatório da cena contemporânea do tipo que encontraríamos num romance naturalista, e na verdade, a totalidade mostrada em *O Processo* não é exatamente a cena contemporânea, mas antes uma arrojada extrapolação[88].

Uma vez mais entendido como documento e relatório, acredito, no entanto, que nos termos do próprio pressuposto de Alter (o realismo não é mero reflexo), valeria a pena ir além, em Zola, de desinteresse pela possibilidade de uma mediação imaginada – ou uma invenção situada, para retomar os termos do próprio Zola, em "O Senso do Real". Resta saber como Alter especifica as mediações da extrapolação kafkiana. De saída, ele se opõe às leituras que pretendem conferir uma interpretação simbólica aos detalhes na prosa kafkiana. Por isso, o procedimento em Kafka é situado na sua particularidade histórica, na sequência de Balzac e Flaubert: detalhes significativos do meio ligados organicamente uns aos outros e às personagens, em Balzac; personagem que vê e ouve à saciedade, indiferente ao sentido, na prosa de Flaubert; detalhes "agressivamente gratuitos" em Kafka, numa "narrativa lógica peculiar".

Alter não ratifica a leitura de Barthes, afirmando que a proliferação do detalhe gratuito intensifica o efeito do que seria inescrutável no próprio labirinto da arquitetura urbana. A interpretação de Flaubert, no encadeamento entre Balzac e Kafka, está ligada também ao que o crítico entende como um declínio do *flâneur*, que em Balzac seria o pedestre curioso, observador, idílico e, quem sabe, desinteressado, e que será substituído na *Educação Sentimental* por Frédéric Moreau, com seu ângulo exclusivamente privado e falseado de preocupações, estimula-

---

88. Cf. Robert Alter, "Kafka: Suspicion and the City", *Imagined Cities – Urban Experience and the Language of the Novel*, Yale University Press New Haven & London, 2005, p. 152.

do pela excitação do meio urbano (em função do qual se daria a técnica narrativa flaubertiana). Ainda segundo Alter, apenas no episódio em que Frédéric Moreau vê a revolução de 1848 como um mero espectador, em violenta contradição, ele retomaria seu papel de *flâneur*.

Volto mais à frente ao *flâneur* por um prisma diverso, mas, por enquanto, gostaria de apontar certo dualismo que sustenta as relações estabelecidas pelo crítico, quanto à personagem Frédéric (ora respondendo aos estímulos da cidade, ora em tensão com os acontecimentos revolucionários, como um *flâneur*) e ao método descritivo do romance kafkiano, dualismo que acredito ter sido exacerbado também na apreensão do romance de Zola. No caso desse último, enquanto um tipo de descrição ratificaria o assunto, um outro construiria a imagem da cidade moderna, ratificando a apreensão dualista.

Em Kafka, a cidade fantástica e labiríntica já não seria a rotação desorientada de uma fanstasmagoria, tal como em vários romances urbanos, pois uma "continuidade perfeita entre a excitação do mundo e seu caráter ostensivamente onírico" construiria a "clareza alucinatória de um certo tipo de sonho". A relação entre "excitação do mundo" e "caráter ostensivamente onírico" é posta como representação por contiguidade.

Do mesmo modo, a relação entre a ficção e a realidade é apreendida como correspondência entre a vida de K. (o livro é *O Processo*) e as "circunstâncias materiais do mundo externo em que ele vive, e que deixa o leitor repetidamente incerto sobre o que é causa e o que é efeito". Essa insistência metonímica aparece também em outras passagens em que o crítico trata das relações entre a experiência na cidade moderna e a constituição dos indivíduos, nos termos de "estímulos", "coordenação" ou mesmo "reflexos"[89].

---

89. Cf. Robert Alter, *Imagined Cities – Urban Experience and the Language of the Novel*, pp. 141, 148, 159.

É com Adorno que veremos eliminadas as dualidades que, de certo modo, Alter ainda mantém acesas. Para tratar efetivamente de mediações, Adorno vê as narrativas kafkianas como um criptograma da fase final e resplandecente do capitalismo, precisamente determinada em sua negatividade. Também atento ao papel da alegoria e do onírico como confirmação de uma experiência, ele aponta a fragilidade da fronteira entre o humano e o mundo das coisas mostrando que, no romance de Kafka, "não é o monstruoso que choca, mas a sua realidade". E estabelecendo uma relação entre Kafka e o Freud de *Totem e Tabu*, defende que "a gênese social do indivíduo revela-se como o próprio poder que o aniquila".

Insistindo no fundamento real das fantasias, apreende um processo de formação social que passa além do sujeito, expondo a esfera da subjetividade enquanto "colapso total de uma consciência alienada, que renuncia à qualquer autoafirmação". A fuga atravessa o homem até chegar ao desumano: essa seria a "épica tortuosa" que Kafka confere ao expressionismo, ao dar expressão objetiva à subjetividade alienada transformada em coisa, configurando então um paradoxo – uma épica expressionista[90].

Aproveitando a linhagem armada por Alter para tentar manter, nela, a presença de Zola num sentido mais decisivo do que pretende o crítico, assinalo um outro ponto em que Zola pode ter sido um predecessor, a saber, o ponto em que o trabalho ficcional leva em conta a esfera da subjetividade como "colapso total de uma consciência alienada". Nesse sentido, Zola aprende a subjetividade desgarrada do objeto também enquanto uma experiência coletiva. Como exemplo do estranhamento do mundo imposta aos mais pobres, vou mais uma vez à leitura de Antonio Candido. Gervaise será "cuspida do universo da técnica e do objeto manufaturado", em *L'Assommoir*, retornando a uma

---

90. Cf. Theodor Adorno, "Anotações sobre Kafka", *Prismas*, São Paulo, Ática, trad. Augustin Wernet e Jorge de Almeida, 2001, pp. 241-242 e 252. "Como se conduzisse uma experiência, Kafka estuda o que aconteceria se os resul-

[...] situação primitiva, que procura superar usando o próprio corpo como objeto negociável. Ou seja: indo ao cabo do processo alienador, ela se define como coisa, no espaço de um mundo que lhe nega condições para se humanizar. É uma recuperação monstruosa da natureza, pela impossibilidade de participar da cultura industrial. Depois disso, pode morrer[91].

Acredito que, em alguns casos – e se esse não parece ser o caso de Robert Alter, ele, no entanto, não chega a dar o passo que ultrapassaria o plano das dualidades –, a indisposição em relação ao romance de Zola diz respeito ao teor de sua crítica do processo de acumulação capitalista. Por certo incomoda o fato de que seus romances exponham, com eficácia, a brutalidade da modernização, mesmo para aqueles que saem ganhando no jogo dos negócios do tempo.

O romance *Au Bonheur des Dames* (1883), que se passa entre 1864 e 1869, pode ser tomado mais uma vez como exemplo. O planejamento minucioso da venda das mercadorias no romance depende de um procedimento de erotização, que acolhe implacavelmente, na paixão pela compra, o próprio corpo femini-

---

tados da psicanálise não fossem corretos apenas metafórica e mentalmente, mas também fisicamente. Ele aceita a psicanálise na medida em que ela desmascara a aparência da cultura e do indivíduo burguês; e a explode na medida em que a toma mais literalmente do que ela própria. De acordo com Freud, a psicanálise dirige sua atenção aos 'refugos do mundo contemporâneo': os elementos psíquicos, atos falhos, sonhos e sintomas neuróticos. Kafka peca contra uma tradicional regra do jogo ao produzir arte exclusivamente a partir do que é recusado pela realidade. A imagem da sociedade vindoura não é esboçada imediatamente – pois Kafka, assim como toda grande arte, se comporta asceticamente diante do futuro –, mas montada a partir do entulho que o novo, em processo de formação, elimina do presente que se torna passado. Em vez de curar a neurose, ele procura nela mesma a força que cura, a força do conhecimento: os estigmas com que a sociedade marca o indivíduo são interpretados como inícios da inverdade social, são lidos como o negativo da verdade" (cf. Adorno, "Anotações sobre Kafka", *Prismas (Crítica Cultural e Sociedade)*, São Paulo, Ática, pp. 247 e 260).
91. Cf. Antonio Candido, "Degradação do Espaço", *O Discurso e a Cidade*, pp. 93-94.

no. A luta entre razão e paixão se instala na personagem Denise, funcionária exemplar, para a vitória final de Octave Mouret e de sua loja de departamentos. A paixão amorosa de Denise parece ser secundária em relação ao modo como ela adere, quase automaticamente, às razões daquilo que Octave representa.

Segundo grande parte dos críticos, a relação amorosa entre Denise e Octave conferiria algum sentido de purificação ao mecanismo mercantil. Mas o fato é que, ao esmagamento dos pequenos lojistas, que era justamente a origem social da própria família de Denise, não é dado nenhum final conciliatório. As leituras críticas costumam acentuar um possível otimismo no final do romance, onde vejo, no entanto, uma carga de forte ambiguidade, exposta pela situação catastrófica das pequenas lojas arrasadas. Negatividade que se embrenha na forma do romance, na sua trama e na construção das personagens.

Denise vai sendo conquistada indistintamente pelo homem e pelo seu alto comércio. Antes que a paixão se torne tema do romance (e, insisto, tema secundário), Denise será uma competente funcionária da empresa, que veste a camisa, como se costuma dizer no jargão contemporâneo. Na cena final da rendição de Denise à paixão por Octave e da aceitação dele da ideia de que poderia casar-se com ela, rendição e aceitação vem mescladas à euforia febril de Octave, diante da cifra de pouco mais de um milhão de francos de lucro alcançado num único dia.

No último parágrafo, é flagrante o descompasso entre a armação do romance e a figura de um Octave Mouret, que se senta em seu escritório, depois de finalmente ouvir uma declaração de amor pela qual supostamente tanto ansiava. Nesse momento o narrador sublinha, sem muita convicção, que naquele momento ele já não teria olhos para apreciar o milhão, que tinha perseguido durante toda a narrativa. A convicção duvidosa do narrador se sustenta pelo que veio narrando até então. Na verdade, a identificação entre desejo e mercantilização é o assunto de todo o romance, e a história entre Denise e Octave não escapa dessa determinação geral. Num gesto de extrema ironia do narrador, a história de amor, se é que se pode chamar assim o que nos é dado ver, torna o mecanismo de identificação ainda mais eficaz.

Um outro exemplo pode ser *La Curée* (1872), que traz a história da segunda mulher de Aristide Saccard, ainda um especulador imobiliário. Voltarei à personagem na última parte deste trabalho, "O pior e o melhor dos mundos", acompanhando seu retorno à cena capitalista parisiense em *L'Argent*. No romance de 1872, Renée é herdeira rica, que acaba como vítima do sistema predatório de que faz parte, pelo lado do consumo de luxo e de todo o tipo de prazer, impulsionado pelo tédio e pelo desencantamento à disposição dos muito ricos, incluindo um envolvimento amoroso (a palavra mereceria aspas) com o enteado. Consumo incapaz de tirá-la do estado de aborrecimento constante, que culmina com sua morte, como uma espécie de autoconsumo.

II

Narrador Sabido, Personagens sob Medida

> *A essa falsa objetividade corresponde uma subjetividade igualmente falsa. Do ponto de vista da conexão épica, não há por que erigir em princípio básico da composição a simples sucessão dos acontecimentos de uma vida. [...] A sucessão de impressões subjetivas é tão pouco suficiente para fornecer a conexão épica como a sucessão de complexos de coisas fetichizadas (ainda que se tente transformar tais coisas em símbolos).*
>
> *[...]*
>
> *Em Flaubert e Zola, os mesmos personagens são espectadores mais ou menos interessados nos acontecimentos – e com isso os acontecimentos se transformam, aos olhos dos leitores, em um quadro, ou melhor, em uma série de quadros. Esses quadros, nós os observamos.*
>
> Georg Lukács

1. Narrar e Descrever

Nos seus melhores romances, Zola toma a narração e a descrição como modos possíveis de dar conta dos conteúdos que expõe ficcionalmente, e não como meros princípios formais fixos e anteriores aos conteúdos. A mútua determinação entre sujeitos e objetos da matéria que escolhe tratar, já apreendida num estágio de separação e esgarçamento em que a harmonia entre eles é impossível, está impressa na própria forma desses romances. Por isso mesmo, como venho mostrando através de algumas leituras pontuais, é fundamental seu trabalho bem pensado e calculado com a figura do narrador, que já não pode ter a "clarividência e a onisciência" que, no ensaio de 1936 "Narrar ou Descrever?", Lukács lamentará terem sido abandonadas pelos escritores realistas e modernos. O trabalho de Zola com o narrador vem de uma apreensão do caráter destrutivo da modernização, em condições gerais e particulares de tempo e de lugar, situando pela primeira vez na história do romance, numa mesma condição de totalidade, os mais pobres e os "homens medíocres" bem-sucedidos (a expressão é de Lukács). Para isso deixa falar ambientes, coisas e personagens, ou seja, o sentimento geral de tempo.

Entre a narração e a descrição, a segunda assume importância no próprio arranjo interno das narrativas que armam episódios – sequência de cenas ou planos, como também tinha feito Flaubert – ao invés de acompanhar passo a passo o fluxo temporal dos acontecimentos. No miúdo, e tomados em si mesmos, são procedimentos comuns a outros romances do tempo, se observarmos a forma apenas do ponto de vista técnico. Desse viés, é possível encontrar em romances de Zola uma narrativa retrospectiva, a cargo de uma personagem (como no capítulo II de *La Curée*), uma troca de informações entre personagens ou uma evocação de um passado a partir de um objeto (como no capítulo I de *La Bête Humaine*). Mas esses procedimentos incidem, antes, na falta de sentido e não na sua plenitude.

Para apanhar os conteúdos embutidos nos procedimentos técnicos expostos pelos romances, observemos que descrição e sequências de cenas ou planos vão de par com a construção de personagens, como componentes de conjuntos socialmente caracterizados, armando uma larga visão de alta especificação social. De modo que a descrição minuciosa de um objeto ou cena nos dá, no mesmo movimento e com significação ampliada, a posição contraditória e esvaziada dos sujeitos. É isso o que Auerbach leu na cena do baile operário de *Germinal*, ao dizer que aquela não era uma arte de efeito, mas servia "à verdade desagradável".

Auerbach faz uma análise admirável do realismo descritivo da cena do baile, onde a longa duração e o acúmulo dos "pormenores grosseiros" não servem simplesmente para dar a ver o pitoresco da situação (como fariam os irmãos Goncourt), mas para fazer pensar sobre a condição miserável e penosa da classe operária, embrutecida pelo modo como lhe é dado viver e se divertir. A arte de Zola não é uma arte de efeito, ela "serve à verdade desagradável, opressiva, desconsolada".

Escrevendo nos anos de 1940, em plena Segunda Guerra Mundial, Auerbach inclui a descrição em Zola num grande arco de sentidos, observando a atualidade de *Germinal* (lembremos que, escrito em 1885, o romance se passa entre 1867 e 1869) no modo como o romance é capaz de apanhar o despertar da classe operária, ainda em processo no presente do crítico, apresentando, como ele mesmo diz, "com clareza e simplicidade modelares a situação do quarto estado e o seu despertar, num estágio temporão da época de transição em que ainda nos encontramos"[1].

A descrição ficcional não se esgota em mimese. Ela exige distanciamento efetivo do narrador e não adesão e, por isso, capacidade de ser radicalmente subjetivo (no sentido de atritar com a fachada composta do objeto): uma escolha, um detalhe ou um pormenor vão compondo a totalidade. Nada se impõe

---

1. "Alegrias pobres e grosseiras; corrupção prematura e rápido desgaste do material humano; embrutecimento da vida sexual e, em relação às condições de vida, natalidade demasiado elevada, pois a cópula é o único deleite gratuito; por trás disto, no caso dos mais inteligentes, ódio revolucionário, que se apressa para a eclosão, estes são os motivos do texto. Eles são postos em evidência sem rebuços, sem medo das palavras mais claras, nem diante dos acontecimentos mais feios. A arte do estilo renunciou totalmente a procurar efeitos agradáveis, no sentido tradicional; serve à verdade desagradável, opressiva, desconsolada. Mas esta verdade serve simultaneamente como incitação para uma ação no sentido da reforma social. Não mais se trata, como no caso dos Goncourt, do atrativo sensorial do feio; trata-se, sem qualquer dúvida, do cerne do problema social do tempo, da luta entre o capital industrial e a classe operária. O princípio *l'art pour l'art* está liquidado" (cf. Erich Auerbac, *Mimesis*, pp. 459-461).

que não seja formal, numa boa descrição ficcional que o traço de um sujeito constitui, contando desse modo uma das histórias possíveis das tensas e interdependentes relações entre o objeto e o sujeito, mergulhados numa crise comum. Por isso mesmo, lendo um romance onde os objetos e os atos a eles vinculados revelam a condição geral de miséria da vida, e de cada uma das personagens em exposição, Antonio Candido disse que, em *L'Assommoir*, a própria narrativa e o próprio enredo eram formalmente constituídos pelos objetos e pelo ambiente que determinavam os atos, concluindo que "aqui, podemos dizer contrariando o famoso ensaio de Lukács que descrever *é* narrar"[2].

Vê-se, portanto, que cabe mal a crítica que, muitas vezes, é tomada como lugar-comum nem sempre sujeito às dúvidas necessárias, e de que venho dando vários exemplos: aquela que considera a descrição realista-naturalista como um simples inventário de objetos. Lukács, cuja teoria das mediações ia muito além da mera descrição formalista, viu, no entanto, as descrições naturalistas como procedimentos sem crítica de reificação, por eles ratificada. Repito que os argumentos de Lukács, nos quais ainda vou insistir mais à frente, pretendiam fazer a defesa de um certo realismo, enquanto a posição de Roland Barthes insistia num horizonte precário da prosa realista ao apontar, como sua mais autêntica expressão, a descrição exaustiva com acúmulo de pormenores inúteis.

No entanto, as técnicas narrativas utilizadas por Zola faziam a mediação entre os assuntos e as formas do seu próprio presente, bem resumido por Lukács como uma "sociedade burguesa já cristalizada e constituída", que já não era a de Balzac. Interessa ver, com atenção, a distinção que Lukács estabelece entre "narrar ou descrever", "participar ou observar", conferindo toda a qualidade ao primeiro membro de cada um dos dois pares,

---

2. Cf. Antonio Candido, "Degradação do Espaço", *O Discurso e a Cidade*, p. 72. Sobre a inversão dos sentidos de objetivo e subjetivo, cf. Theodor Adorno, *Mínima Moralia*, São Paulo, Ática, 1992, p. 60.

tomados como métodos de representação próprios de dois períodos diversos do capitalismo. O primeiro par – narrar e participar – seria adequado ao tempo em que ainda era possível participar dos rumos que ia tomando a vida sob o jugo do capital, que ocupava seu lugar na sociedade burguesa; o segundo par – descrever e observar – seria adequado a uma sociedade "cristalizada e constituída", já não progressista, que teria confinado os escritores não coniventes com o andamento burguês à condição de meros observadores, ou mesmo críticos, do que se passava.

Posto o problema com clareza nesses termos, o próprio Lukács esboça então uma resposta para suas dúvidas em relação a escritores como Flaubert, Zola e a prosa moderna que virá depois deles.

> Os homens que aceitaram a evolução social desta época tornaram-se estéreis e mentirosos apologistas do capitalismo. Flaubert e Zola são demasiados grandes e sinceros para seguir este caminho. Por isso, como solução para a trágica contradição do estado em que se achavam, só puderam escolher a solidão, tornando-se observadores e críticos da sociedade burguesa[3].

A oposição entre narrar ou descrever estabelecida por Lukács carrega a alternativa do tipo ou...ou, tanto para a posição social das personagens quanto para a posição do autor e o modo de recepção do leitor: ou bem eles vivem os acontecimentos (para o leitor, trata-se de se identificar com eles), ou bem eles os observam ou criticam. A oposição tem desdobramentos implícitos que precisam ser considerados. Lukács vê, com reservas, personagens que são conduzidos como meros observadores dos acontecimentos, que não passariam de quadros (descrição), dados também ao leitor para serem observados, como teria acontecido em Flaubert e Zola.

É nas sequências narrativas, tornadas necessárias por uma ideia geral de ação (narração), que Lukács vê a boa possibili-

---

3. Cf. Georg Lukács, "Narrar ou Descrever?", *Ensaios sobre Literatura*, p. 57.

dade de participação – do autor nos acontecimentos do tempo, da personagem na ação e também do leitor identificado ao movimento da ação como, segundo ele mesmo diz, nos velhos romances de cavalaria e nos atuais romances policiais (reconhecendo o caráter esquemático dessas exposições). Ao fazer suas reservas, Lukács não deixa de apontar questões importantes a serem consideradas por um prisma que ele mesmo aborda, mas limita.

Ao narrador clarividente, que ele privilegia, opõe de modo simples uma outra possibilidade de posição narrativa, que ele critica, e cuja responsabilidade delega à descrição e à observação, quando então

[...] o ponto de observação do autor se desloca continuamente de um lugar para outro e esta variação permanente de perspectiva gera um festival de fogos fátuos que distinguem o antigo narrador. O autor se põe intencionalmente no nível dos seus personagens. Passa a saber da situação destes apenas aquilo que eles mesmos vão sabendo a cada passo. A falsa contemporaneidade do método descritivo transforma o romance em um rutilante caos caleidoscópico. É assim que desaparecem, no estilo descritivo, todas as conexões épicas. Sobre as coisas inanimadas, fetichizadas, passa o hálito sem vida de um fugaz estado de ânimo[4].

O que lemos acima pode remeter a duas situações distintas, nenhuma identificada pelo crítico, nem mesmo a que dizia respeito aos romances que abordava: a situação do romance moderno, onde os procedimentos formais representam sem conivência o estado do mundo contemporâneo, apontando por meio do próprio material do tempo as contradições que se dão às costas do próprio narrador; a situação recente do romance chamado pós-moderno, que explora com efusividade e positividade os fogos-fátuos de um narrador em constante deslocamento, e para o qual a falta de um lugar fixo é um traço a ser

4. *Idem*, p. 73.

comemorado, em tempos de expansão dos limites de espaço e de tempo trazida pelo mundo globalizado[5].

Para o primeiro caso – a representação sem conivência – a herança de Flaubert é decisiva e chegará a John dos Passos e Hemingway, passando por Zola. Como mostrou Erich Auerbach, Flaubert precisou falar distanciadamente por Emma Bovary porque ela não poderia fazê-lo, dadas as determinações do âmbito diminuído da burguesia rural de que era parte viva. Sobre John dos Passos, destaco um outro momento daquele mesmo texto de Jean-Paul Sartre.

As grandes aparências perturbadoras, a guerra, o amor, um movimento político, uma greve, se desvanecem, desagregando-se numa infinidade de pequenos bibelôs que podemos alinhar precisamente uns ao lado dos outros. [...] Esses americanos veem a guerra como Fabrice viu a batalha de Waterloo. E a intenção, como o procedimento, é clara à reflexão: ainda é preciso fechar o livro e refletir. As paixões e os gestos também são coisas. [...] Os atos, as emoções, as ideias, paixões se instalam bruscamente numa personagem, ali fazem seu ninho e o abandonam, sem que ele próprio tenha muito a ver com isso. Não conviria dizer que os sofre: ele os constata[6].

Lembremos que, situado numa outra quadra da experiência capitalista, esses "belos objetos disparatados" aparecem petrificados como sentidos fixos em Dos Passos, que assim apreende

5. Sobre isso dirá Roberto Schwarz, refletindo a partir da matéria brasileira: "Como estamos entre críticos literários, é interessante notar que a realidade começava a se parecer com a filosofia, no caso, com a terra movediça postulada pelo desconstrucionismo. O processo da modernização, com dinamismo próprio, longo no tempo, com origens e fins mais ou menos tangíveis, não se completou e provou ser ilusório. Nessas circunstâncias, a desestabilização dos sujeitos, das identidades, dos significados, das teleologias – especialidades enfim do exercício de leitura pós-estruturalista – adquiriu uma dura vigência prática. Assim, o desenvolvimento nacional pode não ter sido nem desenvolvimento nem nacional, nem muito menos uma epopeia" (cf. "Fim de Século", *Sequências Brasileiras*, p. 158).
6. Cf. Jean Paul-Sartre, "Sobre John dos Passos e *1919*", *Situações I*, p. 40.

os destinos dos homens contemporâneos. Em relação a Joyce e Dos Passos, a reclamação de Lukács será justamente contra a fixidez das relações entre o sujeito e o mundo externo, o que, segundo ele, daria na fixidez da própria vida íntima do homem. Desse modo Lukács não tira consequências daquilo que ele mesmo observa com precisão sobre o mundo contemporâneo.

Ao entender a literatura como relação entre vida íntima das figuras típicas do tempo e *práxis* social, Lukács pensa em Balzac. Mas Adorno mostrou que o realismo de Balzac, assim como o de Dickens, supunha a apreensão e a reconstrução de uma realidade concreta alienada ainda não inteiramente vivenciada pelo sujeito, e é nessa direção que ratifica a importância conferida ao monólogo em Balzac. Isto é: ainda não era dado ao sujeito viver plenamente a realidade econômico-social, que apenas despontava, nem os resultados mais complexos da revolução industrial, que apenas se instalava na França e cujo mecanismo e dinamismo já dependiam de ter "o último dos homens como cliente".

Balzac teria sido capaz de apreender esse processo nascente ao dar conta de que o próprio modo de individualização burguesa levava à destruição do indivíduo.

> Sua visão intelectual lhe fez compreender, como Marx dirá mais tarde, que no apogeu do capitalismo os homens são máscaras de caráter. [...] Porque Balzac desconfia, enquanto fisiologista, que os burgueses são criminosos; porque todos aqueles que flanam pelas ruas, desconhecidos e impenetráveis, têm o ar de terem cometido original de toda a sociedade – eis por que a seus olhos os criminosos e os excluídos são seres humanos[7].

"Uma reconstituição fantástica da realidade alienada." Assim é possível entender que o narrador de Balzac fique preso à descrição de intrigas, complôs e aventuras ligadas ao grande

---

7. Cf. Adorno, "Lecture de Balzac", *Notes sur la Littérature*, Paris, Flammarion, pp. 84-85.

capital, incapaz de revelar seus fundamentos, como se o plano da ação – intrigas, complôs e aventuras – é que contivesse o gérmen da fatalidade social que governa os homens. Faz sentido que seus monólogos sejam plenos de autossatisfação.

A "inadequação" de Balzac ao protocolo realista, no tempo em que o industrialismo francês despontava, e a ordem pré-burguesa ia sendo devorada pela racionalidade da máquina capitalista, plantava o chão dos desafios que viriam para o romance realista. Lembremos mais uma vez que, segundo Adorno, os estágios evolutivos da forma artística contêm a experiência (formal) da racionalidade capitalista. Assim, nas condições da totalidade social atomizada, a força épica só poderia emanar negativamente. Essa totalidade seria incompreensível de um ponto de vista que queira apartar o individual da experiência social, e não o perceba como constitutivo dessa mesma totalidade.

O mandamento formal moderno dependeria, assim, da consideração da impotência do sujeito frente à "supremacia do mundo das coisas". Adorno afirma que só assim o romance poderia responder "a uma constituição do mundo na qual a atitude contemplativa tornou-se um sarcasmo sangrento, porque a permanente ameaça da catástrofe não permite mais a observação imparcial, e nem mesmo a imitação estética dessa situação"[8].

A "epopeia negativa" de que fala Adorno pressupõe uma reflexão sobre as relações entre narrador, matéria narrada e leitor, na direção contrária daquela esboçada por Lukács, ao privilegiar a narração, a participação e a empatia. Veremos como essas questões se dão, retomando *Nana*. Repito aqui o trecho completo de uma das epígrafes:

> A essa falsa objetividade corresponde uma subjetividade igualmente falsa. Do ponto de vista da conexão épica, não há por que erigir em

---

8. Cf. Georg Lukács, *A Teoria do Romance*, tradução, posfácio e notas José Marcos Mariani de Macedo, São Paulo, Duas Cidades/Editora 34, 2003, p. 160; Theodor Adorno, *Notas de Literatura*, tradução e apresentação Jorge de Almeida, São Paulo, Duas Cidades/ Editora 34, 2003, p. 62.

princípio básico de composição a simples sucessão dos acontecimentos de uma vida, não há por que construir o romance com base em uma subjetividade isolada, liricamente concebida, a de um personagem apenas entregue a si mesmo.

Na sequência, como se sabe pela epígrafe, Lukács chamará "falsa subjetividade" à "sucessão de impressões subjetivas". Num caso e no outro, o que se perderia no romance seria o elemento narrativo-dramático, que ele valoriza num romance realista, com o propósito de combater em nome de uma sociedade que, a partir da ação revolucionária, teria suplantado (ou estaria em vias de) a desumanização do indivíduo (cujos fundamentos na forma mercadoria, no entanto, ele tinha mostrado em *História e Consciência de Classe*, de 1922)[9].

Mas terá o método descritivo, "inspirado na desilusão" (como se lê na nota de rodapé abaixo), necessariamente o sentido de desistência, de acomodação conservadora e burguesa diante do "fracasso de uma revolta", como diz Lukács? Retomo os conceitos de objetividade e subjetividade para tentar entender a qualificação "falsa", conferida por Lukács a um princípio de composição que não faria mais do que colocar em sucessão "os acontecimentos de uma vida", ou as "impressões subjetivas". Mas uma oposição entre esses dois modos e um princí-

9. "A literatura burguesa moderna testemunha, neste ponto, contra ela mesma. A sintomática predileção que ela demonstra por certos temas (a desilusão, o desencanto) indica a presença de uma revolta. Todo romance do tipo baseado no método descritivo e inspirado na desilusão é a história do fracasso dessa revolta. A revolta aparece, assim, concebida de modo superficial e plasmada sem verdadeira energia. [...] Esse é exatamente o ponto fraco (cujos efeitos são capitais para a ideologia e para a literatura) dos escritores que seguem o método descritivo: eles registram sem combater os resultados 'acabados', as formas constituídas da realidade capitalista, fixando-lhe somente os efeitos, mas não o caráter histórico-conflitivo, a luta de forças opostas. [...] Mas esta revolta não produz qualquer grande resultado artístico a não ser quando penetra a fundo nas raízes humanas da mesquinhez da vida capitalista, a não ser quando capacita o artista para viver, compreender e descrever a real luta do homem para conferir um sentido à vida" (cf. Georg Lukács, "Narrar ou Descrever?", *Ensaios sobre Literatura*, pp. 87-89).

pio épico-narrativo daria conta das efetivas posições de sujeito numa sociedade capitalista, já formada e não-progressista, para usar os termos do próprio Lukács? Nessas circunstâncias, o que poderia significar identificação com os movimentos da ação, ou observação e descrição imparciais sem atrito com o objeto? Será possível afirmar que o resultado desse procedimento – "quadros que se colocam uns ao lado dos outros, mas que se mantêm isolados" – confina em irrelevância com a disposição de quadros num museu? Não poderia caber à montagem criteriosa a força da revelação de uma experiência mais funda e mais ampla? Uma revelação ao mesmo tempo do objeto e do sujeito? Uma personagem "apenas entregue a si mesma" não pode ser figuração literária da situação histórica desse sujeito?

Ao escrever sobre o uso de conceitos filosóficos, Adorno aponta a tensão entre elaborar uma terminologia e, ao mesmo tempo, escapar de um pensamento especializado para sempre fixado. Nesse sentido, o uso dialético e mediado de conceitos como "subjetividade" e "objetividade" é decisivo, tendo em vista que os termos "objetividade" e "objetivo" podem tomar o lugar de "objeto" para tentar garantir que os clichês não sejam postos em questão; e, por sua vez, "subjetividade" e "subjetivo" passam a significar ruptura com consenso majoritário para tentar garantir que uma mera concepção de relatividade dos juízos não impeça a reflexão histórica e material sobre o objeto[10].

Em resumo, os usos de terminologias podem muito bem apenas repetir a fetichização própria do processo mercantil. É o caso de perguntar se, de fato, a narrativa de *Nana* revela a si mesma e à sua matéria sob as cifras dos conceitos de "falsa objetividade" e "falsa subjetividade", que o ensaio de Lukács pretende justificar pela opção do escritor em descrever quadros aparentemente independentes e acabados, e de construir sequências de impressões subjetivas aparentemente isoladas. A

10. Cf. Theodor Adorno, *Terminologia Filosófica*, Madrid, Taurus Ediciones, 1983; *Mínima Moralia*, 2 vols., p. 60.

decisão sobre o grau de independência e isolamento é, ao mesmo tempo, formal e historicamente determinada

Batendo contra uma "falsa objetividade" e uma "subjetividade igualmente falsa", Lukács identifica e separa a primeira (na "sucessão simples dos acontecimentos de uma vida") da segunda (na "sucessão de impressões subjetivas" ou de "complexos de coisas fetichizadas"), como impedimentos da verdadeira "conexão épica", que segundo ele, seria uma história de destinos individuais com centralidade nas "relações mútuas, contraditórias, [dos homens] uns com os outros" e sujeita à "prova efetiva da ação". O sentido de práxis é fixado como "concatenação das paixões e das variadas ações dos homens" que, no entanto, Lukács abstrai de determinações históricas, que as colocam – paixões e ações – em novo regime, onde o objeto ficcional exigirá ser apanhado por um viés (subjetivo) capaz de apreender, para além de uma objetividade consensual, a-histórica e a-crítica, o modo como a cooptação das paixões e ações pelos valores mercantis e de consumo é chamada, cinicamente, "participação".

Engrossando as fileiras daqueles que veem no romance naturalista apenas um inventário – e, nesse sentido, não mais do que uma forma menor de uma certa concepção de romance realista – Lukács pede ligação "entre as coisas e a função que elas assumem em concretos acontecimentos humanos" e reclama da autonomia dos pormenores na relação entre os homens e os objetos descritos. Assim procedendo, deixa de ver que a narrativa moderna procura dar conta de uma experiência que desautoriza positivar *a priori* as provas pela ação, as paixões organicamente concatenadas, as disposições essencialistas de caráter. A descrição de naturezas-mortas ou de mortos-vivos, que Lukács queria evitar, responde a uma totalidade desagregadora da qual não estava isenta a "riquíssima realidade do socialismo". Por isso, em "Narrar ou Descrever?" Lukács não compreende justamente o que o romance de Émile Zola tem de melhor.

Quando Lukács compara a descrição em *Nana* (1880) de Zola e em *Ana Karenina* (escrito entre 1873 e 1877) de Tosltói, parte do fato de que o primeiro romance toma o ponto de vista de um espectador da cena que descreve, e o segundo romance o ponto de vista de um participante da cena. Sua conclusão privilegia Tolstói pela importância conferida às relações dramáticas (o entrecho da narrativa) o que, segundo Lukács, lhe daria uma perspectiva épica ("a corrida de cavalos de *Ana Karenina* é o ponto crucial de um grande drama. A queda de Wronski representa uma reviravolta na vida de Ana"). Em Zola, a descrição não seria mais do que uma digressão, dissociada do entrecho, podendo mesmo ser suprimida. Vencer ou não vencer a corrida de cavalos faria diferença para o oficial ambicioso que dela toma parte, em *Ana Karenina* ("todos preparativos e todas as fases da corrida, portanto, são momentos de uma ação importante e vêm contados em dramática sucessão"), configurando o "drama psicológico" das personagens que se observam umas às outras, o que é mais importante do que a própria corrida descrita.

Pelo seu lado, a descrição de Zola, embora acabada, completa e "objetiva", não teria sido capaz de tornar-se necessária, porque desvinculada dos acontecimentos onde se realizam os destinos das personagens: "o cavalo vencedor, que não ocasiona surpresa, também se chama Nana. E Zola não deixa de sublinhar esta coincidência, que julga casual: a vitória do homônimo da mundana Nana é um símbolo do triunfo desta no mundo e no *demi-monde* parisiense".

É verdade que existe uma diferença entre os focos do narrador em terceira pessoa: uma personagem-participante em Tolstói, uma personagem-espectadora ou observadora em Zola. Mas Lukács não tem razão nos seus juízos avaliadores. Além disso, é também verdade que a positividade dos valores postos em jogo na narrativa de Tolstói – a natureza que acolhe o homem capaz de trabalhar e aprender – é substancialmente diferente do que se lê em Zola.

O interesse de Zola pelo foco de um observador no romance dava conta justamente do lugar ocupado por Nana naquela sociedade e, ao fim e ao cabo, da própria sociedade que a tinha como uma figura significativa. A prostituição de Nana, uma Macquart filha de Gervaise de *L'Assommoir*, que tem como finalidade na vida satisfazer todos os apetites e desejos, é parte constitutiva do mundo dos vencedores, uma "obra de ruína e de morte [...] trazendo o fermento das prodridões sociais"[11].

A contaminação entre personagem e meio social no caso de Nana, que vem de fora do círculo dos vencedores com a sua origem Macquart, faz dela um símbolo da sociedade do Império e seus tentáculos curtidos na devassidão cosmopolita. O pertencimento de Nana àquela sociedade, no entanto, é fugaz e oportunista (de todos os lados), até morrer no quarto de hotel. Enquanto pode, a prostituta se vinga e humilha os homens de poder e dinheiro, usando os mesmos meios habituais no mundo que ela detesta e adora: acumulação de dinheiro, de objetos de ouro, de móveis e roupas caras num magnífico palácio.

A precariedade das experiências dadas ao homem viver, naquele final de século, apontam seu desgarramento e alienação crescentes numa totalidade que as desconhece. No caso de Nana, sua "inconsciência de animal magnífico" se exibe através da alegoria de um sexo-sol surreal, que "subia e brilhava sobre as vítimas estendidas, como um sol levante que aclara um campo de carnificina". A morte de Nana, com o rosto corroído pela varíola num hotel de luxo, enquanto a multidão alienada grita, eufórica, a favor da guerra, anuncia subliminarmente o tempo de Thiers, que Marx descreve como "a Paris rica, capitalista: a Paris dourada, a Paris ociosa [...] com seus *escrocs*, sua boemia literária e suas prostitutas", em *A Guerra Civil na França*.

Para Lukács, no entanto, o romance *Nana* e o romance naturalista, em geral, deixariam de fora o "íntimo valor humano", capaz de impulsionar a ação necessária de "seres humanos cheios de significado" (as personagens), e desprezariam a condução correta dessa ação por um narrador-guia para o leitor ("a

---

11. Cf.: "oeuvre de ruine et de mort [...] apportant le ferment des pourritures sociales".

onisciência do autor dá segurança ao leitor e permite que este se instale familiarmente no mundo da poesia"). Vendo em *Nana* a transformação da própria sexualidade da personagem em máquina (motivo recorrente em vários romances de Zola), Peter Brooks lê o romance de um foco oposto (até certo ponto) ao de Lukács.

Peter Brooks sublinha, como força narrativa, a neutralidade do narrador diante da inevitabilidade dos destinos que se movem em torno da prostituição (a cena da corrida de cavalos marcaria justamente a volta de Nana à prostituição, superpondo duas "esplêndidas espécies", o cavalo e a mulher). Mas a máquina, agora, se constituiria por uma "falta" impossível de ser ultrapassada – a sexualidade feminina como presença e também como ausência daquilo que ela não é, no sentido freudiano da castração.

Brooks acredita que o alcance do poder explícito dessa "máquina" como "falta", além dos próprios traços de pintura pós-impressionista de que Zola se vale nas suas descrições neste romance, teriam provocado pânico no próprio escritor diante dos seus feitos narrativos-ficcionais. Por isso, mais do que outros romances, *Nana* mostraria uma tendência em Zola: a bifurcação da descrição realista, colocando de um lado, o plano dos detalhes sociológicos e, de outro, o plano das evocações alegóricas (onde Brooks inclui o plano dos mitos). Essa ideia da bifurcação dos dois planos mostra, mais uma vez, a dificuldade de leitura trazida pela prosa de Zola.

Para Brooks, apenas no desfecho da morte de Nana o romance teria ligado, efetivamente, experiência coletiva e experiência privada. Afinal, como aponta o próprio Brooks, com sua luxúria Nana "é ao mesmo tempo força de destruição e força de produção", isto é, a própria mulher é um motor econômico de consumo enquanto dissipação e ruína. Conduzido pelo enfoque que preside seu ensaio, a leitura de Brooks privilegia o desfecho do romance como ponto de extremo interesse, deixando de estabelecer uma relação mais funda entre o desfecho e o conjunto, onde a cena da corrida daria a chave da leitura nos termos que ele mesmo tinha apontado.

Gostaria de levar um pouco adiante as possibilidades abertas pelo capítulo XI de *Nana*, no sentido das relações entre o coletivo e o privado, já chamando atenção para o risco de usar essas categorias, separadamente, para entender este romance. Como sublinha o narrador do romance, na bela manhã em que se dará o Grand Prix, no Bois de Boulogne, Nana chega afogueada e deslumbrada ao hipódromo (a palavra é mesmo *passionnée*) com quatro magníficos cavalos brancos puxando sua carruagem, um presente do conde Muffat. Ela chega vestida com roupas de rainha, como se ali fosse ser decidido o seu destino. Logo depois ficaremos sabendo que ela está ali para torcer pela vitória do cavalo que leva seu nome, Nana.

À sua passagem pelo hipódromo, o transtorno da multidão reforça o seu reinado de celebridade mundana. Absolutamente à vontade entre todos, sem se importar em ser ouvida por quem quer que estivesse por perto, ela comenta em voz alta suas brigas com o amante, ridicularizando as intimidades do conde, e dando a versão que lhe interessa. A conversa é viva, seguem-se comentários sobre os que já estão na festa e os que acabam de chegar. Burgueses ricos, gente da Bolsa, outras prostitutas famosas, aristocratas. Nana é também uma espectadora da cena, embora tenha sua parte nos negócios finaceiros e sexuais, e leve consigo objetos e adornos cobiçados por todos. A dupla inserção é significativa.

O clima geral é de exibicionismo e de uma sociabilidade pautada por pequenas intrigas e interesses, que mesclam em aparente igualdade as figuras ali presentes. O desprezo devotado a Nana por uma das mulheres, por exemplo, é compensado pelo marido, que vem alertar Nana sobre o andamento da rixa entre elas, embora o narrador tenha anotado com ironia que "ele, por princípio, ficava fora das brigas das mulheres". Observação tão seca quanto irônica. São mundanas e mesmo perversas algumas relações de uso entre pessoas, encobertas por poses. O nome do cavalo é, portanto, mais do que símbolo do triunfo de Nana, mais do que uma coincidência "tênue e casual", como diz Lukács, e não traz surpresa.

De fato, Nana está ali para torcer pelo cavalo que leva seu nome e se orgulha disso: "a quanto estão as minhas apostas?" ou "a quanto estou cotada (no páreo)?" ("à combien sui-je?") ela pergunta, referindo-se às apostas no cavalo, e valorizando a superposição entre as duas "esplêndidas espécies", a mulher e o cavalo. O narrador faz suas escolhas: descrição, diálogos sem dramatização, nenhum indivíduo que não esteja atravessado pela mediação dessa sociedade de jogatinas de todo o tipo.

A vitória das duas Nanas é também a vitória de uma dependência, aqui focalizada no *grand monde* parisiense, entre pequenas tragédias pessoais e o grande processo de instrumentalização dos destinos pelo dinheiro e pela mercadoria. Lucro e desejo – temas recorrentes em outros romances. Mesmo entre aqueles que se julgam vencedores, a morte e a tragédia coletiva corroem cada passo da vitória, nos termos modernos da ordem capitalista, como uma construção anunciada da desordem.

Ao comentar o desfecho de *Nana* como o único momento em que se daria uma relação entre o coletivo (ou público) e o privado, Peter Brooks faz uma referência explícita à *La Débâcle,* comparando o desfecho e o romance num mesmo sentido interpretativo, e trazendo uma leitura substancialmente diversa daquela que estou aqui assumindo:

> E a saber, temos mais uma confirmação da realidade social básica da multidão, a massa do povo, que aqui está pedindo pela guerra, na qual ela será alimento de canhão, na carnificina absurda e despropositada que Zola detalha de modo horripilante no romance dedicado à guerra franco-prussiana, *La Débâcle*. História pública, História com letra maiúscula e história privada coincidem e se inter-relacionam perfeitamente no fim deste romance, e dão ao leitor o privilégio de vislumbrar um futuro negro[12].

---

12. Peter Brooks ratifica sua leitura lembrando a posição crítica assumida por Zola, que em 1896 já não teria acompanhado a radicalização estética de que é capaz seu amigo e conterrâneo Cézanne, ao enfrentar a questão da representação e da imaginação simbólica na pintura do tempo. Nesse ano, escrevendo no *Figaro* sobre a pintura pós-impressionista, Zola mostra seu desconcerto e

É intrigante que a autodeterminação entre experiência individual e coletiva seja circunscrita apenas ao desfecho do romance *Nana* que, no entanto, dá voz ao intrincado do duplo e malogrado percurso desde o seu início. E que o recorte do desfecho seja relacionado ao romance *La Débâcle* onde, verdadeiramente, ao contrário do que afirma Brooks, não há "História com letra maiúscula", e tampouco determinação mútua entre história e ruína das vidas privadas. O que falta no romance é justamente a problematização da alienação trazida pela guerra, como alegoria da alienação mais ampla do mundo capitalista, como estou procurando mostrar para refletir sobre os desafios que o romance expõe, de modo exemplar, a respeito da construção de uma prosa realista que não assume a dimensão ruinosa do que narra.

Para ir mais fundo nas questões formais, sem as quais uma leitura crítica se torna capenga, vale lembrar mais uma vez que um romance com pressupostos claramente materialistas, *L'Assommoir* (1877), tinha levado Antonio Candido a uma tarefa na direção inversa: ampliar a reflexão sobre o papel central do procedimento da descrição realista, chegando ao "realismo alegórico", relacionando esse pressuposto com a ausência de hierarquia entre ato, sentimento e coisa, e com a acolhida do ângulo do pobre, pela voz narrativa em terceira pessoa nessas três dimensões, misturando a tonalidade do discurso direto e do indireto.

Tomadas como elementos de mediação, as "coisas", em *L'Assommoir,* são também "elemento constitutivo da sequência narrativa" que trata de um mundo onde a subsistência precária do pobre narra o seu estado de privação. Desse modo, o plano da descrição (das "coisas") não só institui a narrativa, como também contém o ângulo das próprias personagens. Retomo uma referência anterior, mas agora para remeter integralmente ao texto crítico:

> horror diante de cavalos cor de laranja, mulheres multicoloridas, árvores azuis, água vermelha e céu azul, como se visse monstros que, segundo Brooks, seriam semelhantes aos que já tinha criado em *Nana*. Cf. Peter Brooks, "Zola's Combustion Chamber", em *Realist Vision*, pp. 127 (113-129).

A ação se torna quase descrição, na medida em que os atos são manipulações; a narrativa parece uma concatenação de coisas e o enredo se dissolve no ambiente, que vem a primeiro plano através das constelações de objetos e dos atos executados em função deles. Aqui, poderíamos dizer contrariando o famoso ensaio de Lukács que descrever *é* narrar[13].

O desinteresse de *La Débâcle* em levar sua matéria às últimas consequências, expondo-a de modo esquemático e desatento confina, como já apontei e desenvolvo em seguida, com o interesse em construir a versão moral de uma Comuna caricata. Mais uma vez a pergunta: de onde fala esse narrador? Nesse sentido, como incluir o romance no ciclo? Avanço mais um pouco, pois a pergunta é sugerida pela presença de um substrato, de origem naturalista, exposto como caricatura que leva ao tratamento menor (mas não menos revelador) das personagens, fixando uma dupla estrutural: um Maurice pequeno-burguês e um Jean soldado e ex-camponês.

Um tratamento que leva, ainda, ao desprezo pelos rastros narrativos deixados pela desorientação das tropas, pelas ilusões de vitória logo desmentidas, pelo inimigo como sombra indistinta, tudo culminando na visão de Paris como uma cidade hostil por culpa exclusiva de um bando de insanos revolucionários, nos dois últimos capítulos do romance. Para o que aponta a dificuldade enfrentada por este romance de Zola? O que não pode ser contado?

*

Destaco algumas condições do tempo que ajudam a situar melhor o próprio Zola e a compreender os titubeios (se tanto) do narrador que, inscritos em *La Débâcle*, ao fim e ao cabo reforçam as suas próprias opções e, ao mesmo tempo, sua descrença nelas, como a análise vai procurar descrever. E retomo aspectos da crítica de Lukács ao romance naturalista naquele contexto, agora incluídas

---

13. Cf. Antonio Candido, "Degradação do Espaço", *O Discurso e a Cidade*, p. 72.

num debate mais amplo sobre o romance realista. A crítica ao romance realista-naturalista de Lukács e o romance *La Débâcle* se encontram, de algum modo, no âmbito de um retrocesso das energias formais e críticas mais agudas, vencidas pelos descalabros e desigualdades constitutivas de uma modernização que impõe as suas próprias regras e desafiam o crítico e o ficcionista.

Como se viu, o II Império foi fundado sobre um desenvolvimento industrial que enriqueceu a burguesia e fermentou a corrupção, enquanto o atraso no campo ia a reboque, estagnado e conservador, mas também sujeito a mudanças. O Império se situou entre duas crises do comércio mundial – a que preparou o terreno para o golpe de Estado de Napoleão em dezembro de 1851, e a crise agrícola internacional, em 1870, quando será a vez da competição entre a exportação europeia de grãos e os baixos preços do milho cultivado nos Estados Unidos e no Canadá, levando a uma forte onda de emigração nos fins do século XIX. Duas Exposições Universais dão o acorde de fundo que liga II Império à III República – as exposições de 1855 e de 1889.

As grandes mudanças e os grandes problemas sociais do Império seriam para sempre indissociáveis da vida moderna, desde a reforma urbana de Paris que tinha vindo para ficar, até as lojas de departamentos, as novas práticas de comércio, a criação dos bancos e casas de crédito e o controle acirrado dos movimentos trabalhistas. A arrancada moderna do Império de Napoleão III, que colocou a França na rota capitalista, possibilitando enriquecimentos e aumentando a miséria, dando numa sociedade mais desenvolvida, mais diferenciada socialmente, mais despolitizada, que é também uma sociabilidade leviana e oportunista, encontrará continuidade no projeto burguês da III República, que herda o "laboratório político-econômico" do Império.

Apoiado pelo campesinato e pelas classes médias, o Império de Luís Napoleão cumpriu seu papel na sedimentação da "burocracia estatal moderna": fez deslanchar progresso, especulação, negociatas, corrupção, "orgias cosmopolitas", encenação social, levou a burguesia francesa a seu máximo de desenvolvimento, aumentou a miséria e a despolitização geral dos cidadãos. O documento tirado no congresso operário de 1867 enfatizava as causas sociais e econômicas da guerra franco-prussiana e, à solução de guerra, opunha uma divisão mais justa do trabalho. Mas o rumo hegemônico dos interesses atropelou essa resistência. Debord resumiu o espetáculo moderno que se consolidava e a disposição hegemônica do período bonapartista: "A burguesia desiste de toda a vida histórica que não seja sua redução à histórica econômica das coisas". Foi nessa situação de "progresso" que a Comuna de Paris ameaçou jogar uma pá de cal em 1871, suficiente para conferir a seus participantes a medalha de inimigo público número 1.

Passados dez anos da queda do Império, o conservadorismo burguês tinha crescido, transformando-se em intolerância e dando no clima geral de xenofobia, reforçado pela desestabilização da vida burguesa, evidente nos últimos 25 anos daquele século, para o qual contribuíram os desdobramentos da derrota de Sedan e do consequente abalo do Estado e do exército francês. Desde a depressão econômica de 1873, o exército era constituído por oficiais aristocratas e burgueses afinados com o clero e com visível simpatia pelos Bourbons.

A dissolução do Império varre definitivamente as ilusões individualistas, que já vinham sendo solapadas pelo novo ritmo concentrado dos negócios, ameaçados depois pela crise da Bolsa na Alemanha em 1873. Nos anos de 1880, tendo conquistado dimensão política, o movimento operário defenderá a paz como condição para a revolução proletária, que se julgava próxima. O desenvolvimento do proletariado com um norte pacifista – "a paz internacional entre os povos" – convive nos anos de 1890 com os militarismos nacionais – "a paz armada" – e com o novo poder econômico já plenamente desenvolvido e formado pela fusão entre capital bancário e capital industrial[14].

---

14. Sobre o papel da guerra nesse tempo, escreve Hobsbawn: "A rivalidade econômica não levava além de atritos locais numa era de expansão, onde pare-

O poder do capital em relação ao Estado e ao trabalho tinha encontrado, no Império, uma organização de Estado que seria difícil romper, como mostram as indicações de Engels, nos anos de 1890, sobre as dificuldades enfrentadas pelos trabalhadores, que procuravam garantir o seu papel histórico. A III República colhia os desdobramentos desse colapso da expansão liberal, do temor da organização e internacionalização do movimento das classes trabalhadoras, com a I Internacional de Karl Marx de 1864 a 1872, e está também no enclave que abre um período da aceleração de todas as transformações.

No dia 14 de março de 1871, Émile Zola ainda se encontrava em Paris (como escreveu a Cézanne em julho), tendo assistido ao nascimento sem grandeza da III República, ao preço da semana sangrenta, entre os dias 21 e 27 de maio, com o fuzilamento dos *communards* no cemitério de Père-Lachaise. Zola partilhara posições contrárias à Comuna com a maioria dos seus contemporâneos, afeitos à democracia, tal como expôs em diversos artigos publicados no *La Cloche* e no *Le Sémaphore de Marseille*.

Nesses textos de jornal Zola chega a recorrer a argumento biológico-naturalistas, tratando a revolução da Comuna como *maladie congéniale*. Várias posições reaparecerão como argumentos em *La Débâcle*, mas calculadamente debitadas às per-

cia haver lugar para todos. Mais ainda, nesta era clássica de liberalismo econômico, a competição comercial estava mais próxima de independência frente a qualquer apoio governamental do que nunca, antes ou depois. Ninguém neste período – nem mesmo Marx, contrariamente a uma suposição corrente –, entendeu as guerras europeias como basicamente econômicas na sua origem" (cf. Eric Hobsbawn, *A Era do Capital (1848-1875)*, p. 96). E sobre as transformações do capitalismo concorrencial e da burguesia liberal ocidental já desde os anos 60 do século XIX, que no período entre 1875-1914 antecipava e preparava um mundo qualitativamente diferente do passado: "As estruturas econômicas sobre as quais repousa o mundo do século XX, mesmo quando capitalistas, não são mais as da 'empresa privada' na acepção consensual entre os homens de negócios de 1870. A revolução presente na memória do mundo desde a Primeira Guerra Mundial já não é a Revolução Francesa de 1789. A cultura que o perpassa já não é a cultura burguesa, como teria sido antes de 1914" (cf. Eric Hobsbawn, *A Era dos Impérios (1875-1914)*, p. 27).

sonagens, e não ao narrador. Veremos, no entanto, que não se trata de um narrador não opinativo. Ele pretende deixar as posições do tempo como pano de fundo, a fim de expor uma fábula moral. Por isso, a participação pública do escritor em periódicos nos anos 1870 e 1880 fica, num certo sentido, como se fosse um meio retrato, onde se pode cavar um pouco mais sobre o intelectual do tempo através de uma figura em tudo modelar.

Nos artigos republicanos no *Figaro* dos anos de 1880, por exemplo, Zola está agastado com a politicagem e lamenta ter sido levado a decepcionar-se com Gambetta (como se sabe, acrescento, o ambíguo e conservador Gambetta que combinava retórica radical com neutralidade em relação à Comuna e à aliança com Thiers, figura chave no massacre de 1871). Os anos de 1890 são os do florescimento das ultraconservadoras ligas patrióticas. Desta vez, Zola se posicionará francamente contra o conservadorismo da direita francesa, enfrentando o antissemitismo e defendendo o capitão judeu acusado de traição à pátria no caso Dreyfus, em 1897[15].

O engajamento de Zola no caso Dreyfus não deixou de ser um modo de retomar, no âmbito da participação pública, o ímpeto crítico do seu projeto do ciclo dos Rougon-Macquart. O compromisso intelectual, ético e não-revolucionário de Zola angariou uma reação violenta da direita francesa, católica e nacionalista (Brunetière, Maurras, Barrès). Seu enfrentamento destemido mudou o rumo de um processo e o condenou à prisão. Nos anos de 1890, que são os anos de romances como *La Débâcle* e *L'Argent*, a democratização republicana procurava promover a participação das massas na política, pois já que elas

---

15. "O programa dos radicais franceses constava de uma série de variações sobre o tema 'o pequeno é belo': 'a palavra *petit* é constantemente repetida nos congressos do Partido Radical'. Seus inimigos eram *les gros* – o grande capital, a grande indústria, a grande finança, os grandes negociantes. Essa mesma atitude, com uma deformação direitista, nacionalista e antissemita, e não esquerdista e republicana, encontrava-se entre seus equivalentes alemães, mais pressionados pela irresistível e rápida industrialização desde a década de 1870" (cf. Eric Hobsbawn, *A Era dos Impérios (1875- 1914)*, p. 241).

não podiam ser excluídas do processo capitalista e democrático, poderiam pelo menos ser controladas e dirigidas. A República pregava homogeneidade pela educação, disciplina militar, coesão patriótica, e acolhia nacionalismos reacionários antiprotestantes, antijudeus, anti-imigrantes. Na *Lettre à la Jeunesse*, de 1898, Zola evoca a paixão de oposição da juventude mesmo que "injuste même parfois", que vira no Quartier Latin sob o Império, a conclamação à luta pela "razão direita e boa" – pelos humildes, abandonados, perseguidos, contra a injustiça e os poderosos. Os rumos que compõem o mapa em que iam se acomodando as formas possíveis de inserção do intelectual com suas contradições na ordem capitalista não são simples, e dão conta de um horizonte histórico implacável[16].

Duas afirmações do próprio Zola dos anos de 1880, sobre o modo como pensava construir seu romance naturalista nas condições do seu tempo, ricocheteiam como contra-argumentação ao texto de Lukács, dando conta do modo como seu melhor romance subvertia o consenso literário e ideológico do tempo, que era também de rendição ao espetáculo moderno: a calculada "hipertrofia do detalhe realista" e o desinteresse pela trama, cuja originalidade lhe interessa menos do que o caráter típico, que teria maior destaque quando incluído numa trama mais banal e genérica.

Desse modo, o "realismo por perda da realidade" (ou "representação sem concessão dos pormenores empíricos"), como observou Adorno em relação a Zola, sacode a recepção habitual ao conferir negatividade a objetos e cenas sociais que, observados na sua superfície, poderiam parecer harmonicamente arranjados. É

---

16. "Economicamente, as sombras dos anos da Grande Depressão se dissipavam, dando lugar ao sol radioso da expansão e da propriedade da década de 1900. Sistemas políticos que não sabiam muito bem lidar com as agitações sociais da década de 1880 – com a súbita emergência dos partidos de massas das classes trabalhadoras voltados para a revolução ou com as mobilizações de massa de cidadãos contra o Estado em outras bases – aparentemente descobriram maneiras flexíveis de conter e integrar alguns e isolar outros" (cf. E. Hobsbawn, *A Era dos Impérios (1875-1914)*, p. 384).

vigorosa a inserção crítica de Zola quando toma, sem complacência, a experiência social e pessoal como objeto de análise. A observação de Lukács quanto às determinações históricas que condenariam os escritores a meros "observadores e críticos da sociedade burguesa" se dá, então, pelo avesso: é a posição de observador distanciado que sustenta o arrojo formal negativo da prosa de Zola. Em relação a Flaubert, Dolf Oehler já mostrou como o anti-herói de *Educação Sentimental*, Frédéric Moreau – burguês em atitudes, artista na alma –, que perambula por Paris durante o massacre do levante popular de 1848, retoma e expõe de modo implacável algo da própria "inércia revolucionária burguesa de 1848 aliada ao prazer do espetáculo". Flaubert publicou seu romance em 1869[17].

Para entender melhor as condições objetivas das críticas de Lukács ao romance moderno, a partir dos realistas-naturalistas, recupero o debate de Adorno em torno da questão do realismo. Sem tratar diretamente do texto de 1936, ele leva em conta o que chama *sacrifizio dell'intelletto* em Lukács que, depois dos anos de 1920, submeteu o talento que tinha mostrado nos escritos de juventude – e não inteiramente perdido em alguns ensaios – ao aparelho conceitual do "realismo socialista". Por isso Lukács teria colocado, sob o mesmo juízo de irracionalismo, todas as correntes filosóficas e literárias modernas, adotando uma "positividade rósea" como medida da arte no que chama, no ensaio que nos interessa, "riquíssima realidade do socialismo"... ao tempo de Stalin.

Essa positividade o leva a subestimar os meios de exposição (a forma), que são o próprio modo de conhecimento da arte, e a entender os momentos constitutivos da forma moderna como acidentais e contingentes, apenas acrescentados a um "assunto". Um conceito dicotômico e excessivamente inchado

---

17. Cf. G. Lukács, "Narrar ou Descrever?", *Ensaios sobre Literatura*, p. 56. Cf. Dolf Oehler, "Crítica do Consumo Puro: Flaubert e os Iluminados de Fontainebleau", *O Velho Mundo Desce aos Infernos*.

de "assunto", que perde sua função material objetiva como parte do conteúdo estético, tornando-se, assim, dogmático.

A "positividade rósea", conferida à experiência real e problemática do stalinismo, leva o crítico a adotar um sentido de "objetividade" que se desfaz ela mesma, já que o sujeito é retirado do processo dialético que os constitui. Para tanto, ainda segundo Adorno, vem a calhar o procedimento crítico de projetar categorias naturais sobre o que é socialmente mediado, na direção contrária à da crítica da ideologia de Marx e Engels.

Essa "positividade rósea" dissolverá um processo histórico também em *La Débâcle*, o que acaba fazendo desse romance uma ilustração às avessas daquilo que era criticado por Lukács nos melhores romances de Zola. Mas o romance contraria alguns dos pressupostos fundamentais com os quais o crítico operava, na medida em que eles não são suficientes para seu bom resultado ficcional e tampouco histórico. Por isso ele leva a pensar na descrição e na narração enquanto indissociados da relação que a narrativa estabelece com o objeto, faz rever os preceitos sobre a adesão empática do leitor, a posição do narrador e a organização em suspense do enredo.

Em *La Débâcle*, usando todos esses recursos, o escritor fechará os "destinos" num determinismo simplista e esquemático, que não dá conta do modo como as decisões políticas e os interesses econômicos estavam levando de roldão os homens naquela guerra, que o romance apreende como mera fatalidade, desconhecendo o sentido mais amplo do caráter proletário da Comuna de Paris, ligado aos rumos do próprio desenvolvimento político e econômico que o escritor vinha descrevendo no ciclo dos Rougon-Macquart. A crítica continua não dando a este romance o papel que talvez ele possa ter, não pelos seus acertos, mas como sugestão para uma reflexão sobre a prosa realista.

2. Posição do Narrador e Cálculo Narrativo

Um resumo do enredo de *La Débâcle* corre o risco de fazer parecer que o romance não tem maior interesse. No entanto, a fragilidade do esquema geral do enredo no qual o romancista parece ter apostado, e onde ressalta o traço grosso, é um dado importante a ser considerado e mostra uma primeira dissociação evidente: o próprio enredo já não sustenta o embate com seu assunto, ficando muito aquém dele. Considerando que assunto já é forma, essa espécie de vida paralela do enredo se liga às demais opções de trabalho com o material ficcional, de modo que é possível dizer que o malogro do romance está diretamente determinado pela sua relação com a matéria e o assunto. Um malogro que se dá no ponto em que a prosa poderia ter-se tornado exigente, a saber, aquele em que ela se debruçaria sobre o particular da experiência, encontrando nela a mediação social que iria devolvê-la, por sua vez, ao caldo geral de uma prosa capaz dos ajustes formais necessários para uma exposição crítica e reflexiva da sua matéria.

Um resumo sucinto poderia ser assim: o cabo Jean Macquart traz seus homens da Alsácia, depois das primeiras derrotas para a Prússia, fazendo um desvio em Metz, sob condições terríveis, e dirigindo-se a Sedan, onde serão derrotados. Maurice salva Jean, de quem tinha se tornado grande amigo. Prisioneiros, conseguem fugir, enquanto os alemães marcham na direção de Paris. A Comuna é proclamada, Jean integra a tropa de Versalhes e Maurice os batalhões da Comuna. Ferido pelo próprio amigo Jean numa barricada, ele morre, enquanto a cidade queima sob os incêndios dos *communards*. A libertação de Paris por Versalhes é festivamente comemorada, apesar dos fuzilamentos dos revoltosos no cemitério Père-Lachaise. Jean deverá conduzir a reconstrução da nação.

Alargando o resumo, é preciso observar que as condições tenebrosas das tropas nos campos de batalha, antes e depois da derrota em Sedan, com a continuação da luta e a terrível marcha dos soldados pelas estradas ligam, de modo fraterno, duas personagens de origem social diversa. No entanto, essa aliança provocada por uma catástrofe – a guerra – não sobreviverá à próxima catástrofe – uma insurreição popular –, porque as condições febris do ímpeto nacionalista que assolou parte da pequena burguesia (Maurice, no caso) a coloca nos braços do proletariado inconsequente (e sequer nomeado no romance), impedindo a fraternidade das diferenças. Acrescento: uma fraternidade que não se pode chamar utópica. Donde o romance conclui pela distinção entre uma guerra nacionalista (positiva) e uma revolução proletária (negativa).

Maurice Levasseur é jovem advogado de ideias evolucionistas, e Jean Macquart um camponês rústico, que mal lê e mal escreve. A relação entre Jean Macquart e Maurice Levasseur começa com sentimentos de humilhação de um lado e desprezo de outro. O narrador assim justifica a repulsão instintiva e física e a "repugnância" de classe social: "Entre o camponês e o letrado, a inimizade instintiva, a repugnância de classe e de educação eram como uma doença física". Mas a aversão de Maurice será superada pela união fraterna, na situação de um desastre comum, a guerra franco-prussiana."Aquilo remetia talvez aos primeiros dias do mundo [...] a amizade antes de toda a cultura e de todas as classes."

O comentário supõe a existência de tempos imemoriais, numa sociedade sem divisão de classes, e supõe a guerra como uma suspensão das diferenças, o que o próprio enredo e as cenas desmentem, insistindo no caráter singular da grande amizade que se forma. Ela tem um sentido de exemplo moral fabular. Ao mesmo tempo, o destaque conferido às diferenças de classe mostra que o narrador sabia bem do que estava falando, e o que estava pretendendo compor. Por isso mesmo desqualifica inteiramente uma entrada histórica no assunto, donde se percebe que o romance faz questão de deixar de lado um traço decisivo da constituição do romance realista desde o seu princípio, que é enxarcar de historicidade as situações, as questões pessoais, e as estruturas dos comportamentos.

Maurice, rapaz do seu tempo, formado pela crença no naturalismo biológico e social, defende a fatalidade natural do combate constante, da vida renascendo da morte, da necessidade da guerra para a existência de nações fortes, temperados pela aposta na vitória e desilusão com a derrota francesa. Diante da catástrofe e seu cortejo de miseráveis, fala da decadência histórica do país "telle qu'une maladie de famille". A sua constituição nervosa mescla um lado de esteta e um lado de evolucionista malogrado. De família bonapartista (o avô, um herói de Napoleão I), está no batalhão por decisão pessoal. Instável, deixa-se levar com facilidade pelo entusiasmo, sendo ele próprio um resumo da fragilidade da França derrotada: "ele, de uma neurose de mulher, agitado pela moléstia da época, sofria a crise histórica e social da raça, capaz de passar de um instante a outro dos mais nobres entusiasmos aos piores desânimos".

Jean representa o senso de realidade, a França que terá nascido ou iria nascer (a ambiguidade fica mantida neste resumo), depois da derrota de Sedan e do massacre da Comuna. Ingênuo, simplório, de sólidos princípios, veio da Provence, no campo perdeu a mulher, saindo de lá sem nunca ter sido proprietário, e encontrando acolhida no exército, como vimos. Jean retoma, de modo positivado e idealizado, o bom-senso e a praticidade da personagem de *Le Ventre de Paris* (1873), "la belle Lisa", a *charcutière* que, interessada na prosperidade pessoal, tinha sido capaz de denunciar como revolucionário (*rouge*) o cunhado Florent, que voltara depois de ter sido deportado pelo golpe de Napoleão III.

À Lisa não interessavam as torpezas imperiais, mas sim a paz e o bom andamento dos negócios, as boas vendas e as boas compras proporcionadas pelo regime. A Jean, "no seu estreito bom-senso", falta o cálculo pragmático de Lisa, mas sobram sentimentos nobres. Na cena em que se lança sobre um outro soldado, num dos seus "raros golpes de paixão", declara seu desprezo pela política, pela República, pelo Império: "enquanto eu cultivava meu campo, eu jamais desejei outra coisa senão a felicidade de todos, a boa ordem, os bons negócios".

A Maurice é atribuída, com certo viés crítico, a adoção de "ideias da moda", embora o próprio narrador se utilize desses mesmos preceitos naturalistas para construí-lo e justificá-lo como personagem. Como vimos, o próprio autor do romance tinha exposto no artigo "Sedan" para o *Figaro,* em setembro de 1891, ideias muito semelhantes às de Maurice, julgando a guerra inevitável e o banho de sangue necessário nas lutas entre nações imperialistas. Estamos, portanto, no âmbito de um sentimento nacionalista forte, embora o narrador queira manter distância e marcar diferença em relação às ideias de Maurice, a quem confere certa dimensão caricata, mas não excessivamente explícita. Assim ele tenta bloquear uma reflexão de mais peso sobre as ideias que ambos compartilham.

A centralidade da dupla de personagens não fica abalada nem mesmo a partir da segunda parte, quando as cenas da guerra se alternam com episódios que trazem o foco narrativo de outras personagens, Henriette, Weiss e Delaherche, em Sedan e Bazeilles. Nem por isso elas deixam de ser secundárias em relação à dupla central. Essas figuras fazem parte das relações de Maurice e armam seus pequenos núcleos, como é o caso de Delaherche, proprietário de uma fábrica de tecido, e bonapartista desde o plebiscito de 1870 (que dava carta branca ao Imperador para medidas liberais); Weiss, seu empregado, casado com a irmã gêmea de Maurice, Henriette (ligada depois a Jean por laços de afeto).

Nos dois últimos capítulos da terceira parte, o narrador faz um sumário retrospectivo dos passos da guerra, depois de Sedan, antes de entrar na Comuna de Paris. E Maurice passa a ser o principal, senão o único foco de interesse do narrador que, a partir dele, conta sua história da Comuna. Desertando em fins de fevereiro de 1871, Maurice irá flanar alcoolizado pela cidade até aderir aos revolucionários para ser, enfim, involuntariamente assassinado pelo fraterno companheiro de guerra.

Num breve e ocasional encontro entre Maurice Levasseur e Jean Macquart em Paris, cada um deles já em campos políticos opostos, o esquema das personagens é reforçado mais uma vez; é durante a Comuna que a narrativa colherá os resultados do que o narrador plantou desde as primeiras páginas do romance. "Bom--senso" e saúde mental do homem da terra ("forte no seu bom--senso e na sua ignorância"); "exasperação" e excesso do recente *communard* e, por extensão, de toda a Comuna e da cidade de Paris naquele momento ("golpe de loucura que tomava Paris inteira, um mal vindo de longe, dos fermentos do último reinado").

O narrador projetará o futuro pós-Comuna delegando a tarefa de reconstrução do país a Jean, o bom camponês, "a parte sadia da França, a racional, a ponderada, a componesa, aquela que tinha ficado mais perto da terra", investido da responsabilidade para destruir a parte corrompida pelo Império e de reerguer o país. Já vimos que essa escolha vem carregada de ambiguidades.

Mas como o narrador espera conseguir empatia do leitor em relação a Jean na difícil empreitada que deverá assumir, se ele mesmo não disfarça inteiramente sua funda ambivalência em relação ao ex-camponês, elogiado por qualidades morais convencionais e apresentado sem nenhuma capacidade de reflexão? Esse é um daqueles rastros que ele larga pelo caminho. Mesmo assim, eis o fecho do romance: "O campo devastado sem cultivo e Jean, o mais humilde e o mais sofrido partia, caminhando para o futuro, para a grande e rude tarefa de toda uma França a refazer".

A trajetória de Maurice, de soldado da guerra franco-prussiana a *flâneur* ocasional e *communard* nos últimos capítulos, costura a narrativa construindo a personagem como antiexemplo, com o apoio narrativo de Jean Macquart. O desengano pessoal de Maurice será razão suficiente para explicar sua adesão à Comuna, e a própria narrativa da Comuna é subsumida à sua experiência pessoal, como resultado de sua trajetória amargurada na cidade abandonada pelos burgueses. "Paris estava separada do mundo." Seu espírito nervoso encontra acolhida favorável nas circunstâncias que o contaminam: o ar "viciado" da multidão desesperada, bárbara, inconsequente, febril e colérica.

O esquema geral de manual pretende construir um tipo de época que, segundo a tese do romance, já não poderia caber na nova nação a ser construída: a crise moral de Maurice, do país e da Comuna. "Era uma daquelas crises morais, que se observa em seguida aos grandes cercos, o excesso de patriotismo decepcionado, que, depois de ter inflamado em vão as almas, se transforma numa cega necessidade de vingança e destruição." O tom do narrador é didático, de comiseração e alerta. "Maurice, então, que nunca tinha bebido, viu-se preso e mergulhado na bebedeira geral." As preocupações mais gerais implícitas no romance são movidas a nacionalismo e temor, frente aos movimentos sociais revolucionários que chegavam aos anos de 1890.

O narrador, finalmente, permite que um Maurice, já desacreditado pela desorientação de sua sensibilidade errática, a chame "multidão revolucionária". Essa multidão de perigosos insurretos é tratada como maioria ameaçadora, sem que seus termos políticos e de classe social sejam sequer sugeridos. Nenhuma personagem é um verdadeiro *communard*. Indiferente ao fato, o narrador exibe a segurança de uma figura supostamente aparelhada para narrar os acontecimentos de 1870 e 1871, e insiste em se desviar das mediações dos indivíduos e da sociedade (enquanto menciona datas e locais dos acontecimentos, ainda que menos do que gostaria Émile Faguet).

*

Parece haver uma decisão firme do narrador de assumir seu lugar narrativo, onde a ambiguidade é apenas uma figura a mais do jogo calculado, o que nos alerta sobre a figura social que este narrador representa. É no mínimo estranho que, vindo de um romancista experiente, o narrador ande um tanto desatento e distraído em relação à construção de Jean e de Maurice, um tanto alheio e esquivo em relação à sua própria posição de narrador, a despeito da segurança que demonstra, sobretudo se levarmos em conta que ele não pretende colocá-la sob suspeita. Dando a ver a ambiguidade controlada do narrador, será a Maurice que caberá um elogio a Gambetta e, ainda a ele, uma crítica a Thiers.

Ainda que Paris estivesse prestes a capitular, ele era, com Gambetta, pela continuação da guerra sobre o Loire e no Norte. [...] Em seguida, foram as eleições que acabaram por enlouquecê-lo: era bem o que tinha previsto, a província medrosa, irritada com a resistência de Paris, querendo a paz de qualquer modo, fazendo voltar a monarquia sob os canhões ainda apontados dos prussianos. Depois das primeiras audiências de Bordeaux, Thiers eleito em 26 departamento, aclamado chefe do poder executivo, tornou-se a seus olhos o monstro, o homem de todas as mentiras e de todos os crimes[18].

Com a Comuna, as forças políticas emergentes tinham mostrado que a consolidação da nova etapa capitalista poderia enfrentar adversários mais fortalecidos, inclusive pela adesão daqueles que poderiam sentir, na própria pele, que a promessa liberal de fazer, de todos os homens, concorrentes potenciais nos novos negócios, já pertencia ao passado. A Comuna de Paris causou pânico internacional e veio pôr o dedo nessa ferida, mostrando uma saída pela organização coletiva, ainda que no futuro ela não se desse necessariamente pela guerra civil, como resposta à falácia da realização individual de par com a crescente concentração do capital, que então irá aprimorar a

---

18. Como mostra John Gledson, escrevendo "Ecos de Paris" em 1881, Eça de Queirós já detectava a demagogia de Gambetta apoiado na burguesia. Desde *O Crime do Padre Amaro* (1875-1876 e 1880, as duas últimas edições revistas) a Comuna parece amedrontar também o mundo político em Portugal, e Gambetta volta como referência em *Os Maias* (1888) para dar um alcance internacional à manipulação burguesa dos rumos revolucionários (embora, como anota Gledson, nos artigos de 1881 Eça ainda aposte numa vitória da esquerda representada pelo sapateiro Trinquet). Cf. "O Significados de *Os Maias* – O Papel de Gambetta", *Por um Novo Machado de Assis*, São Paulo, Companhia das Letras, 2006, pp. 209-311.

empreitada de massacrar seus opositores, ainda que não necessariamente em barricadas. A ostensiva e proposital exclusão dos verdadeiros *communards*, mais a hostilidade dirigida à Comuna, acabam ratificando no romance a mesma disposição constitutiva da política nacionalista e imperialista instalada com o II Império e revigorada na República, diante da organização dos sindicatos e da ameaça proletária, enquanto o processo de democratização da sociedade, colocando de escanteio a burguesia liberal, insistia na ideia de abolição das classes sociais pelo menos em discurso, e como arma para conter o avanço dos movimentos revolucionários[19].

Se *La Débâcle* fizesse jus ao que Zola escrevera no *Figaro* em 1892, onde afirma que os batalhões franceses foram levados à guerra "como se levam os rebanhos ao matadouro", talvez as descrições do romance pudessem conter a impotência dessas personagens e, quem sabe, a própria impotência do narrador. Levadas às últimas consequências formais, elas armariam uma narrativa sobre o papel da guerra e o custo da adesão da maior parte da população francesa, tal como tinha sido esboçado em *Nana* e em *La Bête Humaine,* e que o romance de 1892 poderia

---

19. "E de fato, a Comuna era uma insurreição *operária* – e se uma palavra descreve homens e mulheres, a meio caminho entre 'povo' e 'proletariado' ao invés de trabalhadores em fábricas, esta palavra também serviria para os ativistas dos movimentos trabalhistas em outros lugares neste período. Os 36 mil *communards* aprisionados eram um corte transversal na população trabalhadora de Paris: 8% de trabalhadores de colarinho branco, 7% de funcionários, 10% de pequenos lojistas e similares, mas o resto esmagadoramente operários – da construção civil, metalurgia, trabalho em geral, seguidos pelos mais tradicionalmente especializados (carpintaria, artigos de luxo, impressão, tecidos), que também forneciam os eternos radicais sapateiros. Mas podia-se dizer que a Comuna fosse uma revolução *socialista*? Quase que certamente sim, embora seu socialismo fosse essencialmente o sonho pré-1848 de cooperativas autônomas ou unidades corporativas de produtores, agora reclamando intervenção governamental radical e sistemática. Seus resultados práticos foram modestos, mas isso não foi culpa sua. Pois a Comuna foi um regime sitiado, o filho da guerra e do cerco de Paris, a resposta à capitulação" (E. Hobsbawn, *A Era do Capital (1848-1875)*, p. 185).

levar adiante, com a mistura de soldados de origens sociais diversas e de alguns moradores de Sedan e seus entornos.

Considerando que a Comuna de Paris é, no romance, mais determinante para o sentido do enredo do que a derrota de Sedan, é preciso assinalar o caminho escolhido e a dificuldade enfrentada por um escritor à contracorrente, que até então não circunscrevia assuntos e formas no plano apenas dos termos tradicionais do enredo, justamente para expor os acontecimentos narrados no nível mais fundo de suas determinações sociais, na medida mesma em que os constituía ficcionalmente. Como ele mesmo conta, as pesquisas documentais lhe davam um primeiro patamar material, que seria então retrabalhado pelas hipóteses ficcionais.

Os acontecimentos da Comuna desestabilizaram esse procedimento construtivo, ao ameaçarem de ruptura radical a organização do mundo segundo princípios capitalistas e burgueses. Ela é posta de pernas pra cima. De modo que o impasse construtivo encontra seus próprios limites práticos e ideológicos: de que modo trabalhar ficcionalmente na negação do que, para o escritor, ainda está carregado de positividade apesar de sua posição crítica? Até onde é possível chegar, frente a tal radicalidade? Mas se é verdade que a ficção sucumbe, os rastros abandonados pelo narrador mantém-se ainda como parte do acorde final do conjunto, fortemente armado, de todo o ciclo dos Rougon-Macquart.

Como já sugeri, tivesse enfrentado de modo radical os acontecimentos sobre os quais narra, mais uma vez Zola teria construído de modo radical o seu romance naturalista, "teria se arriscado ao extremo", segundo Adorno em relação a *Le Ventre de Paris*, lembrando que a renúncia ao tempo cronológico e o caráter abstrato a que chega a descrição, com seus pormenores, foi mais ousado do que estava conceitualmente previsto. A matéria narrada explosiva é, no entanto, conduzida por um esquema unilateral, que barra a dimensão mais complexa de um vasto assunto, com evidente cálculo narrativo.

A totalidade social, que os demais romances apreendiam, vai por água abaixo diante da possibilidade de abalo da ordem capitalista. Por isso a narrativa precisa dispor de um narrador que parece dominar o conjunto dos acontecimentos que conta, e inteiramente fixado num esquema moral. Por conveniência e cálculo, ele prefere não deixar claras suas próprias posições e insistir numa contrapartida formal desse negaceio, propondo ao leitor aceitar, sem reservas, o esquema de suspense, o papel da dupla principal de personagens, os critérios que presidem sua construção e a de toda a narrativa. Como sugeri bem atrás, ele se esforça para manter sua pretensa autonomia.

A posição ideológica do narrador, podemos supor que calculada e voluntária, depende da encenação de uma certa desatenção, uma certa distração da consciência em relação a si mesma e ao que está a sua volta, dando, em resumo, numa alienação constitutiva. O leitor entra em matéria guiado por alguém que se apresenta como conhecedor minucioso dos passos da derrota em Sedan e, supõe-se, da Comuna, e que também sabe construir muito bem uma narrativa, que embala e prepara o leitor para o desfecho do romance.

Colocando o burguês do passado como vítima do clima de insanidade e impetuosidade da insurreição operária de 1871, depois de uma guerra humilhante para a nação, a narrativa convoca o burguês do presente a tomar o passado como modelo, a fim de evitar qualquer derrocada do seu destino pessoal e social. Essa convocação é feita pela adoção de alguns temas, que vão da defesa de guerras nacionais bem estruturadas (quando fosse o caso) e eliminação sumária de focos políticos subversivos, à defesa da unidade nacional, com vistas aos interesses da nação para a regeneração da pátria, desde que tirados do meio do caminho os estorvos sociais subversivos, é claro (não mais o Estado Imperial, e aqui absolutamente de acordo com o programa republicano).

Se os termos são comparativos, volto a lembrar que *La Débâcle* não levou em consideração os avanços formais anteriormente acumulados, talvez contando agora com um público leitor ideologicamente conivente, o que mostra que, ao estabelecer um pacto com a maioria da burguesia letrada, Zola tem como pressuposto de leitura o horizonte de uma sociabilidade coesa, pela qual também estava trabalhando a III República. A carregada sintaxe dos melhores romances de Émile Zola, ao contrário, não permitia nenhuma contemplação, nenhuma identificação do leitor que não fosse trespassada também por uma autocrítica.

Uma verdadeira reviravolta na posição do escritor? Afinal, era contra essa sociabilidade que o ciclo dos Rougon-Macquart vinha trabalhando, e com rigor, inclusive no romance de 1891, *L'Argent*. Mas, em *La Débâcle*, os desacertos, rastros e ambiguidades, que o narrador deixa largados pelo caminho, não são capazes de desestabilizar o seu lugar. A armação ideológica do narrador não fica ameaçada mesmo que, numa leitura mais minuciosa, seja possível rastrear seus titubeios.

Acentuo a falta de êxito dessa sombra, rastros, titubeios ou brechas. A narrativa continuará sendo ideologicamente eficiente, ainda que esquemática do ponto de vista histórico-ficcional. O narrador é, portanto, figura chave e é preciso apanhá-lo em funcionamento, pois trata-se de um impasse narrativo de caráter peculiar, se pudermos levar em conta a hipótese de uma certa deliberação construtiva (e não necessariamente pessoal), que a natureza do assunto histórico ajuda a compreender no contexto daquelas relações sociais. Uma deliberação que não esconde sua própria fragilidade.

Se naquele estágio da sociedade avançada, a distância social entre as classes e as (in)certezas burguesas determinaram esse controle narrativo – na figuração do narrador, nas escolhas dos procedimentos e do tratamento das personagens –, o controle não é mais do que a assunção de uma sequência mecânica de procedimentos ficcionais. Como temos visto, nos outros romances do ciclo dos Rougon-Macquart, Émile Zola foi capaz de saltar sobre as determinações do seu meio e de sua classe, trabalhando com o material disponível de modo vigoroso e avançado. Mas neste romance de 1892, ele demonstra fidelidade à ordem presumida, ao consenso conservador no uso dos materiais, exercendo, unicamente desse viés de estranha e frágil fidelidade, sua tarefa de escritor profissional que assume o papel de intelectual orgânico.

O contraste entre o saber do narrador e a ignorância das personagens pretende ratificar a superioridade e o alto grau de confiabilidade do primeiro, e propõe ao leitor um papel correlato de *voyeur* um tanto sádico que, guiado pelo narrador, se compraz morbidamente na observação de uma agonia, cujo fim já conhece. Por isso, caberá ao leitor interessado a reconstrução da totalidade, propositalmente escamoteada. E, isso feito, a superioridade presumida do narrador não se confirmará, dando a ver formas e graus diversos de uma alienação histórica e social.

Até aqui, já pudemos notar o narrador semeando perspectivas desperdiçadas no próprio procedimento de reforçar as escolhidas, como no caso da elaboração de Jean Macquart, a quem ele delega tarefas históricas, a despeito dos seus limites indiscutíveis (e segundo o próprio narrador). É o que acontece ainda nas relações que estabelece com Maurice, apresentado como um tipo social com limites históricos, que representa de algum modo o próprio narrador, com quem divide os pressupostos naturalistas, de que o romance depende para levar a cabo a sua tese. Maurice expõe também ideias do próprio autor, Émile Zola, com quem divide opiniões como aquela sobre a fatalidade da guerra.

Para passar programaticamente sobre brasas pelos problemas reais do tempo, e para tentar se eximir de tratar de modo consequente, numa cena do início do romance, uma discussão sobre o sentido daquela guerra por quase todos desejada, o narrador reúne – como se cumprisse um serviço burocrático – opiniões diversas de várias personagens entre clichês, certezas, dúvidas e arroubos intempestivos. A cena se dá a propósito de uma pequena e pontual vitória francesa, alardeada pela imprensa.

Nessa discussão, Weiss fala da arrogância alemã e seu ódio ao francês, dimensiona a boa formação da armada prussiana, que compara com a armada do Império decadente, culpa o Império por ter-se tornado tardiamente liberal e moderno – "tornado liberal muito tarde e para sua ruína" – e por ter sucumbido aos próprios apetites que desencadeara, defende que a liberalização do regime teria podido evitar os apetites de posse e prazer; Maurice, certo da necessidade de guerrar, ainda acredita na vitória; Jean, espantado com a desordem das tropas, mostra ainda grande confiança, com o argumento de que, afinal, era pela vitória que teriam ido à luta; Rochas, um tipo ainda mais rude, se desespera e diz bravatas infantis, recorrendo às lembranças de seus muitos anos de trabalho duro, na armada francesa, e das vitórias de Napoleão I.

A discussão – ela mesma desordenada e superficial – é dissolvida, a pinceladas, pela intervenção do narrador. Uma descrição providencial da paisagem: "sob o céu sombrio" onde ecoam gritos dolorosos, quem sabe prantos de pássaros, quem sabe "uma voz de mistério, vinda de longe, carregada de lágrimas?" Clima psicológico-emocional, reforçado por contiguidade e suspense narrativo. A paisagem evocada pelo narrador completa a moldura que tinha sido aberta pelo alsaciano Weiss com uma nomeação geográfica. "Ele também olhava para o lado de Rhin, na direção daquele Oriente onde a noite tinha descido completamente, um muro negro, ensombrecido de mistério."

Dou outro exemplo pontual da presença esquiva e ambígua do narrador, apanhando a função do discurso indireto livre neste romance, comparado àquela que, em *L'Assommoir,* dera lugar ao monólogo interior de Gervaise. Ali o indireto livre marcava, com um novo tom, a degradação que prenunciava o fim de qualquer vida civilizada. Aqui, o discurso indireto livre não problematiza nenhuma das vozes, e nem a relação que se estabelece entre elas. Ao contrário disso, a mescla entre narrador e personagem acaba sendo uma forma de exposição que rebaixa os problemas implicados e expostos nas suas falas e, assim, rebaixa os sentidos que carregam. Vejamos como.

É verdade que a convicção contida em "Quando alguém foi camponês, permanece camponês" pode ser do próprio Jean, sem deixar de ser também do narrador, mas o que a mescla propositalmente não quer discutir, e insiste em não distinguir na constatação exposta, é a carga de conservadorismo (seria do narrador?) e o caráter desconsolado da fala (viria de Jean Macquart?). A intenção, portanto, é não deixar entrever os pressupostos do narrador, mas escondê-los, delegá-los e denegá-los. O resultado, no entanto, é a valorização ambígua da tenacidade do camponês e de sua disposição para enfrentar dificuldades.

Vai também nesse sentido a imagem, duas vezes repetida, de um camponês ao longe, lavrando diligentemente a terra durante manobras de guerra. Ele está ali para indicar o valor do trabalho, para valorizar o mundo sadio que ainda permanece em meio à desordem. A cena reforça uma escolha e uma convicção – do narrador? ou de Maurice, que vê a cena? – e carrega algo de absurdo na naturalidade de que é revestida a imagem insistente, ali incrustrada. No entanto, ela não é capaz de desestabilizar o largo bom-senso que o narrador parece carregar. Quem seria capaz de falar mal do trabalho, da dedicação, do esforço humano?

Isso ainda não é tudo em relação ao comportamento do narrador. Quando a narrativa de guerra começa, ele figura estar colado às personagens, como se narrasse em tempo real, e evita adiantar-se ao que as próprias personagens ainda não conhecem, a fim de que o leitor possa acompanhar o estado geral de expectativa, ignorância, desconcerto e mal-estar de todos. Uma impassibilidade que, no entanto, não se desdobra em visão e exposição. Donde se conclui que a mera figuração de uma impassibilidade narrativa por si só não revela e nem põe sob crítica a matéria narrada. No correr da narrativa o procedimento se mostra falso, seja pelas informações privilegiadas de que o narrador dispõe, seja pelos termos em que constrói a dupla Maurice–Jean, seja pelo modo como escolhe dispor as descrições das paisagens.

Com o gesto ritual de mostrar-se colado às personagens, o narrador parece pretender conciliar uma propositai discrição (que dá em simulação romanesca e em esquema narrativo de tensão e suspense) com a exibição de um suposto saber histórico, conferido por informações exclusivas do que "realmente ocorreu" ("entretanto, no dia 12 de agosto enfim...") e que, por isso mesmo, ficariam fora de qualquer juízo. Informações exatas sobre dia, hora e lugar dos acontecimentos em que sua história está situada são tidos por dados histórico-ficcionais relevantes, porque indiscutíveis. O registro objetivo de informações sobre a guerra insiste em manter-se como realidade autônoma, que vale por si mesma, a garantir a "verdade" ficcional.

De modo visível, sua insistência no esquema de suspense da narrativa tem contrapartida no modo como se dão as descrições, em função do interesse "didático" de segurar o leitor pela trama, como observador moralista e impiedoso dos desastres, talvez já tendo em vista sua cooptação no modo como contará o desfecho da Comuna de Paris. Insisto no caráter central dos dois capítulos finais em relação à totalidade do romance, pois a visão da guerra e a visão da Comuna compõem um mesmo âmbito ideológico, a partir da versão que se quer dar da Comuna. Mas insisto, também, no fato de que, nos momentos de tensão narrativa, o narrador se esforça para não deixar passar o que ele próprio não deseja que passe, mesmo pagando o preço do malogro ficcional e histórico. O narrador é um jogador que acredita poder calcular os seus movimentos.

3. Representação da Totalidade: Tarefa do Leitor

Reconstituir o que pode estar escondido dependerá de um esforço de construção da totalidade, levado a cabo pelo próprio leitor, que deverá fazer por sua conta o que ao narrador não só não interessou fazer, como também bloqueou com alguma competência. O que, de resto, garantiu o êxito ideológico do romance. A dispersão do narrador é a garantia da sua força ideológica. Convocado a um automatismo interpretativo frente a personagens com função estrutural de simples diferenças compensatórias (movimento que reduplica o próprio narrador), talvez o leitor possa desconfiar do esquema armado, desde o início do romance, com a finalidade de sustentar a interpretação de um processo revolucionário, que é dado como sua conclusão.

Para evitar essa desconfiança e não levar por água abaixo o pacto entre bons burgueses, o esquema da narrativa pressupõe a história como fatalidade e insiste, o quanto pode, na mão de ferro do narrador, facilitando a vida daqueles que, leitores do seu tempo e também leitores contemporâneos, preferem reconhecer um "senso épico" no romance. O mesmo senso que, não à toa, esses leitores tinham dificuldade de perceber (e ainda têm), quando Zola lida de modo crítico com o seu próprio tempo, buscando as linhas de força histórico-sociais do II Império. Como se viu, a resposta da maioria dos leitores de época, incluindo os mais avessos ao romance naturalista, encontraram, em *La Débâcle,* o conforto e exaltação da coragem e da natureza humana de que necessitavam como argumento ideológico.

O andamento cronológico de *La Débâcle* esconde sua construção retrospectiva: da Comuna para a guerra no plano narrativo, dos anos de 1890 para os anos de 1870 no plano da sua execução. O que é uma prova clara e didática de que, se é o olhar do presente que recupera o passado, será para sempre impossível resgatar o horror (do passado e do presente, para assim ser capaz de suspeitar do futuro), se esse olhar, levado pela miragem do progresso, não se detém nos escombros que tinham sido deixados pelo caminho. A referência aqui é, naturalmente, a Tese IX de "Sobre o Conceito de História" de Walter Benjamin.

Com o desfecho da Comuna de Paris à espreita, tudo muda de figura. Com a Comuna aguardando no fim da debacle do Estado imperial, o escritor deixa escapar a dimensão mais significativa da penosa experiência daqueles sujeitos, numa guerra que estava levando de roldão suas apostas, suas crenças e suas vidas, mas que poderia retomar a força das alegorias realistas dos outros romances. No entanto, a guerra é descrita sob o crivo da alienação do próprio narrador em relação à história que conta, insisto. Por isso, a narrativa depende do esquema já mencionado de tensão e "suspense" do enredo, e as descrições não são mais do que moldura. Assim o narrador evita expor o sentido mais fundo do estado de alienação e a instabilidade daqueles sujeitos, as personagens, descoladas das suas próprias ações, para quem o futuro era uma incógnita e a paisagem natural apenas um horizonte onde, no entanto, se decidia a vida e a morte.

Conhecendo melhor o narrador, vale a pena observar que a narrativa dos últimos momentos da guerra franco-prussiana traz as marcas do que ele não quer contar. Insisto no voluntarismo do narrador, a partir das sugestões trazidas pelas marcas explícitas da condução que ele imprime à matéria, e do modo como abandona os rastros da matéria descartada, que não chegam a atropelar seus propósitos narrativos. O narrador não deixa de mostrar as dificuldades das personagens na apreensão dos lugares mais distantes e mais próximos em que estão situadas, e dos movimentos das tropas de que fazem parte, sem falar disso mais do que julga necessário para a história que pretende contar.

No primeiro capítulo da segunda parte do romance, o bom-mocismo e a patriotada incômoda do relato sobre o pequeno proprietário Weiss, quando aparece também a figura patética de Napoleão III, poderiam ser facilmente desmontados com um grão de ironia, que, no entanto, Émile Zola, narrador experiente, escolheu não assumir. Quanto à narrativa sobre a Comuna, ela trará outros problemas e poucas tensões, como se verá.

O caráter simplório do enredo, tal como está acima em alguns de seus traços, não desvirtua nada que não esteja de fato no romance e, por isso mesmo, faz pensar nas leituras que esse romance vem tendo ao longo do tempo, desde que foi publicado até hoje. Por quê? Sem ser exatamente uma resposta, convoco o Adorno de *Minima Moralia:* "A efêmera imagem de harmonia, na qual a bondade se deleita, apenas enfatiza de uma forma ainda mais cruel o sofrimento da inconciliabilidade que a bondade totalmente nega"[20].

*

A narrativa de Sedan começa a 6 de agosto: "a dois quilômetros de Mulhouse, na direção do Rhin, no meio da planície fértil, o acampamento estava levantado". As sentinelas do acampamento militar francês estão "imóveis, os olhos perdidos ao longe, nas brumas violáceas do horizonte distante, que subia do grande rio". Nessa cena, o poeta simbolista Gustave Khan viu um quadro romântico e regressivo. Mas consideremos que o narrador já sabe (e também o leitor), embora ainda não diga, que, naquela semana de agosto, a Alsácia foi inteiramente ocupada pelas tropas alemãs, que logo mais a 2 de setembro a armada francesa irá capitular, e que se seguirão ainda algumas batalhas até a assinatura do armistício, pouco antes do rei da Prússia ser coroado Imperador da Alemanha em Versalhes.

Generais e soldados (entre eles Maurice e Jean) caminham sem saber para onde, à espera de uma ação que nunca acontece, e ignorantes quanto aos movimentos dos inimigos e aos seus próprios movimentos no campo de batalha. Aos soldados e mesmo aos generais é negada a apreensão do sentido daquilo que vivem. E o tratamento da paisagem natural denega a obsolescência daqueles soldados imóveis, que já funcionam como peças descartáveis do processo histórico. De fato, aqueles soldados não têm nenhuma dimensão do que se passa à sua volta e às suas costas.

Mais do que todos e do que Jean, Maurice se dá conta do desastre com golfadas de esperança, situação que já o expõe como a personagem de destaque que será em toda a narrativa.

Maurice, sentado silenciosamente a distância, tinha abaixado a cabeça. Ah! Estava acabado. Esta indisciplina, esta revolta dos homens, no

---

20. Cf. Theodor Adorno, *Mínima Moralia*, p. 81.

primeiro revés, já faziam da armada um bando sem ligações, desmoralizado, maduro para todas as catástrofes. Lá em Belfort, eles não tinham visto um prussiano, e eles tinha sido batidos. [...] E nenhuma novidade! Onde estava a armada de Mac-Mahon? Que se estava fazendo em Metz? Circulavam rumores os mais extravagantes, e logo alguns jornais de Paris acabavam por aumentar pelas suas contradições as trevas ansiosas nas quais se debatia. Duas vezes o general tinha escrito.

Interessa ver como o narrador se equilibra na parcialidade e precariedade com que enquadra seu objeto, recursos incompatíveis com um distanciamento verdadeiramente crítico. Não são postos como um problema, nem a alienação dos soldados, nem o caráter fantasmagórico e ao mesmo tempo brutalista das cenas de guerra, nem a contrapartida mental daquela experiência extrema, que é a marcha atabalhoada do batalhão do exército francês, desejoso de combater e vencer um inimigo que custa a aparecer, onde se alternam esperança e desespero em idas, vindas e mudanças de rota.

No entanto, é trunfo do narrador que a narrativa não deixe de ser pontuada por perguntas, dúvidas, surpresas e falsas esperanças. Os rastros deixados pelo narrador são recuperados nos seus próprios termos com mão firme, e redefinidos em função da dupla central de personagens, Maurice Levasseur e Jean Macquart, e do andamento de suspense da trama. Como se viu, o narrador se mantém por um bom tempo colado às personagens como se o recurso, por si só, fosse capaz de servir para mostrar com impassibilidade e distanciamento a matéria narrada. Trata-se de um jogo de cena, com o qual ele pretende garantir sua eficiência, garantindo também o funcionamento dos valores que defende – pelo menos no interior da narrativa.

Ao mesmo tempo, ele distribui pequenas falas e ações pontuais entre as personagens, para duplicar e reiterar o esquema ideológico com que ele próprio monta essa narrativa: a guerra é uma fatalidade, a brutalidade terrível pode reverter em renascimento nacional, e aqueles que tentam defender Paris depois da derrota, para instalar ali um outro modo de organização da vida comum, estão perdidos, embriagados e mergulhados numa crise de irracionalismo. Centralizando a narrativa, Maurice mostra reviravoltas de ânimo quando tudo parece perdido, e assim será também durante sua experiência na Comuna de Paris: é nele que o narrador centraliza seu próprio voluntarismo.

O mais são boatos e suspeitas, que a imprensa trata de animar. Depois, será a fome e o horror, minuciosamente descritos. E sempre a pergunta que volta. "Onde estariam as armadas alemãs? Parecia que se as tinha perdido. [...] E sempre esta pergunta: onde estariam então as armadas alemãs?" As tropas, em situação precária, sem comida nem fogo, estão imersas numa paisagem doméstica, tornada incompreensível e hostil, com a qual se confunde o inimigo sobre o qual pouco se sabe.

As personagens são observadores desconcertados das largas paisagens, dadas a elas como espetáculo e cenário, embora digam respeito ao seu destino. À amplidão da natureza – "as brumas arroxeadas do horizonte distante" – é que o narrador delega a responsabilidade pelas dificuldades para distinguir a localização da cidade e o inimigo. Se as personagens são impotentes para compreender o que pode significar aquela guerra e aquela derrota, a descrição da larga paisagem é, no entanto, um pretenso "vínculo" retórico entre paisagem, estado de espírito e derrota final.

"Com um gesto ameaçador, ele tinha mostrado o horizonte invadido pelas trevas, todo aquele Oriente arroxeado, que para ele era a Prússia." O que é e onde está, afinal, "esta Alemanha?" Os próprios generais não conhecem a geografia do país ("Onde é isso, os bosques de Dieulet?"), e estão alheios tanto aos lugares, quanto às manobras da guerra.

> Envergonhado, o coronel de Vineuil interveio discretamente, para lhe lembrar que Stenay e Mouzon ficavam sobre a Meuse, e que, tendo os alemães ocupado a primeira dessas cidades, a passagem do rio ia ser tentada pela ponte da segunda, mais ao norte.

Desse modo é que a situação das personagens, enquanto meros observadores da paisagem, da guerra e dos próprios destinos, não é configurada como problema, e que a descrição da paisagem desolada e terrível é cenário de projeções, com recursos tradicionais de estilo marcando a proximidade entre paisagem e personagem, como é o caso do uso do pronome demonstrativo, no exemplo que se segue.

Mas esta madrugada clareava com uma infinita tristeza Bazeilles e Balan, mergulhadas no fim dos campos; enquanto uma Sedan lívida, uma Sedan de pesadelo e luto, podia ser evocada no horizonte, sobre a imensa cortina escura das florestas.

O suspense narrativo é mantido, não porque se aguarde uma reversão do quadro com uma possível apreensão de um sentido da totalidade, mas como uma maneira de seguir acompanhando as personagens. Seria muito dizer que o narrador está interessado nos destinos pessoais e no destino coletivo que, no entanto, se implicam mutuamente. Maurice lê a paisagem como um quadro, e essa contemplação reforça os seus próprios enganos, já que ele chega a tomar o zumbido das balas do inimigo por moscas ou abelhas, sendo contestado por Jean. Um exemplo e tanto para Lukács!

O episódio é narrado de modo ligeiro, trazendo até mesmo alguma graça pontual. "Já por três vezes ele havia escutado algo como um voo de abelhas. 'Mas não, disse Jean rindo, são balas' ". No trecho abaixo, os termos teatrais (*décor*, *frises*) inscrevem uma espécie de rascunho – os tais rastros – de um sentido que o narrador despreza. Vale notar que a sugestão de descrição como um mero cenário, onde se instala o engano, se não escapa totalmente ao próprio narrador, ele, no entanto, não é capaz de tirar daí nenhuma consequência. O que poderia ser lido como um traço que o constitui: o espetáculo do horror como uma mera cenografia, que pode ser contemplada.

Foi então como em Bazeilles, o desenrolar de uma cenografia, atrás da cortina movente que subia com a lentidão dos frisos. Uma clara corrente de sol caía do céu azul e imediatamente Maurice reconheceu o lugar onde eles esperavam. "Ah! ele disse a Jean, nós estamos no planalto da Algéria...Você vê, do outro lado do vale, diante de nós, aquela cidade, é Floing; e lá embaixo, é Saint-Menges; e mais distante ainda, é Leigneux... Depois, bem ao fundo, na floresta de Ardennes, aquelas árvores magras no horizonte, é a fronteira..."

No oitavo capítulo da primeira parte, quando Weiss mostra ao cunhado Maurice e ao cabo Jean o horizonte de Sedan ao longe, eles têm pela primeira vez uma dimensão do desastre próximo, ainda minimizado pelos generais. Deixando de tomar balas por abelhas e exércitos por formigas, estamos então diante de um momento que poderia ser de revelação e conhecimento, com as consequências que bem se pode imaginar.

"Você não vê, lá longe, ao longo dos cumes, aquelas linhas negras em marcha, aquelas formigas negras que passam?" "Ah, sim, eles gritaram juntos. Olhe lá uma linha, olhe lá uma outra, uma outra, uma outra! Há delas por todos os lados." – "Pois bem, retomou Weiss, são os prussianos..."

Apontando a paisagem com a mão estendida, Maurice se espanta quando é capaz de reconhecê-la. " 'Hein? como é grande, como é grande!' E Maurice, voltando-se, traçava com a mão a curva do horizonte." Ao nomear a paisagem, Maurice a toma por revelação agradável. É verdade que o encaminhamento do enredo tratará de desmentir sua apreensão superficial e alegre, mas ele o fará mais uma vez para reforçar os termos da construção da personagem, que dá o eixo do enredo. Assim a descrição do deslumbramento de Maurice estabelece um corte na experiência do sujeito diante da paisagem, como se fossem coisas dispostas lado a lado.

Todavia, esse é mais um exemplo daquilo que o narrador não problematiza, assim como também não o faz em relação à fragilidade da própria personagem Maurice, o que inclui a óptica de uma estetização abobalhada e perigosa, à qual a personagem recorre em alguns momentos para tratar da guerra. Lembremos da identificação subliminar entre o narrador e Maurice, que não deve ser descartada, e que se deixa ver como conivências no momento mesmo em que essa estetização é naturalizada.

> Senhor de si o suficiente, Maurice se esforçava para estudar a si mesmo: ele ainda não sentia medo, pois não se sentia em perigo. [...] Entretanto, sua esperança crescia ainda mais, como uma embriaguez, desde que ele tinha se maravilhado com a bela ordem das tropas.

Se as circunstâncias de um enredo em torno de combatentes na guerra poderiam impor um outro rumo às descrições – afinal, aquela paisagem não é um quadro que se contemple de fora –, o narrador insiste em dar pleno destaque à oscilação arbitrária entre esperança e desastre iminente, como traço particular de uma personagem de constituição frágil. Virá depois sua adesão à Comuna de Paris, como uma ilusão dentre várias outras da mesma personagem. Assim é que os materiais críticos se insinuam justamente em assuntos precariamente mostrados pelo narrador. "Não se distinguia nada, a vinte metros diante dele. Ele tinha perdido toda a orientação, e não era capaz de dizer de que lado estava Sedan. [...] Desta vez, todos sentiam, a batalha seria inevitável."

Dou outro exemplo do modo como o narrador repete o procedimento, rascunhando apenas o tema da alienação, quando poderia revelá-lo. O barulho do canhão ecoa da neblina, os prussianos se dão a ver como uma "massa confusa", mas a desorientação de Maurice é nomeada "instinto de perigo". Isso é tudo onde o narrador pode e quer chegar.

> "Veja, por ali, nós poderíamos retroceder por Mèziéres." Mas, neste mesmo minuto, um primeiro tiro de canhão veio de Saint-Menges. Nos fundos, dilatavam ainda farrapos de névoa, e tudo parecia apenas

uma massa confusa, caminhando no desfiladeiro de Saint-Albert. "Ah! eles estão lá", retomou Maurice que abaixou instintivamente a voz, sem nomear os prussianos. [...] Mas para ele a situação continuava confusa. Apenas um surdo instinto de perigo lhe fazia olhar com inquietação as profundezas vizinhas, que dominavam o planalto de Algéria.

A esta altura o leitor já está há muito tempo em matéria, mas o narrador insiste em fazê-lo passar, sem se deter, pelo fato de que Maurice e seus companheiros estão sendo engolfados, sem escapatória e sem se dar conta, pela derrota na guerra franco-prussiana, que não lhes é dado compreender. São momentos finais de uma guerra já perdida, na qual ainda se aposta como artigo de fé. Nessa situação, ler e decifrar a paisagem como um quadro é um engano doloroso que contém, em si mesmo, a própria catástrofe cuja dimensão real é negaceada pelo narrador, a despeito dos horrores que conta. Ele pode contar impunemente e, por isso, ele próprio reproduz o estado de alienação que se nega a enfrentar, com a diferença decisiva de que, no seu caso, trata-se de uma opção. Opção que, no entanto, lhe confere a mesma dimensão de falência que caracteriza a narrativa que elabora. Uma falência produtiva, se for possível dizer assim.

O narrador também lê os acontecimentos como se decifrasse um quadro, para ele cheio de sentido. Sua posição de observador não lhe confere distanciamento crítico em relação ao que narra, pois ele compactua. De certo modo a posição de observador é a maneira como participa daqueles acontecimentos, que parecem não lhe dizer respeito, e sobre os quais discorre com segurança construída. O que dá um outro peso aos sentidos conferidos por Lukács às expressões "observar" e "participar", pois sem serem fixadas com sentidos prévios, é possível observar que também a participação dos soldados na guerra não os capacita, *a priori*, como agentes de transformação do mundo em que vivem, nem dá sentido aos seus destinos. *La Débâcle* nos ensina a ver que uma observação distanciada pressupõe a consciência do lugar de onde se observa.

No capítulo VI da segunda parte, a estaticidade do quadro e a posição do narrador é reconfirmada. Mais uma vez o narrador se esconde. Na cena que antecede à capitulação humilhante e servil do rei francês, é Guilherme da Prússia quem, do alto de uma colina, olha a paisagem e Sedan ao longe, sem lamentar os mortos, os incêndios, os massacres. O traço raso que desenha uma personagem histórica combina bem com "a impassível natureza de ser bela, neste fim sereno de um belo dia". Nada disso é mais do que um fecho melodramático, reiterando a relação de dualidade que recorta as relações entre os homens e a natureza como paisagem. Mais à frente o procedimento será repetido na cidade de Paris.

A Meuse, com lentas sinuosidades, sob esta luminosidade encrespada não era mais que um rio de ouro sem fim. E a batalha atroz, manchada de sangue, parecia uma pintura delicada, vista de tão alto, sob o adeus do sol; cavaleiros mortos, cavalos destripados semeavam o planalto de Floing de manchas alegres; pela direita, do lado de Givonne, os últimos atropelos da retirada divertiam o olhar com o turbilhão daqueles pontos negros, passando, precipitando-se; enquanto na quase ilha de Iges, à esquerda, uma bateria da Baviera, com seus canhões grandes como fósforos tinham o ar de uma peça mecânica bem montada, tamanha a regularidade de um relógio com que se seguiam as manobras[21].

A pintura vista do alto sob a luz, brilhante como um rio de ouro, é a estetização da batalha sangrenta, visão que agora o narrador divide com o imperador prussiano, pois mesmo assinalando levemente um certo teor crítico, ele não vai além de apontar a distância física como móvel da transformação da atrocidade em "pintura delicada". Seu próprio limite aparece na escolha ambígua de uma semântica da natureza, da alegria e

21. Trechos originais: "Entre le paysan et le lettré, l'inimitié d'instinct, la répugnance de classe et d' éducation étaient comme um malaise physique"; "Cela remontait peut-être aux premiers jours du monde [...] l'amitié avant toute la culture et toutes les classes"; "lui, d'une névrosité de femme, ébranlé par la

da despreocupação. Mais uma vez, a escolha das palavras pode ficar, quando muito, como solução estilística muito aquém de uma problematização. Os grandes canhões são fósforos, e pela sua regularidade, são engenhocas mecânicas montadas para funcionar tão bem quanto um pacato relógio. Os símiles falam por si e são poderosos.

O narrador se separa duplamente do que narra, numa manobra de delegar e denegar. Aqui a descrição serve para que o narrador demonstre um amplo domínio sobre o vasto assunto. Mas ao se separar do objeto exibe, como sintoma, sua incapacidade de apreensão épica, confirmada também por uma narração que

> maladie de l'époque, subissait la crise historique et sociale de la race, capable d'un instant à l'autre des enthousiasmes plus nobles et des pires découragements"; "lorsque je cultivais mon champ, je n'ai jamais désiré q'une chose, c'est le bonheur de tous, le bon ordre, les bonnes affaires";"la partie saine de la France, la raisonnable, la pondérée, la paysanne, celle qui était restée le plus près de la terre". "Le champ ravagé était en friche et Jean, le plus humble et lê plus douloureux s'en alla, marchant à l'avenir, à la grande et rude besogne de toute une France á refaire"; C'était une de ces crises morales, qu'on a pu observer à la suíte de tous les grandes sièges, l'excès du patriotisme déçu, qui, après avoir vainement enflammé les âmes, se change en un aveugle besoin de vengeance et de destruction". "Maurice, alors, qui n'avait jamais bu, se trouva pris et comme noyé, dans le coup d'ivresse générale." ;"Même si Paris se trouvait force de capituler, il était, avec Gambetta, pour la continuation de la guerre sur la Loire et dans le Nord. [...] Ensuite, ce furent les élections qui achevèrent de l'affoler: c'était bien ce qu'il avait prévu, la province poltronne, irritée de la résistance de Paris, voulant la paix quand même, ramenant la monarchie, sous les canons encore braqués de Prussiens. Après les premières séances de Bordeaux, Thiers, élu dans vingt-six départements, acclamé chef du pouvoir exécutif, devint à ses yeux le monstre, l'homme de tous les mensonges et de tous les crimes." ; "Lui aussi regardait du cote du Rhin, vers cet Orient où la nuit s'était complètement faite, um mur noir, assombri de mystère"; "à deux kilomètres de Mulhouse, vers le Rhin, au milieu dela plaine fertile, le camp était dressé"; "immobiles, les yeux perdus, là-bas, dans les brumes violâtres du lointain horizon, qui montaient du grande fleuve"; "Maurice, assis silencieusement à l'écart, avait baissé la tête. Ah! C'était fini. Cette indiscipline, cette revolte dês hommes, au premier revers, faisaient déjà de l'armée une bande sans liens aucuns, démoralisée, mûre pour toutes les catastrophes. Là, sous Belfort, eux n'avaient pas vu un Prussien, et ils étaient battus. [...] Et pas une nouvelle! Où était l'armée de Mac-Mahon? que faisait-on sous Metz? Les rumeurs les plus extravagantes circulèrent, à peine quelques journaux de Paris venaient-ils augmenter par leurs contradiction

intenta alcançar a participação e a empatia do leitor. Num efeito previsível e perverso, o narrador fica inteiramente integrado e subjugado aos desígnios daquela marcha de guerra imperialista, tanto quanto os soldados do batalhão. A falta de sentido da guerra sai de cena, ganhando um pretenso sentido moral no encontro solidário de Jean e Maurice naquela mesma guerra. E a contemplação é aqui um "sarcasmo sangrento", no sentido de Adorno.

Se o sofrimento permitiu aquele encontro, pode-se supor que uma guerra que não resultasse em movimento revolucionário talvez pudesse restaurar uma sociedade nova e homogênea, sem ruína dos destinos individuais e sem ódios de classes. Essa

> les ténèbres anxieuses ou l'on se débattait. Deux fois, le général avait écrit, démandé des ordres, sans même recevoir de réponse"; "Évidemment, le plan qui avait prévalu était d'aller prendre position sous Paris, pour y attendre les Prussiens"; "Où étaient donc les armées allemandes? Il semblait qu' on les eût perdues. [...] Et toujours cette question: où donc étaient les armées allemandes?"; "les brumes violâtres du lointain horizon"; "D'un geste menaçant, il avait montré l' horizon envahi de ténèbres, tout ce Orient violâtre, qui pour lui était la Prusse"; "Gêné, le colonel de Vineuil intervint discrètement, pour lui rappeler que Stenay et Mouzon étaient sur la Meuse, et que, les Allemands ayant occupé la première de ces Villes, on allait tenter, par le pont de la seconde, plus au nord, lê passage du fleuve"; "Mais cette aube grise éclairait d'une infinie tristesse Bazeilles et Balan, noyés au bout des prairies; tandis qu'un Sedan livide, un Sedan de cauchemar et de deuil, s'évoquait á l'horizon, sur l'immense rideau sombre des fôrets"; "À trois reprises déjà, il avait entendu comme un vol d'abeilles. 'Mais non, dit Jean en riant, ce sont des balles.'"; "Ce fut soudain comme à Bazeilles, le déroulement d'un décor, derrière le flottant rideau qui remontait avec lenteur vers les frises. Un clair ruisellement de soleil tombait du ciel bleu. Et tout de suite Maurice reconnut l'endroit oùs ils attendaient. 'Ah! dit-il à Jean, nous sommes sur le plateau de l'Algérie... Tu vois, de l'autre côté du vallon, en face de nous, ce village, c'est Floing; et là-bas, c'est Saint-Menges; et, plus loin encore, c'est Leigneux... Puis, tout au fond, dans la forêt des Ardennes, ces arbres maigres sur l' horizon, c'est la frontière...'"; "'Vous ne voyes pas, là-bas, le long des sommets, ces lignes noires em marche, ces fourmis noires qui défilent?' Ah! oui, crièrent-ils ensemble. En voici une ligne, en voici une autre, une autre, une autre! Il y en a partout.' –'Eh bien! reprit Weiss, ce sont les Prussiens...'"; "'Hein? est-ce grand, est-ce grand!' Et Maurice, se retournant, faisait de la mais le tour de l'horizon"; "Assez maître de lui, Maurice s'efforçait de s'étudier: il ne prouvait pas encore peur, car il ne se croyait pas en danger [...] Cependant, son espoir grandissait plutôt, ainsi qu'une ivresse, depuis qu'il s'était émerveillé du bel ordre des troupes."; "On ne distinguait rien, à vingt mètres devant

é a ideia que foi expressa frequentemente, naquele momento difícil da sociedade francesa, quer por Émile Zola, quer por Maurice Lavasseur, quer pelo narrador de *La Débâcle*. Nos termos do romance, a solidariedade só será quebrada pela desordem da Comuna de Paris que, separando quem estava junto num mesmo ideal nacional, impede a continuidade da relação fraterna entre um pequeno- burguês e um camponês. Por isso o romance os toma como modelos e dispensa a presença de qualquer *communard*.

Tomo agora, com mais atenção, o primeiro dos oito episódios que compõem a segunda parte, da divisão em três do romance, que vejo como um ponto de fuga curioso: uma certa dramatização sublinha, em traço grosso, a impotência que alcançará o próprio Napoleão III. Um registro farsesco aparece como baixa pontuação narrativa, quase contrariando a atitude habitual do narrador, a de interferir com juízos morais quase sempre na forma da delegação.

Chamo a atenção para a insistência na ideia de cenário teatral e de espetáculo que ressoa, como uma espécie de cobrança da dimensão épica do trágico coletivo, aquela que vinha sendo

> soi. Toute orientation se trouvait perdue, il n'aurait pas été capable de dire de quel côté était Sedan [...] Cette fois, tous le sentaient, c'était l'inévitable bataille."; "'Vois-tu, par là, nous pourrions nous replier sur Mézières.' Mais, à cette minute même, un premier coup de canon partit de Saint-Menges. Dans les fonds, traînaient encore des lambeaux de brouillard, et rien n'apparaissait, qu'une masse confuse, en marche dans le défilé de Sain-Albert. 'Ah! les voici, reprit Maurice qui baissa instinctivement la voix, sans nommer les Prussiens.' [...] Mais pour lui, les conséquences restaient confuses. Seul, un sourd instinct du danger lui faisait regarder avec inquiétude les hateurs voisines, qui dominaient le plateau de l'Algérie"; "La Meuse, aux lents détours, n'était plus, sous cette lumière frisante, qu'une rivière d'or fin. Et la bataille atroce, souillée de sang, devenait une peinture délicate, vue de si haut, sous l'adieu du soleil; des cavaliers morts, des chevaux éventrés semaient le plateau de Floing de taches gaies; vers la droite, du côté de Givonne, les dernières bousculades de la retraite amusaient l'oeil du tourbillon de ces points noirs, courant, se culbutant; tandis que, dans la presqu'île d'Iges, à gauche, une batterie bavaroise, avec ses canons gros comme des allumettes, avait l'air d'être une pièce mécanique bien montée, tellement la manoeuvre pouvait se suivre, d'une régularité d'horlogerie."

impressa nos outros romances pelo escritor. Aqui, no entanto, a insistência em referir-se a lances teatrais gera, mais uma vez, apenas rastros de um conteúdo esvaziado. "Aconteceu como um lance teatral: o sol se levantava, os vapores da Meuse subiam em chamas de fina musselina, o céu azul apareceu, se despreendeu, com uma limpidez sem mancha."

Esse episódio, na sequência da fala de um tenente que, com dificuldade para perceber através das brumas, pergunta pelo dia da semana, poderia chegar a ser desdobramento e glosa do que diz o tenente. "Com os diabos! Vive-se sem saber, como se o mundo não existisse mais!" À fala do tenente é que se segue a cena, que se abre como num palco, acompanhando a entrada da manhã. O episódio começa de madrugada, com Weiss sendo acordado, na sua casinha em Bazeilles (que acabara de comprar e vai tentar proteger) pelo barulho de um canhão, e termina com o rei Guilherme da Prússia e seu estado-maior, "abrigado de todo o perigo", olhando o vale – a floresta de Ardennes, Sedan, Bazeilles já destruída e coberta de poeira.

Quando Weiss olha o vale da Meuse pela janela, entre as brumas da manhã para além do rio, ele percebe os primeiros tiros do canhão alemão e a resposta da bateria francesa. À descrição da pequena casa de Weiss, situada pouco antes da praça da igreja, se segue a faina de Weiss durante toda a noite, guardando diligentemente e com cuidado suas provisões, protegendo os móveis, as janelas, as portas, "no seu fervor de novo proprietário". São pequenos gestos e um profundo sentimento de cólera, com os quais Weiss tenta impedir que alguma coisa aconteça a "esta casa tão desejada, adquirida com tanta dificuldade, e da qual ele tinha ainda aproveitado tão pouco". A narrativa roça um assunto tremendo: a situação de Weiss, o pequeno proprietário fervoroso, no meio da tragédia que o espreita e contra a qual nada pode fazer.

Vão por terra as ilusões daquele pequeno-burguês, tornado proprietário soberano de uma casinha, crente da ordem que lhe permitiu a primeira compra da pequena propriedade. Esse é o eixo. Vejamos seus desdobramentos. O que se segue imediatamente é uma conversa com seu patrão Delaherche, o pequeno industrial simpático à Napoleão que passara a noite no prédio em Bazeilles, depois que todos os seus operários tinham fugido através dos bosques para a Bélgica, ficando apenas a porteira do prédio, viúva de um pedreiro, e o filho doente de dez anos. A cena é terrível.

Weiss prometera à mulher (irmã gêmea de Maurice Levasseur) deixar Bazeilles ao primeiro sinal de risco. Mas a artilharia ainda atira a esmo, entre a bruma. Apenas no quarto episódio Weiss será fuzilado pelo pelotão alemão, diante da mulher que viera caminhando desde Sedan. Neste primeiro episódio, Weiss assume as posições de espectador, comentador e participante. Espectador e comentador por sua compreensão cada vez mais clara, como bom conhecedor da região, do desastre que virá. Ele tem dificuldades de se comunicar com os homens de armas que conhecem mal a região, e vê com desespero e angústia crescentes os ataques à cidade. Quando Mac-Mahon é ferido, e por absoluto desconcerto de todos, Weiss chega a ditar estratégias ("loucura por loucura"...).

De início os ataques não pareciam definitivos, e "no ângulo de uma pequena rua, numa pequena casa, três mulheres tinham ficado; e tranquilamente, numa das janelas, elas riam, aplaudiam, com o ar divertido de quem está num espetáculo". É súbita e parece inesperada a chegada da violência – a morte da porteira, o filho doente chamando por ela, a casa de Weiss que começa a ser um alvo entre outros, e sua decisão de lutar como soldado improvisado, um tanto heroico, absurdo e fora de lugar, ao lado de outros moradores da cidade (essa a cena que dá origem ao quadro do pintor nacionalista da III República Alphonse Neuville, que hoje está exposto no Museu D'Orsay, em Paris).

Na sequência dos acontecimentos e no meio da batalha cada vez mais brutal, caberá a Delaherche, de volta à Sedan, dar de cara com o Imperador que ele admira. A cena é de farsa, mas de novo o narrador recua, e o caráter farsesco se encolhe, limitado apenas à figura de Napoleão III.

Era mesmo Napoleão III, que lhe parecia maior, a cavalo, os bigodes tão fortemente empastados, as faces tão coloridas que ele o julgou subitamente remoçado, fardado como um ator. Certamente, ele tinha se maquiado, não para levar, entre sua armada, o terror que condena sua aparência decomposta pelo sofrimento, nariz afilado, olhos perturbados. E, advertido desde as cinco horas que havia luta em Bazeilles, ele tinha vindo, com seu ar silencioso e melancólico de fantasma, com as carnes reavivadas pela tintura.

O narrador não quer ir além da figura do Imperador, que ele recorta do conjunto. A imagem de um Napoleão III maquiado, andando entre os regimentos, fica descolada do andamento geral impresso à narrativa. Naquele passeio entre tiros e balas de canhão, indiferente e sem pressa, o narrador sugere que o Imperador talvez respondesse a uma voz interna, que não só fazia dele um grande herói do mundo, como garantia a sucessão dos seus descendentes ao trono. Por isso, o procedimento resulta novamente em exposição do próprio narrador, pela opção de reduplicar, na forma da exposição, uma maquiagem narrativa que disfarça a força que teria a cena, não tivesse sido isolada da tragédia coletiva.

Pouco mais tarde será Weiss, de lunetas, quem estará explicando as posições de ataque a um tenente que, esvaindo-se em sangue e sem as duas pernas, repassa as ordens de Weiss a seus homens. O conjunto poderia ser poderoso, se a naturalidade e o ímpeto nacionalista fosse substituído por uma notação que pontuasse, de algum modo, o absurdo daquilo que se mostra. "Branco como cera, a voz moribunda, o tenente teve ainda a força de murmurar: – Vocês compreendem, minhas crianças, à baioneta!" Mas já no segundo episódio retornam Jean e Maurice, a dupla principal. "Onde nós estamos?"

Rapidamente, o narrador assume seu modo habitual de comando, concentrando-se nos soldados e na marcha atabalhoada, e o episódio anterior se distancia, tendo cumprido uma função pontual. Não se trata, neste romance, daquela categoria narrativa prevista pelo romance realista, que Franco Moretti chama "enchimentos", com a função de expor a vida privada burguesa, sua regularidade e seu tempo livre para conversações miúdas. Aqui, no entanto, é justamente essa vida que está ameaçada. "O enchimento faz do romance uma 'paixão calma', como no genial oximoro com que Hirschmann define o interesse econômico moderno", afirma Moretti[22].

Os episódios aqui, ao contrário do que acontece nos outros romances de Zola, inflam a si mesmos e às dúvidas individuais. Os quadros de horror se sucedem em espetáculo, uns após os outros, pontuais e terríveis como uma constatação do estado de coisas, costurado pela amizade de Jean e Maurice e pelos altos e baixos de suas esperanças. O episódio acaba perdido na armação geral, e a narrativa volta a estruturar seu eixo em Jean e Maurice. Assim eles recebem a notícia do fuzilamento de Weiss, o fervoroso pequeno proprietário e defensor da pátria: "Tinham lhes contado, no Campo da Miséria, sobre a devastação da cidadezinha, os incêndios, os massacres".

Poderia ser notável a carga da expressão "on leurs avait conté" (traduzida por "tinham lhes contado"), sintetizando por contraste, no uso indeterminado dessa terceira pessoa, a fragmentação da experiência corrente em todo o romance. O tratamento do assunto de *La Débâcle* sucumbe antes mesmo da entrada dos dois últimos capítulos sobre a Comuna, desbaratina a condução de uma prosa realista efetiva e expõe, de modo cru, o desafio que consiste em construir uma prosa como "senso do real" (lembremos que a expressão é de Zola).

O que estaria solapando ilusões que não seriam facilmente devolvidas, pelo menos a todos, pela prosperidade que ainda viria para os mais abastados? Especificando a pergunta a partir da construção do narrador, a questão é saber como reage a esse solapamento o próprio narrador, disposto a defender a ordem que

---

22. Cf. Franco Moretti, "O Século Sério", *Revista Novos Estudos Cebrap*, n. 65, mar. 2003, p. 16.

a Comuna ameaça. O que podem nos ensinar os procedimentos que constituem o narrador, que revela uma posição social ao insistir num modo parcial de figuração do seu objeto, a despeito dos restos dessa mesma constituição, que acusam a dificuldade de sua empreitada e sugerem o seu avesso? Estamos diante de um narrador moderno em esboço, ainda incapaz de compreender e expor inteiramente seu fracasso. Ele ficará mais resoluto – e mais fraco – ao narrar o episódio da Comuna de Paris[23].

---

23. Trechos originais: "Et il y eut comme un coup de théâtre: le soleil se levait, les vapeurs de la Meuse s'envolèrent en lambeaux de fine mousseline, le ciel bleu apparut, se dégagea, d' une limpidité sans tache"; " à l'angle d'une ruelle, dans une petite Maison, trois femmes étaient restées; et, tranquillement, à une des fenêtres, elles riaient, elles applaudissaient, l'air amusé d'être au spectacle"; "C'était bien Napoléon III, qui lui apparaissait plus grand, à cheval, et les moustaches si fortement cirées, les joues si colorées, qu'il le jugea tout de suíte rajeuni, fardé comme un acteur. Sûrement, il s'était fait peindre, pour ne pas promener, parmi son armée, l'effroi de son masque blâme, decomposé par la souffrance, au nez aminci, aux yeux troublés. Et, averti dès cinq heures qu'on se battait à Bazeilles, il était venu, de son air silencieux et morne de fantôme, aux chairs ravivées de vermillon"; "D'une blancheur de cire, la voix mourante, le lieutenant eut encore la force de murmure: 'Vous entendez, mês enfants, à la baïonette!'"; "On leurs avait conté, au Camp de la Misere, la dévastation du village, les incendies, les massacres".

III

Desordem na Cidade: Invasão e Chamas

> *O incêndio de Paris é o digno desfecho da obra de destruição de Haussmann.*
>
> *[...]*
>
> *Quanto à fantasmagoria da própria civilização, encontrou seu campeão em Haussmann e sua expressão manifesta nas transformações que ele realizou em Paris. Esse brilho, no entanto, e esse esplendor com os quais se cerca a sociedade produtora de mercadorias, e o sentimento ilusório de sua segurança não estão ao abrigo de ameaças; é o que lhe vêm lembrar a derrocada do Segundo Império e da Comuna de Paris.*
>
> Walter Benjamin

> *A cidade como lugar de transação comercial – de dinheiro, basicamente – é cada vez mais característica do realismo do final do século XIX – o realismo frequentemente autodesignado naturalismo. É como se o prestígio do único, do objeto individualizado que encontramos ainda em Balzac e mesmo em Flaubert tivesse derretido sob a alquimia do capitalismo.*
>
> Peter Brooks

> *Enquanto Balzac procura obsessivamente comandar, penetrar, dissecar e então internalizar tudo sobre a cidade como um ente sensível dentro dele mesmo, Haussmann transforma aquele ânimo fantástico num projeto de classe cujas técnicas de representação e de ação são conduzidas pelo estado e pelos financiadores. De*

> *modo intrigante, Zola em* La Curée *replica a perspectiva de Jules e de Rastignac, mas agora é o especulador, Saccard, que planeja lucrar golpeando as veias da cidade numa orgia de especulação.*
>
> David Harvey

1. O Espetáculo Monstruoso

Quando Henriette chega a Paris procurando pelo irmão Maurice, no último capítulo do romance, a cidade está em chamas. Talvez nem Henriette, talvez nem o narrador, ou quem sabe nenhum dos dois acreditem que a derrota, o orgulho francês, as cidades conquistadas, a indenização exigida pela Prússia (e que seria paga pelos camponeses), em resumo, que nenhuma humilhação poderia justificar "este espetáculo de Paris destruída, tomada de loucura furiosa". Ela se sente angustiada, terrificada e insultada ("Ah, aqueles prussianos que viam aquilo!") diante da alegria tranquila de Otto Gunther, um primo distante, que enche os olhos com a

[...] monstruosa festa que lhe proporcionava o espetáculo da Babilônia em chamas. [...] Veja! Explicou Otto, é Montmartre, aquele relevo que se vê destacar em negro sobre o fundo vermelho... [...] O fogo deve ter sido posto nos quarteirões bonitos e isso cresce, isso cresce. Veja! À direita, um outro incêndio que aparece!

A cidade iluminada – projeto que dependeu das fusões de capital idealizadas pelos Pereire, que assim controlaram também o monopólio das companhias de gás – já vinha ameaçada pelo fogo desde que os prussianos tinham incendiado Saint--Cloud, quando o narrador anotara a "miséria heroica" da cidade, que não queria se render. Mas na narrativa, a partir da deserção de Maurice, a cidade, ele mesmo e a população que ali ficou – seriam os *communards*? – são apresentados em constante estado de embriaguez e loucura desesperada:

[...] a população tinha caído subitamente numa vida de absoluta indolência, isolada do mundo inteiro. Ele, como os outros, flanava de manhã à noite, respirava o ar viciado por todos os gérmens da loucura. [...] Sendo de todos, as ilusões tomavam as almas, uma tensão jogava aquele povo no perigo das loucuras generosas. Já era uma crise de nervos doentia que se declarava, uma febre epidêmica exagerando tanto o medo quanto a confiança, podendo deixar a besta humana sem rédea, ao menor sopro.

Em *La Débâcle,* essa referência à *bête humaine* perde o caráter de mediação alegórica que tinha no romance de 1890, onde a máquina metálica que soltava fogo pelas ventas, o trem, é ao mesmo tempo sinal inequívoco do progresso e alegoria da máquina que é também social (onde se incluía o poder judiciário), cujo funcionamento precário exibe aparência de legalidade, e cujas entranhas não chegam a ser completamente apreendidas pela opinião pública figurada no romance, caindo no engodo propositalmente organizado pela trama (que para tanto, explicita o engano). Em *La Bête Humaine*, as vidas levadas à ruína e à violência se cruzam no cotidiano do crime com todos aqueles que se envolvem como espectadores dos acontecimentos no interior da narrativa, aguardando justiça, assim como tinha sido no cotidiano de uma guerra movida a interesses financeiros e imperialistas mal compreendidos.

No caso do romance de 1890, *La Bête Humaine,* a própria relação com o leitor é central para o desvendamento irônico do tratamento conferido à personagem do juiz Denizet, apanhando de modo implacável o funcionamento da Justiça. Uma construção radicalmente diversa do que se verá, apenas dois anos depois, em *La Débâcle*, e que dá uma pista para reforçar a hipótese que confirma a ciência do escritor em relação ao que fará no romance de 1892. Se não, vejamos: o juiz que conduz as investigações sobre os crimes em *La Bête Humaine* se confessa muito satisfeito com os resultados dessas investigações. O público (aquele figurado no romance), que acompanha o desenrolar do julgamento, fica boquiaberto e admirado diante da reconstituição lógica da verdade que o juiz demonstra, ao expor o processo e sustentar a sua sentença no julgamento.

Mas o leitor do romance, por sua vez, sabe muito bem que esta racionalidade científica conferida ao juiz pelo narrador, e supostamente ancorada no peso das evidências e nas certezas do raciocínio, não é mais do que uma farsa, um álibi que serve aos interesses político-financeiros da Companhia do Oeste e do Império que agoniza. "A honestidade absoluta não existe, assim como também a saúde perfeita. Há um fundo de besta humana em todos, assim como um fundo de doença", Zola tinha escrito em 1880[1].

Em *La Débâcle,* no entanto, o conceito ("besta humana") não é elemento de mediação, servindo antes como vulgarização da teoria positivista de Lombroso que, nos anos de 1870, respondendo ao pânico burguês em relação às "classes perigosas" (proletários e trabalhadores em geral), tinha criado uma tipologia (física e mental) para explicar e catalogar os fenômenos julgados como exemplos de degeneração e a tendência ao crime daquelas classes, que a trariam em latência. Em *La Débâcle,* ao contrário de *La Bête Humaine*, é preciso evitar o distanciamento que leva à reflexão.

Nos dois últimos capítulos, o sumário retrospectivo dos acontecimentos, logo depois da derrota de Sedan, fechará o foco em Maurice e no velho pêndulo que oscila entre desânimo e esperança, como contraprova das ilusões. A cidade que se dá a ver pelo ângulo de Maurice, ora como espectador, ora mergulhado ele mesmo na turba destruidora em acesso de loucura, expõe uma dissociação que, pretendendo representar a demência do tempo, na verdade ratifica um dos lados do antagonismo social: aquele que permite ao burguês oscilar, balançar entre pontos de vista diversos, ser levado malogradamente a uma escolha infeliz, enquanto pelo lado dos insurretos, nenhuma palavra lhes é concedida.

O mergulho febril de Maurice, dos *communards* e da cidade no vício – a obstinação e o álcool – é alegoria da força destrutiva de uma "liberdade ilimitada", que seria preciso domar para

---

1. Cf. Émile Zola, *Le Roman Experimental*, Paris, Éditions Flammarion, 2006, p. 143.

evitar piores consequências sociais e políticas. Seis anos depois, a Comuna será presença subliminar no romance *Paris,* como alerta para os movimentos anarquistas. Mas já no tempo do romance aqui em foco, atear fogo à cidade é solução anárquica daquela gente tomada pela necessidade louca de destruição[2].

Um Maurice enraivecido pelo sonho desfeito da vitória francesa abandona as imagens das glórias de Napoleão I (que lhe contava o avô), e o ideal de uma república "teórica e sábia", aceitando (com algumas dúvidas) a necessidade do "terror" e das "violências revolucionárias", ao mesmo tempo em que lamenta, por razões afetivas em relação às glórias passadas, que os *communards* tenham posto abaixo a coluna de Vendôme. O narrador não pretende ir além de Maurice, ele lhe é suficiente.

O movimento dos *communards,* jamais nomeado num enredo sem a menor sombra de teor político e revolucionário, é inteiramente filtrado por Maurice. A solução encontrada permite que o narrador continue evitando, como sempre, sua própria exposição. Por isso, parecendo falar apenas de Maurice, ele ironiza de modo oblíquo e sibilino a Comuna e a destruição que promove na cidade. "E o resto do dia terminava na mesma exaltação, que para ele deformava todas as coisas, uma insurreição que as próprias pedras da calçada pareciam ter desejado [...]", escreve sobre o dia 18 de março.

Mais uma vez é possível perceber que o uso do indireto livre numa narrativa é escolha de material sempre vinculado ao assunto, e não simplesmente apenas uma solução formalmente avança-

---

2. "No instante do heroico holocausto de si mesma, Paris operária envolveu em chamas edifícios e monumentos. Quando os escravizadores do proletariado esquartejam seu corpo vivo, não devem abrigar a esperança de retornar em triunfo aos muros intactos de suas casas. O governo de Versalhes brada: 'Incendiários!' E sussurra essa palavra de ordem a todos os seus agentes, mesmo na aldeia mais remota, para que acossem os seus inimigos, por toda parte, como incendiários profissionais. A burguesia do mundo inteiro, que assiste com complacência a essa matança em massa depois da luta, treme de horror ante a profanação do ladrilho e do tijolo" (cf. Karl Marx, *A Guerra Civil na França,* em *Obras Escolhidas,* p. 96).

da, *a priori*. A visão de catástrofe e de redenção, do modo como é mostrada, continua insistindo em parecer pertencer apenas a Maurice, disfarçando o fato de que o narrador tenha ali a sua parte. Pois, na verdade, quem fala através do recurso do discurso indireto livre é a ideologia hegemônica com a qual o romance se harmoniza. Uma média entre Maurice e o narrador que, ainda assim, insiste em dividir com ele também para se isentar.

> Que Paris se escangalhasse, que queimasse como uma imensa pira de holocausto, antes isso do que se render àqueles vícios e a suas misérias, a esta velha sociedade apodrecida por injustiça abominável! E ele tinha um grande sonho negro, a cidade colossal em cinzas, mais nada que tições fumegantes nas duas margens, a chaga curada pelo fogo, uma catástrofe inominável, sem precedente, de onde sairia um povo novo.

De onde fala o narrador? De quem é esse sonho incendiário? Da suposta demência *communard* ou do ideal redentor e higiênico do narrador de uma França a refazer? Não à toa, o narrador insiste na falta de chão das ideias dos *communards* e no estado de embriaguez geral, nessa Paris que estaria "separada do mundo" em contraste com as imagens bem concretas, como as que Maurice vê da sua janela: homens e mulheres carregando canhões para defender a cidade dos prussianos, "num arrojo feroz de horda bárbara que salva seus deuses".

Por isso mesmo as datas continuam precisas, quase dia a dia ou mês a mês, criando um "efeito de verdade" que alivia qualquer compromisso do narrador: dúvidas, esperanças e desconfianças de Maurice em relação aos membros do governo e aos amotinados conduzem o fio narrativo. As dúvidas que Maurice manifesta em alguns momentos em relação ao caminho que adota, e sempre na chave de nacionalismo exacerbado, é outro modo encontrado pelo narrador para escamotear o partido que toma e, assim, melhor exercê-lo.

Antes do "mergulho de embriaguez geral", no dia 21 de maio, Maurice não só rechaça "aquele sonho louco" da Comuna, que prometera colocar fogo em Paris se os versalheses entrassem, como percebe contradições e rivalidades internas, apostando que a Comuna não deixaria nenhum legado. A consciência de Maurice, "sob o gole de furiosa demência que o possuía", oscila e vacila. E a do narrador? Ele continua com mão firme, manipulando suas personagens.

Procedimentos formais, tais como discurso indireto livre, construção alegórica, narrador e personagem como observadores distanciados, que em outras circunstâncias narrativas poderiam construir uma dimensão crítica, servem aqui para conduzir a narrativa pelo crivo do (mau) disfarce. O movimento é contrário àquele do narrador moderno (detectado por Roberto Schwarz em Flaubert, no próprio Zola, Henry James, Dostoiévski e Machado de Assis), levado a uma posição receptiva à complexidade dos antagonismos sociais e, por isso, superando ficcionalmente o âmbito explícito da mera opinião.

Em setembro Maurice está nos arredores de Paris com o batalhão, e suas disposições de espírito confusas se superpõem às da cidade e de sua população. No dia 31 de outubro, "ele agora aceitava ideias imaginárias das quais teria sorrido antes. Por que não? então a imbecilidade e o crime não eram sem limites? então o milagre não se tornava possível, no meio das catástrofes que reviravam o mundo?" Novembro será o mês de "impaciência febril" – de Maurice e de Paris ("como ele, Paris esperava, ansiosa"); em dezembro os animais que pastavam no Bois de Boulogne já tinham sido todos abatidos; em janeiro o bombardeio da margem esquerda do Sena o deixa colérico, e o desfile dos regimentos o deixa eufórico por um dia, como também fica toda a multidão na rua; dia 28 de janeiro o armistício o deixa transtornado, e ele fecha com Gambetta pela continuação da guerra.

Em fevereiro Maurice deserta, e quando chega março a cidade já pertence à Comuna. Será março o mês da exaltação "que deformava todas as coisas". Um Maurice já irracional, por acúmulo de sofrimentos desde a guerra, mergulha numa "crise de destruição", e apoia a construção das barricadas. Agora é a figura de Thiers (o ferocíssimo condutor do massacre dos insurretos num acordo com Bismarck) que, no romance, lamenta a convulsão da Comuna pelas armas ("de onde a salvação talvez viesse") e a pátria em perigo.

Será apenas uma opinião de Maurice que deve ser encarada como juízo duvidoso, ver Thiers como "o" monstro, "o homem de todas as mentiras e crimes"? Não há indícios de juízo crítico em relação a essa avaliação, que deixa em suspenso um contra-argumento possível. Como opinião parcial, ela leva água para a versão hegemônica, usando o senso comum burguês e seu desejo de ver restaurada a normalidade na vida cotidiana da cidade. A fantasmagoria de Paris como imagem da metrópole moderna – um teatro de mágicas – carrega a marca da destruição com agentes bem definidos, pelo romance, e expõe a situação de uma cidade tomada por uma insurreição desvairada. Fica, no avesso do que é narrado, a miragem idealizada da vida burguesa. Uma normalidade, é bom lembrar, que desde os anos 1840 procura reformular o sistema de crédito com efeitos na indústria, no comércio, no trabalho, no consumo. "A única questão era quem estava tornando isso possível para quem e em que termos." Os trabalhadores viram ir a pique, em 1868, um programa de crédito para o trabalho, e as cooperativas de pequenos grupos de mulheres fizeram ponte entre 1848 e a Comuna. Por outro lado, a inadimplência, o desinteresse do governo e deles próprios sinalizavam que normalidade e democratização dependiam da integração entre capital financeiro e propriedade de bens imóveis na "idade de ouro" do II Império[3].

Não é preciso reiterar a insistência do romance em retirar o caráter de alternativa político-econômica do episódio histórico, vinte anos depois dos acontecimentos. Ainda que o movimento da Comuna não tivesse tido condições históricas de se transformar numa revolução geral, mesmo assim ele foi um duro golpe de alerta para a burguesia. Os sindicatos que, nos anos

3. Cf. David Harvey, *Paris, Capital of Modernity*, New York, Routledge, 2004, p. 124.

de 1860, tinham peso mais efetivo na Inglaterra, Austrália e Estados Unidos, iam tomando feição internacional ainda que, na França, uma tradição nacionalista marcasse o ideário dos trabalhadores franceses que também se organizavam naqueles anos, interessados inclusive nas possibilidades que a abertura de créditos parecia trazer.

E este romance de 1892 deixa clara a força hegemônica de um clima de opinião, bem semelhante àquele que sustentara a lei eleitoral de Napoleão III, em 1860, e que procurava controlar – para limitar – o poder de voto da classe operária. Clima que, nas décadas seguintes, teve que se haver com a força crescente do voto socialista, até que ficasse claro que a democracia eleitoral não era o elemento mais decisivo para a sustentação do processo capitalista. A especulação de Saccard nos anos 1870, como aparece em *L'Argent*, é sinal de que, dali em diante, as instituições convivem com um novo modo de circulação de capitais, tal como os irmãos Pereire tinham realizado ao imprimir novo alcance aos negócios da burguesia, iniciados nos anos 1840 com Luis Filipe[4].

No dia 21 de maio, os prussianos irão invadir uma Paris que em 1880, uma década depois, verá cair para 13,6% a presença de artesãos e lojistas e para 8,1% a presença de profissionais liberais entre sua população, enquanto os que se identificavam apenas como proprietários de terras passarão a contabilizar 53,9%. Nos dias seguintes ao da invasão será a resistência, bairro a bairro, que Maurice verá ir sendo minada, até seu encontro final com Jean, na barricada da rue du Bac, em Saint Germain, onde ele morrerá pelas mãos do amigo fraterno. Maurice é,

4. "A propriedade parisiense era mais e mais apreciada como ativo puramente financeiro, como uma forma de capital fictício cujo valor de troca, integrado na circulação geral do capital, dominou inteiramente o valor de uso. Havia um mundo de diferença, como o próprio Zola reconheceu, entre a massiva especulação de Saccard e os pequenos deslizes descritos por Balzac em *Prima Bette* ou mesmo as explorações mais sistemáticas postas em andamento em *César Birotteau* ou em *Pai Goriot*" (cf. David Harvey, *Paris, Capital of Modernity*, p. 125 (a tradução é minha).

ao mesmo tempo, o *communard* incendiário, o crítico apenas pontual de ações tresloucadas e um cumpridor de ordens. Ao narrador basta caracterizá-las como meras ordens de ocultos dirigentes da Comuna, cujos fundamentos não lhe interessam. Basta indicar que elas existem como ordens e que como tal são cumpridas. "Não eram ordens? Incendiar os bairros enquanto se abandovam as barricadas [...]."

Jean também está em Paris, lutando por Versalhes. Agora ele é figura de fundo, entre outros camaradas versalheses que desejam acabar com a luta fratricida, e onde estão também os prisioneiros franceses que foram devolvidos pela Alemanha, dispostos a preservar a cidade. As histórias das abominações perpetradas pelos *communards* o transtornam, pelo desrespeito à propriedade e à ordem, pelos incêndios de que apenas bandidos seriam capazes. Aí também o narrador delega, agora a Jean, ao "seu respeito à propriedade e sua necessidade de ordem". A ninguém – e muito menos ao narrador – é dado constestar esse sentido de ordem, em incluí-lo como parte da desordem capitalista promovida pelo II Império, a relacionar a Comuna também com a perda de direitos, com a desigualdade dos trabalhadores e das classes médias do mercado diante da flutuação dos preços. No entanto, um pequeno número de *communards* eram trabalhadores da construção civil que, até o ritmo menor da reforma de Haussmann em 1868, tinham tido seus empregos garantidos, ainda que às custas da completa ignorância do sentido daquilo que ajudavam a construir. A combinação entre autoritarismo policial do Império (implantado no campo com sucesso) e projeto liberal do prefeito Haussmann dá o tom dos conflitos[5].

Mas como no romance o centro da narrativa é Maurice, a sugestão implícita e simplista é a de que seu destino pessoal poderia ser revertido, fosse outro o caminho tomado por ele em Paris. Fica implícita a saída pessoal para um *flâneur* embriagado, com as ideias em turbilhão e perplexo com a violência da

---

5 Cf. David Harvey, *Paris, Capital of Modernity*.

guerra e a derrota em Sedan (mais uma vez se entende por que a Comuna deve ser vista apenas como consequência da guerra). Fica implícito também que nada disso importaria, se ele não tivesse sido levado impetuosa e doentiamente para o lado errado. O narrador se sente à vontade para inverter o sentido real da participação do pequeno-burguês Maurice, que aqui apenas se engana de lado (tinha razão o antigo *communard* P. Martine, que escreve a Zola, certo de que o lugar de Maurice Levasseur seria entre os homens de Versalhes, defensores do poder).

O que terá acontecido com aquele *flâneur* que, em Baudelaire (*Fleurs du Mal* foi publicado em 1857), exercia com altiva distância seu desprezo pelos trabalhadores e seus desejos libertários? "O *flâneur* é o arauto do mercado. Nesta qualidade ele é ao mesmo tempo o explorador da multidão", escreveu Walter Benjamin. Não podendo ser uma individualidade mas apenas um tipo, a condição do *flâneur* é a própria "fantasmagoria do sempre-igual". O *flâneur,* em Baudelaire, é alegoria do processo de fetichização, que determina e restringe o âmbito da experiência e da imaginação (cuja base material é a dissociação entre a produção de mercadorias e seus produtores).

O indivíduo que é assim representado na sua multiplicação [Benjamin se refere ao poema "Os Sete Velhos" de Baudelaire], como sempre o mesmo, testemunha a angústia do cidadão de não mais poder, apesar da expressão de suas singularidades mais excêntricas, romper o círculo mágico do tipo.

Assim o poeta dava a ver a totalidade moderna, armada por abstração e arbitrariedade, e conformando sujeitos e "coisas" como mercadorias. Assim o poeta expunha a contradição que iria marcar a matéria que os escritores enfrentariam, dali em diante, entranhada ela mesma na forma literária[6].

6. Cf. Walter Benjamin, "A Modernidade", *Charles Baudelaire. Um Lírico no Auge do Capitalismo*, São Paulo, Brasiliense, 1989, p. 94.

A previsão nada eufórica de Baudelaire sobre a cidade moderna e seus leitores burgueses tinha alcance estético e crítico, dimensionando não só os limites postos a uma certa concepção de lirismo como também ao próprio projeto do romance realista. No poeta dos fins dos anos de 1850, o *flâneur* que vagava ocioso, como mais uma mercadoria disponível entre uma multidão da qual pretendia se diferenciar, já era um produto dessa mesma multidão reproduzindo, com sua cumplicidade e desprezo pelas massas, a estrutura ambígua da mercadoria como idealização e destruição em relação aos seus consumidores potenciais. Nas barricadas de 1848 esse *flâneur* tinha sido o pequeno-burguês que se posicionou contra os proletários e a favor do capital financeiro[7].

Na análise que faz do poema de Baudelaire "Le Cygne", de 1858, Dolf Oehler relaciona os exilados referidos na segunda parte do poema ("Paris change! mais rien dans ma mélancolie / N'a bougé! [...] Je pense à mon grand cygne, avec ses gestes fous, / Comme les exilés, ridicule et sublime, / Et rongé d'un désir sans trêve!") à experiência do proletariado que, depois das barricadas de 1848, verá no Império mais uma tentativa de seu apagamento da malha urbana moderna, com a construção da nova cidade, a Paris de Haussmann. Oehler se refere aos "grandes romances de Zola sobre a situação das classes trabalhadoras no II Império" como uma contraprova das previsões do poema[8].

---

7. Cf. Terry Eagleton, *Towards a Revolutionnary Criticism*, 3. ed., London, Verso, 1988. As implicações nacionais do grau de "naturalidade" com que o processo material se assenta hoje no caráter abstrato do próprio andamento do capital e na fragmentação, determinando a totalidade contemporânea, foi apontado em termos precisos por Roberto Schwarz. "As fragmentações locais são o avesso do avanço contemporâneo e de seu curso cada vez mais destrutivo e unificado. (Assim, o discurso desconstrucionista sobre os preconceitos e enganos embutidos na ideia abstrata de nação tem pouca relevância e passa à margem do processo efetivo. A presente desintegração nacional é uma realidade material da história contemporânea, e a distância que separa as suas condicionantes técnico-econômicas dos trocadilhos filosóficos em moda, talvez já ex-moda, é patética)" (cf. Roberto Schwarz, "Fim de Século", *Sequências Brasileiras*, p. 160).
8. Cf. Dolf Oehler, "Um Socialista Hermético", *Terrenos Vulcânicos*, São Paulo, CosacNaify, 2004, p.116.

Não será também como um apagamento dessa história que o *flâneur*, em *La Débâcle*, representa um momento pontual da tormenta pessoal de um pequeno-burguês, desiludido e perplexo pelo andamento e violência da guerra franco-prussiana? No entanto, a evidência do maniqueísmo não tira o interesse em observar que o procedimento de fetichização comanda ele mesmo, presentificado na estrutura ficcional, a organização do enredo, da dupla central e, de maneira flagrantemente crescente ao longo da narrativa, do próprio narrador.

No pacto que o narrador de Zola firma com seus leitores, neste romance, ele espera cumplicidade no papel de moralista e sádico, como vimos, para que observem juntos, narrador e leitor, a derrocada fatal de um destino. Um leitor identificado e projetado no que lê, confina com o método expositivo de fragmentação sem críticas da totalidade, apropriado para sustentar as dissociações materiais e simbólicas da história em relação aos seus próprios fundamentos, assentados que estão no mundo fragmentado pelos interesses do capital.

Vale a pena lembrar daquela carta que o devotado leitor, P. Martine, enviou ao romancista em 29 de fevereiro de 1892, antes mesmo que ele tivesse escrito as páginas sobre a Comuna (como se viu, Henri Mitterand nos informa que o volume foi concluído em maio). Tendo lido apenas os três primeiros capítulos, e supondo que a narrativa da derrota em Sedan só poderia mesmo se encaminhar para a Comuna de Paris, P. Martine esperava que *La Débâcle* pudesse se opor ao ceticismo generalizado daqueles anos, observando, com preocupação, a condução do romance.

"Quanto à Maurice, mostrado como um jovem 'dentro dos padrões', ele se filiará sem dúvida ao exército dos Versalheses. Eu sei disso e sofro por isso." Maurice, no entanto, fará pior do que imaginou P. Martine no seu papel de um *communard*, e nas condições que já sabemos: mergulhado numa exaltação deformante e sem chão. Como já se viu, Martine escreve a partir de sua própria experiência de antigo *communard*, descrevendo o que tinha vivido e alguns companheiros, e não suspeita a pirueta que dará Zola. É sempre Maurice que, como todos os outros e como a cidade ocupada, passa a ter uma "existência vaga, muito preguiçosa e febril", aderindo aos *communards* por pura obstinação. Aliás, volto a perguntar, onde estão eles neste romance?

O *flâneur* Frédéric Moreau, que passava ao largo dos acontecimentos no romance de Flaubert observando com indiferença ("indiferença homicida", segundo Oehler) a revolução, como cena ou espetáculo, revela a natureza de esteta desse pequeno-burguês que se encanta com as mercadorias. Com Maurice, ao contrário, não há nenhum gesto pérfido na sua inconstância. Na descrição das barricadas, o que se lê é que

[...] não tinha sobrado senão os convencidos, os obstinados, Maurice e mais uns cinquenta, decididos a morrer depois de ter matado o maior número possível daqueles Versalheses, que tratavam os federados como bandidos, que fuzilavam os prisioneiros atrás da linha de batalha.

Pergunto mais uma vez: de onde fala esse narrador sabido? Enquanto vai sendo carregado por Jean, já ferido de morte, a dupla Maurice e Jean está de novo unida, olhando aterrada "o execrável espetáculo que se desenrolava" e que o narrador descreve, de modo magistral e detalhado, com a barca em que os dois tentam escapar sendo levada "por um rio de brasa", pelo "fio desta água incendiada" que, no entanto, Maurice ainda saúda.

"Sob os reflexos dançantes dessas fornalhas imensas, era possível acreditar que o Sena revolvia com carvões ardentes." Nessa cidade maldita, estamos distantes do tema da cidade que escapava ao pintor impressionista, em *L'Oeuvre* (1886), onde o Sena avermelhado parece incendiar-se entre um cais estrelado e um céu sem astros. A cidade que parece morta sem os seus burgueses, o seu comércio e as suas fábricas, como fala o narrador, é também a cidade que afronta a desordem capitalista, que tinha isolado e humilhado a família operária em *L'Assommoir*, que tinha levado à ruína o especulador Saccard em *La Curée*, renascido como financista em *L'Argent*, que tinha feito de Florent uma vítima da ganância dos pequenos comerciantes, que tinha feito Cadine, a menina pobre deslumbrada pelo brilho das vitrines, comer os restos do jantar jogados ao lixo, em *Le Ventre de Paris*.

A cidade de Paris é agora uma cidade hostil por culpa da *horde barbare* que a tomou de assalto. O que pode levar a pressupor, como já sugeri, uma ordem anterior que a tornava habitável, aprazível, aconchegante e bela. Se o leitor chega a suspeitar disso, talvez possa buscar mais pistas, como as que estão acima, nos demais romances do ciclo dos Rougon-Macquart, para encontrar ali a capital corrupta, que ia sendo construída à imagem de uma industrialização tardia, sustentada pela emissão de ações e títulos das casas bancárias. Uma cidade que se movia com suas multidões e vitrines repletas de mercadorias, seus novos calçamentos e seus novos templos de comércio. Em *A Obra* (1886), o pintor Claude Lantier tinha sido mais uma vítima da tragédia moderna da cidade cuja ordem, que ele queria apanhar na sua pintura, significava também violência.

A cidade, em *La Débâcle*, não é mais aquela cidade amortecida e degradada em exibicionismos, que tinha devorado a rica herdeira Renée em *La Curée*, que tinha acolhido comerciantes mesquinhos, com o bolso e a barriga cheios, mergulhados em mercadorias pujantes de vida em *Le Ventre de Paris*, que tinha se descortinado ao longe, como promessa de felicidade e paixão à malograda Hélène (que se sentia uma heroína de Walter Scott), decisiva na desgraça de sua filha Jeanne e, finalmente, pano de fundo para um anticlímax melancólico acolhendo a calmaria burguesa da mãe após a morte da filha, em *Une Page d'Amour*. Nem é a cidade de *L'Argent*, afogada em lama sob constante chuva ("uma cloaca de lama, amarela e líquida"), onde eram sacrificados soldados, armadas e batalhões na guerra financeira ("ses derniers soldats", "ces batailles de l'argent", "les grands hommes de guerre et de finance").

A presença fantasmagórica da cidade e das próprias personagens, em *La Débâcle,* não estão ligadas à "comédia da expropriação", que Zola vinha tomando como assunto do seu "poema" ou, melhor, da "terrível comédia" – que é como se referiu aos romances que se seguiram a *La Fortune de Rougon*, de 1870, abrindo o ciclo dos Rougon-Macquart. A fantasmagoria tampouco se instala com a decadência do trabalhador, perdido "no meio de estacas e cabarés" da cidade em demolição e reconstrução, como escreveu o próprio Zola referindo-se a *L'Assommoir*, no manuscrito do documento preparatório, acusando claramente que, até então, a alienação dos trabalhadores e dos soldados tinha sido escamoteada sob um ângulo narrativo falseado, que não podia mais caber. Nada disso parece importar mais, nada disso é levado em conta.

A fantasmagoria em *La Débâcle*, vem com a horda bárbara dos *communards*, que estaria destruindo a arquitetura de Haussmann. Assim como Haussmann tinha desprezado a experiência histórica da cidade, projetando uma Paris artificial onde o parisiense do tempo não se sentia mais em casa, e deixando claro que seu poder de ordenar o espaço era também o de influenciar o processo de reprodução social, Zola não parece disposto a retomar a transformação da cidade pelo prisma crítico dos seus outros romances. Escrevendo nos anos de 1890, quando a ordem financeira, capitalista e burguesa mostra cada vez mais as suas garras, ele situa retrospectivamente a proposta de um futuro radioso, apostando nessa mesma ordem, com a conivência do narrador. O que se vê é a cidade sendo destruída pelos incêndios dos insurretos, e pela alucinação de Maurice.

A cidade é agora, numa inversão significativa, justamente a cidade onde atores históricos, os *communards*, tentam romper a alienação constitutiva de um modo de produção já inalienável da mera especulação, para recuperar o sentido daquilo que fazem, daquilo que podem produzir, da sociedade que desejam criar. No âmbito das dificuldades reais de uma ação revolucionária que se descortinavam é que se pode entender a observação de Engels, em 1891:

O mais difícil de compreender é, sem dúvida, o sagrado temor com que aqueles homens se detiveram respeitosamente nos portões do Banco da França. Foi esse, além do mais, um grave erro político. Nas mãos da Comuna, o Banco da França teria valido mais do que dez mil reféns. Teria significado a pressão de toda a burguesia francesa sobre o governo de Versalhes para que negociasse a paz com a Comuna[9].

Como nem ao menos imaginar a desordem *communard* como a invenção utópica de uma nova ordem? O conjunto dos romances mostra que a saída não seria, nem no caso de Claude Lantier em *A Obra*, nem no caso do próprio Zola, culpar a capacidade individual de imaginação do artista, mas, sim, pensar as condições e limites das relações entre o indivíduo e a experiência do tempo. É sobre isso que a falência do romance *La Débâcle* e do seu narrador podem fazer pensar.

Ao contrário do que sugere a pergunta acima, o narrador agora demonstra menos dúvidas quanto ao que está fazendo, comparado aos capítulos em que tinha enfrentado os campos de batalha e as largas paisagens perto de Sedan. Ao mostrar a cidade destruída como uma vítima dos *communards*, ele já não deixa rastros. Pela primeira vez, a voz do narrador se faz ouvir com uma estranha segurança, sobre a qual o leitor é instigado a pensar, quando, de modo um tanto cínico, faz Maurice admitir que a cidade demonstra "uma alegre bravura que aceitou todos os sacrifícios".

O narrador não ratifica o estranhamento marcado nas outras narrativas de Zola em relação ao processo de modernização. Se a mudança do lugar onde esse novo narrador se coloca é uma questão central, vale dizer que naquilo que ele contrasta, em relação aos demais romances dos Rougon-Macquart, *La Débâcle* também acaba contribuindo (e pelo contraste) para que todo o ciclo cumpra inteiramente, para o bem e para o mal, o papel proposto pelo seu autor de "pintar toda uma idade social enquanto fatos e enquanto paixões".

---

9. Cf. F. Engels, "Introdução à Guerra Civil na França", *Obras Escolhidas*, p. 50

E o faz pela incapacidade de mostrar a guerra programada e mal avaliada – antes, durante e depois – e a violência da luta política como tragédias coletivas, num mundo que se pauta, cada vez mais, pela desigualdade, injustiça e violência do capital. E pela incapacidade de revelar, neste romance, o papel histórico daqueles trabalhadores decididamente excluídos da festa burguesa, eles que, ironicamente, tinham sido incluídos na literatura justamente pela prosa do romance naturalista de Zola.

Aqui, a figuração dá corpo a uma voz bem assentada e bem ciente das vantagens do seu manejo de técnicas narrativas, como se elas pudessem sustentar a encenação histórica que finge promover. A debacle deste romance, no entanto, é a prova concreta de que a verdade da figuração ou da forma literária é a verdade das suas relações com a historicidade e os fundamentos sociais da sua matéria. "Quantas pessoas corajosas por um velhaco, entre os doze mil infelizes a quem a Comuna havia custado a vida!"

A cifra de vítimas foi bem maior, mas a referência de Jean no final, que por certo se dirige ao Imperador, mais uma vez tira a história de campo. No contexto desse mesmo diapasão, a afirmação que cito mais uma vez, não passa de uma opinião – de Jean? do narrador? Não importa? "Thiers iria ser o lendário assassino de Paris, na sua glória pura de libertador do território."

No dia 27 de maio, quando a semana sangrenta termina no cemitério de Père-Lachaise, e quando os *communards* são fuzilados, a cidade renasce no romance. O procedimento narrativo se repete: no contexto armado pelo romance, a festa nas ruas parece ser apenas uma observação direta e sem paixão de um Jean acabrunhado pela morte eminente do amigo Maurice. O narrador se exime, precavidamente, de assumir mostrá-la como uma bela comemoração pelo fim da Comuna, deixando a tarefa suja a Jean, o herói!

E Paris ensolarada, endomingada parecia em festa, uma multidão enorme invadia as ruas reconquistadas, os pedestres iam com um ar de *flânerie* feliz ver os escombros fumegantes dos incêndios, as mães levando pela mão os filhos sorridentes, paravam, escutando por um instante com interesse os fuzilamentos ensurdecedores do quartel Lobau[10].

É preciso comparar essas linhas, que aparecem como se fizessem parte das descobertas sem paixão de Jean Macquart ao longo daquele domingo, com o texto do correspondente parisiense do jornal conservador de Londres e de Edouard Hervé no *Journal de Paris*, citados por Marx, para que se possa dar conta melhor da carga brutal dessas linhas, a despeito de estarem um tanto largadas e um tanto soltas no texto, como uma observação apenas pontual. Como já mencionei essas passagens, lembro apenas que, nos dois jornais, foi enorme o espanto pela frivolidade da manifestação festiva. A situação não poderia agravar-se com o tempo? tinha perguntado o jornalista francês. A "lama da voluptuosidade" que vem depois da horrível batalha já não pertencem aos anos do Império. Dias piores virão?

Já no domingo à noite, Jean encontra o amigo morto no seu quarto e se recorda do desejo de purificação da cidade, que Maurice acalentava, esperando que ela pudesse alcançar "o idílio de uma nova idade de ouro". A partir dessa lembrança, e sem nenhuma paciência para construir uma ideia própria, rapidamente será o próprio Jean a se embebedar na sensação de uma suposta aurora que estaria se levantando por detrás da

10. Cf. textos originais:"ce spectacle de Paris détruit, frappé de folie furieuse"; "la monstrueuse fête que lui donnait le spectacle de la Babylone em flammes [...] Tenez! Explicqua Otto, c'est Montmartre, cette bosse que l'on voit se détacher en noir sur le fond rouge [...] Le feu a du être mis dans les beaux quartiers, et ça gagne, ça gagne... Regardez donc! À droite, voilà un autre incendie que se declare!"; "[...] la population avait glissé d'un coup à une vie d'absolue paresse, dans l'isolement où elle demeurait du monde entier. Lui, comme les autres, flânait du matin au soir, respirait l'air vicié par tous les germes de la folie [...] Ainsi mises en commum, les illusions emportaient les âmes, une tension jetait ce peuple au danger des folies généreuses. C'était déjà toute une crise de nervosité maladive qui se déclarait, une épidémique fièvre exagérant la peur comme la confiance, lâchant la bête humaine débridée, au moindre souffle"; "Et le reste de la journée s'achevait dans la même

cidade ainda em chamas. O bastão da esperança muda de mão para melhor, segundo o narrador: ela está agora na "natureza eterna", na "humanidade eterna", na "renovação prometida àqueles que trabalham". O romance reencontra aquele tom que, na narrativa do final da guerra franco-prussiana, ficara subentendido e cifrado. Agora a concordância é geral: o galho apodrecido tinha sido cortado! Declarações de ideologia explícitas – uma triste lição!

Estamos longe do brado baudelariano – *horrible ville* – que o poeta dirige à cidade que, como lembra Dolf Oehler, exibia na fonte da Place Saint-Michel, inaugurada em 1860, a figura do arcanjo com espada sobre os ombros de Satanás, como uma alegoria da "vitória da ordem imperial e burguesa sobre a revolução, o triunfo do bem sobre o povo mau de junho de 1848". Contra essa *horrible ville* é que Oehler, num trabalho de "semântica histórica", vê Baudelaire construir seu cisne imaginário, na Place du Carrousel:

> exaltation, qui déformait pour lui toutes les choses, une insurrection que les pavês eux-mêmes semblaient avoir voulue [...]"; "Que Paris s'effondrât, qu'il brûlat comme un immense bûcher d'holocauste, plutôt que d'être rendu à ces vices et à ses misères, à cette vieille société gâtée d'abominable injustice! Et il faisait un grand rêve noir, la ville géante en cendre, plus rien que des tisons fumants sur les deux rives, la plaie guérie par le feu, une catasthrophe sans nom, sans exemple, d'ou sortirait un peuple nouveau"; "dans un élan farouche de horde barbare qui sauve ses dieux"; " il accceptait maintenant des imaginations dont il aurait souri autrefois. Pourquoi pas? est-ce que l'imbécilité et le crime n'étaient pas sans bornes? est-ce que le miracle ne devenait pas possible, au milieu des catastrophes qui bouleversaient le monde?"; "N'étaient-ce pas les ordres? Incendier les quartiers en abandonnant les barricades [...]"; "il ne resta plutôt que les convaincus, les acharnés, Maurice et une cinquantaine d'autres, décidés à mourir après en avoir tué le plus possible, de ces Versailles qui traitaient les fédérés en bandits, qui fusillaient les prisonniers en arrière de la ligne de bataille"; "Sous les reflets dansants de ces foyers immenses, on aurait cru que la Seine roulait des charbons ardents"; "Et Paris ensoleillé, endimanché, paraissait en fête, une foule énorme encombrait les rues reconquises, des promeneurs allaient d'un air de flânerie heureuse voir les décombres fumant des incendies, des mères tenant à la main des enfants rieurs, s'arrêtaient, écoutaient un instant avec interêt les fusillades assourdies de la caserne Lobau".

[...] é possível ler "Le Cygne", o grande poema de Baudelaire, como uma contrapartida de Saint-Michel, como um *signo* (*signe*) de que o otimismo obrigatório da Paris de Haussmann teria de contar com a resistência da melancolia e que esta era solidária aos vencidos de junho. [...] É a melancolia contra o júbilo, a obscura recordação do mal, de tudo que era tido como superado e que se manifesta, quase sempre da maneira mais inoportuna, quando é recalcado com toda a raiva[11].

Mas fosse *La Débâcle* apenas uma exibição de ideologia explícita, teria ele feito sua própria história, ou teria ficado como uma pedra no sapato de alguns leitores de Zola? A hipótese é que ele possa representar, justamente por ter sido escrito por Émile Zola e por fazer parte de um ciclo de romances como os Rougon-Macquart, um momento de passagem para um modo evasivo de situar-se no mundo, onde as convições iam sendo banidas, dando lugar ao jogo retórico de imagens e argumentações – verdadeiros efeitos do real – que, ao fim e ao cabo, serviriam para sustentar um mundo que não pede mais do que um bom jogo de cena.

2. O Pior e o Melhor dos Mundos

Num ensaio escrito em 1880, "L'Argent dans la Littérature", que faz parte do volume *O Romance Experimental*, Émile Zola se refere ao dinheiro como "a pior e a melhor das coisas". Ao longo dos romances do ciclo dos Rougon-Macquart esta afirmação é exposta como um problema. O conjunto dos romances

11. Cf. Dolf Oehler, *O Velho Mundo Desce aos Infernos*, p. 24. Comentando o mesmo poema, Robert Alter faz uma observação mais geral: "[...] it is the new nineteenth-century that was the most compelling theater for the playing out of the realist enterprise in the novel. No setting provided a more powerful stimulus for this enterprise than Paris. In a famous poem, 'Le Cigne', Baudelaire saw the streets of Paris as the very embodiment of wrenching historical change" (cf. *Imagined Cities. Urban Experience and the Language of the Novel*, p. 9).

de Émile Zola conta uma história que encontra respaldo naquilo que Marx escrevera em "As Lutas de Classe na França". Abrindo o capítulo da vitória de Luís Filipe (o Duque de Orléans) em 1848, ele lembra que o banqueiro Laffitte traíra "o segredo da revolução" ao deixar escapar estas palavras: "Doravante reinarão os banqueiros". Lembremos que, naquele momento, a burguesia industrial ainda compunha, como minoria, a "oposição oficial" a Luís Filipe[12].

O urbanismo como um negócio de escroques e especuladores, levado a cabo pelo todo-poderoso barão de Haussmann, era tema constante nos jornais parisienses de oposição da época, que contavam com a colaboração de Émile Zola, como *La Tribune*, *La Cloche* e *Le Rappel*. No entanto, a oposição nem sempre tinha razões comuns ou unânimes, pois do ponto de vista político o projeto urbano também encontrava resistência entre conservadores preocupados, pelo menos até um certo momento, com revoltas sociais e uma paz ameaçada pela industrialização e pela aliança entre divisão da cidade e especulação dos Pereire. A cidade industrial que deserdava seus moradores mais pobres e distanciava os homens uns dos outros, frustrando suas experiências amorosas e eróticas, preencheu o imaginário realista desde os seus primeiros escritores.

Para Peter Brooks o romancista de Paris dentre todos é Zola, que teria reunido a melancolia daquilo que as transformações modernas deixavam para trás, a um certo triunfalismo em relação à nova cidade que viria. Examinando algumas fotografias tiradas pelo próprio Émile Zola da cidade de Paris é possível sentir de que modo o seu olhar capta a centralidade da tecnologia, como é o caso do lugar ocupado pela torre Eiffel

---

12. Cf. Karl Marx, "As Lutas de Classe na França entre 1848 a 1850", *Obras Escolhidas*, p. 111: "Quem dominou sob Luís Filipe não foi a burguesia francesa, mas uma fração dela – os banqueiros, os reis da Bolsa, os reis das estradas de ferro, os proprietários de minas de carvão e de ferro e de explorações florestais e uma parte da propriedade territorial aliada a ela – a chamada *aristocracia financeira*".

na foto que foi reproduzida no catálogo da Exposição de Paris em 1900[13].

Mas os romances de Zola não são uma ode ao novo urbanismo, e os exemplos podem ser muitos. Na expressão do próprio Émile Zola, que não ficava indiferente ao ímpeto emancipador trazido pela burguesia contemporânea, a reforma de Paris estava associada a uma ascensão social que, pouco antes, pareceria impossível aos considerados *gens de rien* ("gentinha"). Ao mesmo tempo, ele também não ficava indiferente ao preço da verdadeira chacina que essa emancipação trazia embutida, inclusive para os ricos, como já estava no romance de 1872, *La Curée,* com a morte de Renée, herdeira e mulher de especulador, massacrada pelo nível rebaixado nas negociatas de sexo e negócios, pouco depois de ver passar Napoleão III como um raio de esperança, e de uma última tentativa de retomar a vida e saldar as dívidas.

> Depois, quando ela abaixou a cabeça, e reviu de um relance o tranquilo horizonte de sua infância, aquele canto de uma cidade burguesa e trabalhadora onde ela sonhava com uma vida de paz, uma última amargura veio à sua boca. Com as mãos juntas, ela soluçou na noite que caía. No inverno seguinte, quando Renée morreu com meningite aguda, foi seu pai quem pagou suas dívidas.

A promessa da cidade burguesa que se desfaz, mesmo para aqueles que nela embarcam e com ela lucram por certo tempo, continuará a fazer suas vítimas do lado dos ricos e, sobretudo, dos pobres. Impressiona que Zola tenha dado conta da desigualdade que persistiu e iria crescer naqueles anos, e que se definiria como a matriz necessária para o andamento moderno e vitorioso do capital. A relação entre comercialização da vida,

---

13. Esta foto está reproduzida em Susan Buck-Morss, *Dialética do Olhar – Walter Benjamin e o Projeto das Passagens*, São Paulo/Belo Horizonte/Chapecó, Editora Humanistas/ UFMG/ Argos, 2002, p. 121.

prostituição e degradação do trabalho atravessa a obra de escritores como Baudelaire e Zola.

No romance *Au Bonheur des Dames*, o massacre do velho comércio de tecidos da família Baudu vem a galope nos preços mais baixos das mercadorias, possíveis pelo aumento da produção e pelo controle monopolista-industrial das grandes lojas de departamentos, com suas belas vitrines voltadas para a rua e planejamento estético de distribuição de cores e formas, surgindo como a "nova igreja, o lugar de um novo materialismo e culto erótico da mulher"[14].

Num dos capítulos do volume dedicado aos anos entre 1848 e 1875, em *A Era do Capital*, Eric Hobsbawn fala dos pobres – a maioria da população – como um "mal necessário", mas nada bem-vindo em cidades como Paris e Viena, quando ainda se experimentavam modos de mobilizar o capital com o banco dos Rostschild e o *crédit mobilier* dos irmãos Pereire para as indústrias privadas. Também para Hobsbawn, a história do *boom* da arquitetura e da construção foi escrita por Émile Zola. Como sempre, os planejamentos urbanos atendiam aos burgueses da cidade, com completo descaso pelos pobres que não constituem um mercado lucrativo: eles "eram uma ameaça pública, suas concentrações potencialmente capazes de desenvolverem distúrbios deveriam ser impedidas e cortadas por avenidas e bulevares"[15].

Não é por acaso que Mike Davis dá o título "Haussmann nos Trópicos" ao capítulo do seu livro onde trata da desigualdade e dos contrastes urbanos no Terceiro Mundo (a despeito das polêmicas é esse o termo que Davis usa), herdados do período colonial, mas adaptados com mais agressividade. Haussmann, o urbanista de Napoleão III, é ainda o modelo quando se pensa em traçado projetado para segregar a miséria da cidade. No nosso tempo, a segregação conta com a privatização do espaço

---

14. Cf. Peter Brooks, "Unreal City: Paris and London in Balzac, Zola and Gissing", *Realist Vision*, p. 138.
15. Cf. Eric Hobsbawn, *A Era do Capital*, p. 224.

público pelos mais ricos, cercas de segurança e ilhas particulares fora da cidade.

A segregação urbana não é um *status quo* inalterável, mas sim uma guerra social incessante na qual o Estado intervém regularmente em nome do "progresso", do "embelezamento" e até da "justiça social para os pobres", para redesenhar as fronteiras espaciais em prol de proprietários de terrenos, investidores estrangeiros, a elite com suas próprias casas e trabalhadores de classe média. [...] Como na Paris da década de 1860 sob o reinado fanático do barão Haussmann, a reconstrução urbana ainda luta para maximizar ao mesmo tempo o lucro particular e o controle social.

O planejamento das ruas sob Napoleão III, para maior controle policial contra movimentos operários, foi comparado por Farha Gahmma à repressão de Anuar al Sadat em 1970 às comunidades consideradas subversivas na Cidade do Cairo, com os espaços disputados por interesses administrativos e financeiros levando a despejos em massa, justificados pela pretensa defesa de "ilhas de cibermodernidade em meio a necessidades urbanas não atendidas e ao subdesenvolvimento geral"[16].

A referência a Haussmann, no âmbito de um Império que combinava trabalho operário e ampla especulação ao mínimo de direitos políticos e máximo de prosperidade material está também em Aldo Rossi: as expropriações eram sustentadas pelo triunfo do partido da ordem sobre a revolução, isso é, da classe burguesa sobre a classe operária. Walter Benjamin reuniu a "eficiência de Haussmann" e do "imperialismo napoleônico"

16. Cf. Mike Davis, "Haussmann nos Trópicos", *Planeta Favela*, trad. Beatriz Medina, São Paulo, Boitempo, 2006, p. 105. Apenas para marcar contrastes de avaliação ainda hoje bem vivos, remeto a dois livros recentes: o de um antropólogo inglês, que faz uma longa descrição do avanço técnico alcançado pela reforma do Barão, e o de um jornalista americano onde, em três linhas, ele admira o magnífico resultado estético da reforma de Paris com influências em Washington, Buenos Aires e Hanói" (cf. John Reader, *Cities*, London, Random House, 2004, e Joel Kotrin, *The City. A Global History*, New York, The Modern Library, 2005).

ao favorecimento do capital financeiro, atividades especulativas, expropriações e fraudes, alimentando o ódio expresso do próprio Haussmann pela população desenraizada da grande cidade. População que, no entanto, crescia justamente em função dos seus projetos[17].

Benjamin aponta, sem meias palavras, o caráter desumano dessa urbanização, afirmando que as altas barricadas que surgem na Comuna responderiam a esse estado de coisas. "O incêndio de Paris é o digno desfecho da obra de destruição de Haussmann." E assinala que a Comuna pôs abaixo a ideia de uma revolução proletária em conjunto com a burguesia que, opondo-se desde 1789 aos "direitos sociais do proletariado", no entanto encontrou proteção adequada para se expor na fachada filantrópica do Império de Napoleão III. Mas é David Harvey quem formula a questão com precisão nos seguintes termos:

> A tensão que a haussmannização nunca poderia resolver, sem dúvida, era transformar Paris numa cidade do capital sob a égide da autoridade imperial. Esse projeto estava sujeito a provocar respostas políticas e sentimentais. Haussmann entregou a cidade para capitalistas, especuladores e cambistas. Ele a ofereceu numa orgia de autoprostituição. Havia entre seus críticos aqueles que sentiram ter sido excluídos da orgia e aqueles que consideravam toda a situação desagradável e obscena[18].

De modo que aquela Paris em chamas durante a Comuna, em *La Débâcle*, vinte e dois anos depois, era o resultado de uma mudança de foco, necessária para manter o andamento especulativo do capital – da centralização autoritária do Império para a III República. Zola agora escolhe o partido da ordem, para o qual interessa que a cidade apagasse o seu próprio passado.

---

17. Cf. Aldo Rossi, *A Arquitetura da Cidade*, São Paulo, Martins Fontes, trad. Eduardo Brandão, 2001, pp. 216-217. Cf. Walter Benjamin, *Passagens*, org. Willi Bolle e Olgária Matos, Belo Horizonte/São Paulo, UFMG/Imprensa Oficial, 2006.
18. Cf. David Havey, *Paris, Capital of Modernity*, p. 266. A tradução é minha.

La Débâcle esquece aquela cidade burguesa, onde os cidadãos considerados de segunda não tinham lugar, onde eles não se reconheciam nem eram reconhecidos. A Paris que está em chamas dissociada da sua própria história, pode então acolher, como verdade, o lamento dramático do *anticommunard* Jean, depois de ter ferido Maurice de morte: "era então para levá-los à esta abominação, a este fratricídio monstruoso e imbecil, que seus corações tinham se fundido um no outro, durante algumas semanas de heroica vida comum?"

Desse modo, a guerra é tirada de seu contexto e fica desprovida de memória, como um espaço de heroísmo que beira o mito. Por isso, em *La Débâcle,* uma oposição entre a "heroica vida comum" da guerra e o "fratricídio monstruoso e imbecil" da Comuna paira no ar, justificando a meia resposta que o romance dá à meia pergunta feita por Émile Faguet: a que estaria ligada a Comuna de Paris, ao Império ou à guerra franco-prussiana? Como relacionar o romance de 1892, que pretende ser história, com o romance de um ano antes, *L'Argent*, onde a figura do especulador imobiliário Saccard, de *La Curée* (1872), volta como manipulador de um dinheiro sem lugar de origem nem finalidade objetiva, dissolvido entre papéis e sociedades anônimas?

La Curée foi escrito entre a guerra franco-prussiana e a Comuna de Paris, trazendo uma história que se situa entre 1862 e 1864. Visto em sua relação com o romance de 1891, *L'Argent* (que apanha os anos entre 1864 e 1869), os dois romances dão a ver, com vinte anos de distância, a mão do grande ficcionista da modernidade e do II Império. A cidade da ordem é, nesses dois romances, uma máquina feroz e mortífera de produzir as barbaridades e violências contra as quais se bateu a Comuna de Paris. E o *crack* efetivo da Union Générale, em 1882, remetia ao que Marx tinha considerado um tipo de "crise monetária" que se daria na esfera do capital, com a acumulação e a formação do capital fictício envolvendo Bancos e Bolsas.

O *crack* de 1882 era também um resultado da expansão econômica do Império, com enfrentamentos de grupos financeiros. O Banco dos Pereire quebrara efetivamente em 1867, mas Zola tinha em vista também a quebra do Banco Union Générale, criado em 1878, e que teve sua liquidação em 1882. Projetos de urbanização que construíram um novo perfil arquitetônico para a cidade de Paris, efeitos dos financiamentos de campanhas internacionais malogradas, como a do México entre 1862 e 1865: tudo isso *L'Argent* não deixa de mostrar. O crédito para financiamento de propriedades imobiliárias e construções urbanas estabelecido em 1852, no próprio momento de constituição do II Império, de certo modo liga a mesma personagem entre um e outro dos dois romances, *La Curée* e *L'Argent*.

De um a outro desses romances, Saccard permanecerá na ponta dos negócios e nos negócios de ponta – de especulador imobiliário a proprietário de um banco. Mais uma vez ele cairá, mais uma vez ele guarda no bolso do colete outros grandes projetos para acumular e enriquecer, numa roda sem fim, que não é apenas pessoal, mas do sistema a que serve, da selva financeira movimentada como um imenso cassino especulativo (os termos são do próprio Zola).

A atividade de Saccard já se move em torno dos movimentos de um capital fictício, de onde vem o impulso vital exposto no romance. O procedimento de "superaquecimento mentiroso de toda a máquina especulativa" no jogo da Bolsa ("le surchauffement mensonger de toute la machine") é descrito com detalhes na compra e venda de ações debitadas nos nomes de pequenos funcionários coniventes, quando o Universal especula com seus próprios títulos para pressionar uma alta, aumenta seu capital com um balanço antecipado que contabiliza prováveis lucros futuros e cria bolhas financeiras. Se o dinheiro ainda não se desvinculou totalmente da vida prática, o romance, no entanto, já desenha sua potencialidade contraditória constitutiva, ao mesmo tempo medida ideal de valor e mercadoria ele mesmo, e desenha o que virá a ser a hipertrofia da esfera financeira. Uma "forma carente de conteúdo" que cria valor e desperta interesse, assim como de uma pereira se espera que dê peras (é o exemplo irônico de Marx)[19].

O capital acumulado por Saccard nasce de operações fictícias e ilegais, de alcance global. São minuciosamente descritos os procedimentos e as projeções das operações futuras, com ações a fundo perdido (e dinheiro inexistente), envolvendo fusão de sociedades financeiras e companhias, em empreendimento que se estenderia à China e ao Japão, contando com o apoio (também futuro) do Banco Nacional da Turquia, conseguido pelo envio de memorandos e documentos de projetos e propostas, que trariam minuciosos "detalhes técnicos" a fim de atestar – apenas no papel – a inquebrantável solidez do que estava sendo proposto (e que já contava também com patrocinadores locais), dando a ver a combinação de bancos nacionais e privados.

A criação das primeiras cinquenta mil novas ações, sustentadas pela supervalorização especulativa na Bolsa de Valores, foram destinadas, título a título, a portadores de ações antigas, de modo que o banco se livraria de qualquer subscrição e de concorrência públicas. E as novas ações seriam postas num fundo de reserva, prudentemente fracionadas, cabendo a seus portadores apenas um pequeno imposto. O que faz lembrar aquela imagem dos credores de Luís Napoleão convertidos em astrólogos, e vendo em cada crepúsculo a proximidade do dia do vencimento, que foi usada por Marx em *O 18 Brumário de Luís Napoleão*. Assim, lemos em Zola: "Mas mais ainda do que a ciência, a antiga poesia dos lugares santos fazia jorrar este dinheiro numa chuva milagrosa, esplendor divino que Saccard tinha colocado no fim de uma frase da qual estava muito contente".

A notação do narrador não poderia ser mais irônica (a ironia é uma figura importante nesta narrativa, como nas melhores narrativas de Zola), num rebaixamento proposital repleto de alusões caras a um certo esteticismo, coalhado de referências

---

19. Cf. Karl Marx, *O Capital*, São Paulo, Abril Cultural, 1998, vol. III, capítulos XXIV e XXV.

místicas e prosaicamente encerrado pelo contentamento do grande empulhador que, mais do que contente está *très content*, e de todos aqueles que dividirão os lucros do seu empreendimento. "Enfim, depois destas promessas de um futuro glorioso, o relato concluía pelo aumento do capital."

A audiência para decidir o primeiro aumento do capital societário contava com deputados, banqueiros e o irmão de um ministro, que logo seria favorável ao projeto em troca de apoio do jornal do grupo ao governo, antigo órgão católico chamado *L'Espérance*. O pedido faz sentido, visto que um deputado da esquerda acabara de lançar um "terrível grito", que precisava ser logo dizimado perante a opinião pública: "O dia 2 de dezembro é um crime que tinha ecoado de um lado a outro da França, como um despertar da consciência pública". Numa outra reunião, segundo conta o narrador neste capítulo V de *L'Argent*, as respostas dadas pelo Império ao grito do deputado de esquerda traz, como argumentos, estatísticas e cifras dos negócios, a Exposição Universal e a malograda tentativa de intervenção no México!

As "conversas particulares" mostram deprezo pela organização militar prussiana, entre outros assuntos, que são deixados rapidamente de lado, com os figurões emudecidos diante do interesse comum: a chegada de Saccard e a aprovação entusiasmada do seu plano pelo conselho do banco, com mais um aumento de lucros futuros. Como se vê, o Império de Luís Bonaparte, tornado Napoleão III a 2 de dezembro de 1851, continua a ser fustigado por Zola em 1891 nos seus fundamentos ainda presentes na III República. No tempo narrado em *L'Argent*, o jogo e a ambição especulativos já passaram a fazer parte da vida e do pensamento das pessoas comuns, como os pais de Marcelle e Dejoie, que mantêm a fé em Saccard mesmo depois da debacle ("a fé ardente de um crente"). Zola compara o inchaço do mercado à "má gordura" dos obesos, mas o clima de euforia pela Exposição Universal e as apostas no mercado minimizam até a ameaça de guerra.

O tratamento dos diálogos em *L'Argent* pode ser comparado àquele conferido à conversa entre os soldados que, em *La*

Débâcle, opinavam sobre a guerra e o próprio Império. Como se viu, ali as opiniões pessoais foram colocadas lado a lado, e rapidamente encerradas pelo recurso de uma descrição, o que acabou ratificando apenas a multiplicidade de palpites. Os restos deixados pelo tratamento da cena em *La Débâcle,* comparados às cenas de *La Terre* e de *L'Argent,* ficam como sinal de errância opinativa. Não mais do que isso.

Uma pequena cena sem maior função crítica, trazendo o rastro da reificação dos destinos individuais. Não havia da parte do narrador nenhum interesse em mostrá-la como um componente formal do assunto tratado em *La Débâcle.* Em *L'Argent,* ao contrário, o narrador faz questão de sublinhar que as conversas particulares sobre a condução do destino do país se dobram ao interesse de lucro, mergulhado num halo de mistério religioso.

Os altos e baixos de Saccard, conduzidos com ironia cortante do narrador, apanham uma figura que faz da participação política e das mudanças de apoios um jogo de cena, onde o que conta é a guerra violenta de concorrência entre os grupos financeiros que, naquele momento, procuram se estabilizar. As desavenças de Saccard com o irmão, ministro de Napoleão III, lhe são desastrosas.

Neste romance fica claro que a ambição de liberdade dos homens está condicionada à liberdade que, na verdade, é do próprio capital, tendo sido o II Império um momento decisivo deste processo. A liberdade individual é o exato oposto desse mundo da livre concorrência: os romances de Zola contam a história da submissão e da reificação dos homens, dos pequenos comerciantes dos Les Halles ao *grand monde* parisiense. O deslocamento da expectativa de uma história de amor em *Le Bonheur de Dames,* retorna aqui de modo mais direto: "um homem capaz de dar bastante dinheiro à mulher, não tem por isso muito bem cotada a sua fortuna? [...] E isso não seria uma excelente publicidade?" (inverti a ordem das duas frases para apanhar melhor o sentido da passagem).

Para o que interessa neste capítulo – "Desordem na cidade: invasão e chamas" – escolho uma imagem da cidade conquistada pelo especulador quando, mais uma vez (como tinha sido seu olhar do alto de Montmartre, em *La Curée*), pondo em ação seu "apetite fortuna" e seu apetite consumo, Saccard deseja "subir mais alto do que jamais tinha subido, colocar enfim os pés sobre a cidade conquistada". O trecho traz uma descrição da cidade que se quer conquistar, ao mesmo tempo em que narra o aprisionamento do sujeito nas malhas do espetáculo moderno, no quarteirão da Bolsa de Valores, em *L'Argent*.

Colado ao olhar de Saccard, o narrador nos dá a medida de uma consciência individual que, no entanto, já é o deslumbramento introjetado por uma consciência coletiva, num torpor que o aniquila como resistência à ordem que, no minuto seguinte, poderá levá-lo de roldão pela desigualdade e violência que ela mesma traz inscrita. Aqui é outra a labareda, é outro o fogo que consome a cidade. O romance de Zola é capaz ainda de fazer vibrar a resistência do leitor pelo caráter realista da sua prosa.

Ali, sobre o alargamento do calçamento, a vida se ostentava, brilhava: uma onda de consumidores invadia os cafés, a doceria não esvaziava nunca, as exposições de mercadorias atropelavam a multidão, sobretudo a de um joalheiro, passando pelo fogo grandes peças de prata. E, nos quatro ângulos, as quatro esquinas, parecia que o rio de carruagens e pedestres aumentava, num embaralhamento inextricável; enquanto o ponto dos ônibus aumentava a confusão e os carros dos intermediários dos corretores da Bolsa, alinhados, atravancavam a calçada quase que de um lado ao outro da grade. [...] A trepidação, o ronco da máquina a vapor aumentava, agitava a Bolsa inteira, numa vacilação de chama[20].

20. Cf. trecho original: "monter plus haut qu'il n'était jamais monté, de poser enfin le pied sur la cité conquise"; "Puis, quand elle baissa la tête, qu'elle revit d'un regard le paisible horizon de son enfance, ce coin d'une cité bourgeoise et ouvrirère où elle rêvait une vie de paix, une amertume dernière lui vint aux lèvres. Les mains jointes, elle sanglota dans la nuit tombante. L'hiver suivant, lorque Renée mourut d'une meningite aiguë, ce fut son pére qui paya ses dettes."; "C'était donc pour les amener à cette abomination, à cette fratricide monstrueux et imbécile, que leurs coeurs s'étaient fondus l'un dans l'autre, pendant ces quelques semaines d'héroïque vie commune?"; "Mais plus en-

O pessimismo de Zola talvez não tenha chegado tão fundo em qualquer dos seus outros romances como em *L'Argent*, a despeito de sua aposta naquilo que o dinheiro poderia trazer de bom: a chave da derrisão que nasce no interior de cada uma das suas narrativas, marcando o conjunto dos romances do ciclo (com a exceção de *La Débâcle*, como se viu), pode estar dada por este romance. Não se trata de uma metafísica da ausência e da negação, ou de uma vertigem particular da morte: a negatividade está calçada no chão comum de uma experiência, que é o espetáculo já esvaziado de sentido particular e coletivo – um processo de desumanização que vinha iniciando sua marcha, que ainda não foi detida.

Une Page d'Amour de 1878 que, depois de *Le Ventre de Paris* e de *L'Assommoir* o próprio Zola chamou em carta "um copo de xarope", pode ser uma demonstração de método, com a cidade de Paris ao fundo como um comentador dos acontecimentos, e a pontuação irônica das representações teatrais referidas e encenadas nos salões burgueses de Passy, armando um plano com o qual o narrador vai pontuando seu próprio distanciamento programático em relação ao que narra e à dificuldade daquela gente de encarar um mundo "de pernas para o ar" ("un monde renversé").

core que la science, l'antique poésie des lieux saints faisait ruisseler cet argent en une pluie miraculeuse, éblouissement divin que Saccard avait mis à la fin d'une phrase dont il était très content."; "Enfin, après ces promesses d'un avenir glorieux, le rapport concluait à l'augmentation du capital."; "Le 2 décembre est un crime! qui avait retenti d'un bout de la France à l'autre, comme um réveil de la conscience publique."; "un homme capable de mettre beaucoup d'argent à une femme, n'a-t-il pas dès lors une fortune cotée? [...] Puis, n'était-ce pas là une excellente publicité?"; "Là, sur cet élargissement du pavé, la vie s'étalait, éclatait: un flot de consommateurs envahissait les cafés, la boutique du pâtissier ne desemplissait pas, les étalages attroupaient la foule, celui d'un orfévre surtout, flambant de grosses pièces d'argenterie. Et, par les quatre angles, les quatre carrefours, il semblait que le fleuve des fiacres et des piétons augmentât, dans un enchevêtrement inextricable; tandis que le bureau des omnibus aggravait les embarras et que les voitures des remisiers, en ligne, barraient le trottoir, presque d'un bout à l'autre de la grille. [...] La trépidation, le grondement de machine sous vapeur, grandissait, agitait la Bourse entière, dans un vacillement de flame".

Vem do próprio Zola a sugestão da cidade de Paris, "com seu oceano de tetos", como uma personagem que evocaria o coro antigo ao observar de longe, "com seus olhos de pedra", as criaturas mergulhadas num "drama íntimo". A cidade ao longe é uma fantasia e um fantasma, tanto quanto o é o drama íntimo amoroso que a narrativa sublinha com ironia, assim como a vida de salão resumida num comentário, repetido nas primeiras cinquenta páginas, acerca da atuação de certa atriz vista na noite anterior, com um "efeito prodigioso" de gestos: "Oh, é maravilhoso, maravilhoso!... Ela morre com um realismo!... Olhe, ela sustenta seu tronco assim, deixa pender a cabeça, e fica completamente verde..." Esse entusiasmo caricato pela atriz que se contorce no palco, "completamente verde", para morrer com verdade, arma uma escolha formal, comum à espectadora e à atriz, que também mostra o ridículo das paixões e meias-paixões que o romance apanha, em 1853, pouco depois do golpe do Império[21].

---

21 Cf.: "Oh! c'est merveilleux, merveilleux!... Elle meurt avec un réalisme!... Tenez, elle empoigne son corsage comme ça, elle renverse la tête, et elle devient toute verte..."

IV

Sobre a Prosa Realista

> *A negatividade do sujeito enquanto forma verdadeira da objetividade pode apenas representar-se numa estruturação radicalmente subjetiva, não na suposição de uma objetividade pretensamente superior.*
>
> *[...]*
>
> *De todos os paradoxos da arte, o mais profundo é que só mediante o "fazer", a elaboração de obras mais particulares, em si específicas e totalmente organizadas, jamais por um vislumbre direto, é que ela apreende o não-fabricado, a verdade. [...] O que nas obras é história não é fabricado, e só a história o liberta da simples posição ou elaboração: o conteúdo de verdade não existe fora da história, mas constitui a sua cristalização nas obras.*
>
> THEODOR ADORNO

> *Mesmo o modo realista de escrever, do qual a literatura fornece vários e diferentes exemplos, carrega o selo do modo como foi utilizado, quando e por quais classes, sob os seus menores detalhes.*
>
> BERTOLD BRECHT

O sentido de prosa realista com a qual procurei costurar esta reflexão a partir dos romances de Zola, e na contramão de uma estética e uma teoria literária que pretendeu separar a literatura da realidade, está exposto no seu eixo fundamental em *História e Consciência de Classe* (1923), onde Lukács passa da perspectiva do indivíduo para a da classe social, superando o pressuposto dualista, e abrindo uma frente decisiva para uma reflexão sobre o romance realista.

Curiosamente, o realismo foi um tema em alta entre os estudos literários em tempos antirrealistas. Mas os defensores de um interesse exclusivo dos efeitos formais, ou melhor ainda, da forma como mero efeito de real, entabulavam uma batalha contra moinhos de vento, já que seus opositores eram aqueles que tomavam a literatura como cópia do real e como reprodução da opinião média e burguesa, a *doxa,* contra a qual se batia Roland Barthes. Enquanto isso, a reflexão de Lukács foi deixada ao abandono ou rechaçada, o que dá a pista para o terreno ideológico em que se fundavam as posições teóricas, e que o próprio Lukács aponta com clareza.

É evidente que o problema só pode elevar-se a este grau de generalidade quando colocado com a grandeza e a profundidade que atinge nas análises de Marx, quando o problema da mercadoria não aparece apenas como um problema particular nem mesmo como o problema central da economia tomada como uma ciência particular, mas como o problema central, estrutural da sociedade capitalista em todas as suas manifestações vitais. Só assim é possível descobrir na estrutura da relação mercantil o protótipo de todas as formas de objetividade e de todas as formas correspondentes de subjetividade na sociedade burguesa[1].

Nos termos do seu tema (a consciência de classe) e do seu ator histórico (o proletariado), Lukács levava em conta a autodeterminação entre sujeito e objeto, segundo a lição estético-histórica de Hegel. Assentado no seu próprio tempo descreveu a totalidade governada pelo fetiche da mercadoria, que molda relações cognitivas a-críticas, automatizadas e mistificadoras.

Numa reflexão com consequências decisivas para a estética, aponta a partir do processo histórico de reificação e na

---

1. Cf. Georg Lukács, *História e Consciência de Classe.* Rio de Janeiro, Elfos Editora, 1989, p. 97.

base das "formas de objetividade e de todas as suas formas correspondentes da subjetividade na sociedade burguesa", a totalidade construída pela hegemonia da forma mercadoria como dissociação e alienação do homem, na relação com sua força de trabalho (ela mesma mercadoria), com os outros homens e consigo mesmo. Em resumo, degradação.

Entre 1934 e 1935 Lukács escreveu um verbete sobre a formação do romance realista para a *Enciclopédia de Literatura*, publicada em Moscou. É um momento delicado da sua crítica literária, pois a partir de 1928 seu interesse pelo terreno estético-cultural vinha na esteira de uma posição política de defesa da democracia burguesa na Hungria, que confluía com o conservadorismo stalinista e a guinada ao oficialismo, após 1934. O debate que se seguiu na ocasião entre os membros do Instituto de Filosofia da Academia comunista, depois da apresentação da primeira versão desse texto, revela as divergências políticas dos participantes, e mostra como se instalava ali o debate literário[2].

Havia um forte substrato político na exposição de problemas literários aparentemente "neutros", como os gêneros literários e as questões do romance. A discussão se dava em torno dos caminhos para a realização do socialismo: evolução natural e disputa política, ou insurreição proletária e tomada de posse de indústrias, terras, instituições financeiras e riquezas naturais? Uma observação de Lukács, ao final do debate, revela e situa o impasse de base de sua empreitada, do seu esforço metodológico para levar adiante uma teoria marxista do romance, no meio de uma situação ideológica bastante complicada. No calor dos debates políticos entre mencheviques e bolcheviques, Lukács faz uma autocrítica pelo destaque que tinha conferido ao processo de degradação do homem na ordem capitalista.

---

2. Cf. G. Lukács, "Problemi di Teoria del Romanzo" e "Il Romanzo come Epopea Borghese", *Problemi di Teoria del Romanzo (Metodologia Letteraria e Dialettica Storica)*, a cura di Vittorio Strada, Torino, Einaudi, 1935.

Uma série de objeções reiteradas me levam a fazer uma certa autocrítica. Para mim é claro, por exemplo, que se muitos companheiros pensam que eu supervalorizei o momento da degradação do homem e subvalorizei o progresso do capitalismo numa certa fase do desenvolvimento, isso é consequência de uma exposição infeliz das minhas ideias sobre o assunto. O reexame autocrítico deste meu trabalho deve orientar-se em primeiro lugar para a forma da exposição.

De um compromisso ideológico a outro, a autocrítica só poderia desandar o conceito de realismo como conhecimento e exposição das contradições do capitalismo, que poderia abrir a perspectiva de um método crítico radical se apanhasse, de modo vivo, as contradições compartilhadas entre sujeito e objeto expressas pela forma do romance no bojo do desenvolvimento do capitalismo.

Seja a oposição entre decadência da ordem capitalista e vitória da ordem socialista, seja a valorização do progresso capitalista, o fato é que de qualquer modo está desqualificado o processo histórico: infelizmente para o avanço da reflexão sobre o romance, a oposição não seria menos essencialista do que a dualidade simples entre sujeito e objeto, e não seria fácil a tarefa de considerar que apostas formais, sem atrito crítico com o material hegemônico, não renderiam bons romances. Assim, o avanço de Lukács, no sentido de dar conta das relações entre produção literária e experiência social, recuou num certo momento pelas dificuldades em considerar a complexidade da práxis.

Como vimos na discussão de "Narrar ou Descrever?", pouco antes dessa autocrítica o seu juízo crítico já tinha ficado entravado pela contraposição entre dois mundos opostos, e pela assunção de critérios teórico-literários que, supostamente, os distinguiriam. De um lado, o mundo de "objetos cristalizados", dado ao romancista burguês; do outro, um mundo de "atividade espontânea e heroica do homem", dado ao romancista revolucionário russo.

Oposição que se desdobra em outros termos igualmente abstratos. De um lado, um escritor que não participa do mundo circunstante, fica à margem como um repórter descrevendo estados e circunstâncias e não pode dar forma criativa – a forma da ação épica – a uma experiência de combate; de outro lado, um escritor mergulhado numa ordem social em que é central "a atividade espontânea do homem" e que, por isso, é capaz de lhe dar "figuração épica através de sequências narrativas e de ações dramáticas exigidas por uma ideia geral". Esses os termos de suas críticas aos escritores naturalistas e modernos.

O pressuposto de ação dramática lhe dá argumento para reclamar do pouco destaque conferido à fabulação e a personagens que não lutam contra a "vil prosa burguesa". Flaubert seria o representante maior desse "novo realismo", e o crítico reconhece nele o caráter preciso da observação e descrição da realidade "humana e psicológica", que se ressentiria da escolha de uma matéria burguesa menor, incapaz de mostrar nada além da impotência da subjetividade. Flaubert teria recaído na apologia da burguesia a despeito do seu ódio e desprezo pela realidade burguesa. O crítico vê dissociação semelhante entre muita técnica e pouco assunto em Zola, que substitui a fantasia e o arbítrio da invenção pelo experimento e documento, e cujo interesse pela banalidade confina com o de Flaubert pelo "burguês médio".

Os parágrafos finais do ensaio de 1936, "Narrar ou Descrever?" dão bem a dimensão do impasse:

> Chegaremos à conclusão de que, também na União Soviética, o dilema *participar* ou *observar* (narrar ou descrever?) é uma questão ligada à posição do escritor em face da vida. Só que aquilo que para Flaubert era uma situação trágica é, na União Soviética, um simples equívoco, um resíduo não superado do capitalismo. Um resíduo que ainda não foi superado, mas que pode sê-lo e, certamente, o será[3].

É, no entanto, muito viva a argumentação que condena Flaubert e Zola pela substituição da "arte da narração" pela "descri-

---

3. Cf. G. Lukács, "Narrar ou Descrever?", *Ensaios sobre Literatura*, p. 99.

ção artística do particular", e por buscarem o "terreno sólido" para a criação realista no "círculo mágico do mundo objetivo e necessário dos fenômenos" onde se enclausuravam. A acusação de "falso objetivismo" imputada a Zola, e que segundo o crítico daria em mescla de subjetivismo e irracionalismo, é colocada contra a parede no interior da própria reflexão de Lukács. A acusação passa então a interessar por razões ao mesmo tempo opostas às do crítico, e sugeridas por ele.

Num outro contexto ficcional e social, talvez possa valer a sugestão de que um "falso objetivismo" se desdobraria na tendência que "transforma gradativamente o romance num agregado de fotografias instantâneas da vida interior do homem e, afinal, leva à completa dissolução do romance (Proust, Joyce)". Com os exemplos dados, no entanto, não passa de erro crítico. Para Lukács, se a liberação do subjetivismo foi fator progressista num certo romance, no caso, o romance inglês (aqui, o juízo sobre o relativismo subjetivo e enfraquecimento da forma do romance, em Sterne, mereceria ser retomado), essa liberação teria encontrado sua verdade depois de 1789, com a desilusão burguesa (a divisão social do espírito, no fim do período heroico da burguesia), historicamente ratificada pela violência contra os trabalhadores nas jornadas de junho de 1848[4].

A pergunta que faz Lukács e que ele mesmo não chega a responder é, então, sobre como tratar esse subjetivismo burguês degradado e alienado. A partir de Lukács, tomo Flaubert como

---

4. Cf. "Il Romanzo como Epopea Borghese", *Problemi di Teoria del Romanzo*, p. 172. Segundo Ian Watt, a dificuldade trazida por Sterne está ligada à tendência que, no século XVIII, perguntava se seria possível à mente individual conhecer algo exterior a si mesma. Sterne é quem teria dado a ver que "não existe dicotomia absoluta entre as abordagens exterior e interior da personagem. Essa questão tem considerável importância, pois a tendência a estabelecer uma separação absoluta entre "personagens de natureza" e "personagens de costumes" constitui a versão setecentista de uma tendência posterior, a equiparar o "realismo" no romance à ênfase na sociedade e não no indivíduo e a excluir da principal tradição realista os autores que investigam a vida interior de suas personagens" (cf. *A Ascensão do Romance*, São Paulo, Companhia das Letras, 1990, p. 256).

pedra de toque de outras reflexões sobre o realismo nos anos de 1940 e 1950, contrapondo-as a uma leitura de 1988: Paul Valéry, Erich Auerbach, Theodor Adorno e, por fim, Dolf Oehler. As avaliações de Valéry e Auerbach, escritas em anos próximos, acompanham as diferenças de suas posições: em Valéry, a defesa de uma Literatura (grafada com maiúscula) confinada mais com a "fantasia pura" do que com a mesquinha realidade, donde a dicotomia entre Literatura e realismo; em Auerbach, a defesa do imitativo baixo – a "imitação séria do cotidiano" e da mescla de estilos como marcas do realismo moderno.

Em 1942, Flaubert encontrou um mau leitor em Paul Valéry, como se pode ver no texto "La Tentation de (Saint) Flaubert", escrito como introdução ao conto "La Tentation de Saint Antoine" publicado em *Variétés*[5]. Desde as primeiras linhas, trata-se de um debate contra o realismo, onde Valéry afirma não ver em *Madame Bovary* mais do que a " 'verdade' de uma mediocridade minuciosamente reconstituída". Sucumbindo de modo simplista ao "dogma do Realismo", Flaubert não teria ido além da "constatação crua e sem escolha das coisas, de acordo com a visão comum", o que o teria levado a um "estilo artístico" em desacordo com "personagens vulgares" e, por isso, artificial, e oposto ao "real" da Literatura (sempre com maiúscula). Flaubert estaria a "erigir monumentos estilísticos em honra da insipidez provinciana e burguesa".

Acreditando que, nesse conto, o "monumento estilístico" teria chegado ao seu ponto máximo, agravado por um saber enciclopédico a massacrar o "herói" Antão, fraco e passivo, a crítica de Valéry a Flaubert toca num bordão caríssimo à crítica do realismo e do naturalismo: insistir na valorização excessiva do "acessório" em detrimento do "principal", excesso que teria feito Flaubert perder... "a unidade de sua composição".

Vale a pena recuperar aqui uma leitura recente de "La Tentation de Saint Antoine", a de Dolf Oehler, de 1988, que co-

---

5. Cf. Paul Valéry, prefácio a Gustave Flaubert, *Tentações de Santo Antão,* trad. Luís de Lima, São Paulo, Iluminuras, 2004.

meça situando o tempo em que foi escrito o conto: entre maio de 1848 e setembro de 1849, logo após os massacres contra os operários de Rouen que, como se sabe, foram prenúncio da jornada de 15 de maio e do levante de junho em Paris, vigorosamente denunciados pelos blanquistas parisienses[6].

Reconstituindo o ponto de vista de Oehler: a partir da situação histórica, ele chama a atenção para o tom de exorcismo da epígrafe na primeira versão do conto ("Messieurs les démons,/ Laissez-moi donc!") e para algumas referências difusas que remetem, na terceira versão, aos debates ideológicos de 1848. Oehler reconhece que este conto, que reproduz uma encenação dramática, não chega a dar uma solução formal radical para a experiência daqueles anos, tal como tinham feito os romances *Madame Bovary* e *A Educação Sentimental*.

De modo minucioso, Oehler mostra que o segundo romance, escrito em 1868, constrói de modo metódico e ferozmente crítico a relação entre as jornadas de junho de 1848 em Paris e os sentimentos complexos do "herói" fracassado, num "desmascaramento diabolicamente refinado". Em *A Educação Sentimental,* o crítico percebe a revelação espantosa do "burguês antropófago" que preserva, com unhas e dentes, sua propriedade.

E aponta para uma questão que já tinha sido assunto da análise de Auerbach, de 1937, em torno de *Madame Bovary*: a impossibilidade do narrador na construção da personagem Frédéric Moreau é relativa, pois se trata de uma construção formal programada que traz embutida a autocrítica do burguês cultivado. O escritor, tanto quanto sua personagem satisfeita com seu turismo frívolo e consumista em Fontainebleau (em descrição propositalmente minuciosa), corre o risco de estetizar os massacres da revolução de 1848 (uma "indiferença homicida"), ao observar Paris bombardeada como um espetáculo teatral.

---

6. Cf. Dolf Oehler, "Crítica do Consumo Puro: Flaubert e os Iluminados de Fontainebleau", *O Velho Mundo Desce aos Infernos (Autoanálise da Modernidade após o Trauma de Junho de 1848 em Paris)*.

Lembro que também Zola participa da interpretação crítica quanto ao caráter de posição narrativa da impassibilidade, como vimos. Aqui gostaria também de insistir na hipótese de que as marcas explícitas de uma encenação teatral nos episódios do final da guerra de Sedan, sobretudo aqueles centrados em torno de Weiss, poderiam sugerir uma espécie de reconhecimento implícito do conteúdo esvaziado da cena, como uma cobrança do conteúdo épico abandonado pelo narrador do romance *La Débâcle*.

O refinamento crítico de Flaubert, revelado por Oehler, contrasta com a leitura surpreendentemente pouco compreensiva de Theodor Adorno no ensaio "Posição do Narrador no Romance Contemporâneo", de 1954, que assim ficou devendo a Flaubert a abordagem dialética que dispensou a Balzac. O argumento de Adorno se sustenta numa diferença entre a reflexão moralista pré-flaubertiana, que toma partido a favor ou contra personagens, e a reflexão posterior à obra de Proust, Gide, o último Thomas Mann e Musil, que rompe "a pura imanência da forma", e toma partido "a favor ou contra a mentira da representação" e os comentários do próprio narrador.

Adorno vê Flaubert como a encarnação mais autêntica do romance tradicional, e ajuíza sua "pureza da linguagem" como descompromisso com a realidade. Sua leitura ratifica inteiramente a impassibilidade, a objetividade, a "pureza objetiva" de um narrador vinculado ainda a uma técnica ilusionista, que confere à cena narrativa flaubertiana *status* de realidade, e a seu leitor a impressão de participação[7].

No final dos anos de 1930, Erich Auerbach já tinha apreendido, na prosa de Flaubert, a desmistificação, tão cara ao próprio Adorno e também a Lukács, da aparência da prosa do mundo. A análise de Auerbach permite pensar que essa prosa formata a re-

---

7. Tratando de Proust e Kafka, Adorno afirma que "a atitude contemplativa tornou-se um sarcasmo sangrento, porque a permanente ameaça da catástrofe não permite mais a observação imparcial, e nem mesmo a imitação estética dessa situação" (cf. Theodor Adorno, "Posição do Narrador no Romance Contemporâneo", *Notas de Literatura I*, p. 60).

lação entre narrador e leitor como um dos assuntos centrais de uma narrativa que já se distancia criteriosamente de sua própria matéria, para melhor apreendê-la e representá-la de modo radical. Situando o romance de Flaubert no momento "apartidário, impessoal, objetivo" do realismo francês (o dos anos de 1850), a análise de Auerbach toma rumo absolutamente instigante.

Como se sabe, Auerbach via a mescla de estilos do realismo oitocentista como representação da plena realização da democracia na República de Weimar tomando, no entanto, o conceito de mescla como um princípio, *a priori* e geral. Desse modo, deixou de lado o peso histórico dessa mescla e do estilo "imitativo baixo" sem discutir, por exemplo, quais atores históricos a mescla de estilos e o imitativo baixo estavam incluindo, como o faziam num ou noutro autor. Talvez fosse historicamente prematuro indagar se os incluídos literários não seriam justamente aqueles cuja desqualificação social já sustentava o andamento vitorioso do capitalismo. O diferencial da análise de Auerbach depende de sua percepção aguda de uma construção formal, que marca um abismo social entre narrador e personagem.

Num texto escrito por ocasião dos cinquenta anos de publicação de *Mimesis*, Terry Eagleton localiza no "humanismo populista" ou "realismo popular" de Auerbach uma resposta aos fascistas responsáveis por seu exílio em Istambul naqueles anos, sugerindo que por isso o conceito "realismo" seria, tanto para ele como para Lukács (mas, acrescento, em outras circunstâncias e com sentido diverso), um termo de valor. O que é verdade, pois mesmo os constrangimentos políticos de Lukács, nefastos em muitas avaliações literárias, não abalaram seu voo teórico-literário em relações aos pressupostos realistas histórico-formais[8].

A análise de Auerbach trata da cena em que o Flaubert descreve a insatisfação de Emma Bovary, apreendida pelo narrador no seu ponto máximo, durante uma refeição. Auerbach mostra que o desespero de Emma conduz a descrição pormenorizada

---

8. Cf. Terry Eagleton, "Pork Chops and Pineapples", *London Review of Books*, vol. 25/ n° 20, out. 2003.

da cena, sem que se trate de um acesso à consciência da personagem (como se poderia fazer pelo recurso à primeira pessoa ou ao discurso indireto livre). O narrador vê através de Emma mas, ao mesmo tempo, se distancia de Emma. "Não é Emma que fala aqui, mas o escritor", afirma Auerbach. Por que Emma não fala? Por que a distância do narrador? O que fala o escritor através dessa construção do narrador e de Emma?

Certamente Emma sente e vê tudo isto, mas ela não seria capaz de ajuntá-lo desta forma. "Toda a amargura da existência lhe estava sendo servida no prato": ela certamente tem uma tal sensação, mas se quisesse exprimi-la, não o faria dessa forma; para chegar a essa formulação faltam-lhe a agudeza e a fria honestidade que resulta de uma prestação de contas consigo mesmo. Todavia, não é de modo algum a existência de Flaubert, mas a de Emma a única que se apresenta nestas palavras; Flaubert não faria senão tornar linguisticamente maduro o material que ela oferece, em sua plena subjetividade. Se Emma pudesse fazê-lo sozinha, não mais seria o que é, ter-se-ia emancipado de si mesma e, com isso, estaria salva. Assim, ela não vê simplesmente, mas é ela própria vista como alguém que vê, e através disso, pela mera designação nítida da sua existência subjetiva, a partir de suas próprias sensações, é julgada[9].

Embora desiguais, a construção do narrador e a de Emma se completam, espelhando-se em contraste: a impessoalidade do narrador como a verdade da alienação de Emma, descrita com desprezo calculado a barrar qualquer chance de identificação do primeiro com a incapacidade da segunda, e conferindo à aparente imparcialidade ou impessoalidade o peso de uma tomada efetiva de posição. Do narrador em relação a Emma, do escritor em relação a Emma e ao narrador. O mundo interno, subjetivo e emocional da personagem, não é compreendido do ponto de vista de uma pretensa naturalidade, humana e essencial. O narrador o si-

---

9. Cf. Auerbac, *Mimesis*, p. 434: "Toute l'amertume de l'existence lui semblait servie sur son assiette".

tua e, pelo seu lado, o leitor vê-se obrigado a um distanciamento semelhante ao observar, em situação narrativa, a descrição de um turbilhão emocional. São esses os objetos.

Desse modo, a própria atitude impassível e impessoal é um problema posto pela narrativa, ainda que as interpretações usuais se dividam entre os que a acusam como puro exercício de estilo, e os que a identificam ao projeto da objetividade realista. Mas o fato é que a simulação de imparcialidade acentua o caráter socialmente fatalista da alienação pequeno burguesa, e expõe em alto grau o desafio (histórico) do "como narrar".

O narrador constrói em relação a si próprio o distanciamento que exige do leitor. Movimento para o qual a personagem está incapacitada, pelos limites impostos pela situação pequeno-burguesa e, portanto, por razões psicossociais. É assim que o narrador, figurando imparcialidade, representa uma tomada de posição histórica (uma mediação), na medida mesma da arquitetura do seu trabalho narrativo.

A prosa de Émile Zola tem lugar próprio na moderna linhagem realista, pois já não se trata do narrador onisciente de Balzac, que encontrara um modo inédito entre o melodrama e o registro realista para enfrentar um tempo em que o poder do Estado mudava de mãos, a partir de 1830. Tampouco é possível falar, no caso de Zola, em procedimentos e resultados narrativos semelhantes aos de Flaubert, a não ser que consideremos suficiente a mera descrição formal do uso da terceira pessoa. O que não levaria muito longe.

Para dar conta da passagem de Flaubert a Zola é preciso lembrar que a impassibilidade do narrador, como uma construção narrativa, foi a lição com a qual Flaubert, habitualmente consagrado como um representante da *l'art pour l'art*, tornou evidente a situação precária do narrador moderno, já impossível de ser imaginado como lugar preservado e ideologicamente não contaminado (e por isso confiável)[10].

10. Halina Suwala comparou a técnica do ponto de vista em Flaubert e Zola assegurando a semelhança dos resultados. O narrador em *Madame Bovary* teria

Não à toa, Auerbach passa ao largo dos preceitos do romance naturalista para sublinhar a "objetividade quase protocolar do relato", ao analisar a cena do baile operário em *Germinal* como uma "pintura literária" viva, sensorial, grotesca em seus detalhes e movimentos. E destaca o contraste entre assunto (uma orgia popular) e notação seca e precisa que, de saída, já nos informa sobre o horário precoce do encerramento da festa: "Jusqu'à dix heures, on resta". A leitura de Auerbach encaminha o leitor para que, num conto como "Un Coeur Simple", de 1874, ele possa compreender a relação que se estabelece entre a empregada Félicité e a sra. Aubain, a patroa[11].

Além disso, Auerbach distingue Zola do toque inequívoco de exotismo dos Goncourt, quando tratam da camada popular em tom moralista e superiormente humanitário de "grãos-burgueses" e "semiaristocratas", destinados a representar literariamente os direitos do povo... de olho no mercado e na voga das pesquisas positivistas. O crítico dirá que apenas Émile Zola, uma geração depois, terá ido "além do realismo meramente estético da geração que o precedeu; é um dos pouquíssimos escritores do século que fizeram a sua obra a partir dos grandes problemas da época", e que "apresenta com clareza e simplici-

    emprestado seu estilo às personagens, dando em narração homogênea e alguma ambiguidade que os confundiria, como é de hábito nesse discurso. No caso de Zola, em *L'Assommoir*, a situação teria se invertido, mas com os mesmos resultados de homogeneidade e ambiguidade: o narrador não empresta seu estilo, mas adota a expressão das personagens, tanto no caso de indireto livre quanto nas passagens narrativas. A conclusão de Suwala é esquemática: é impossível determinar se se trata do narrador ou da personagem (*Autour de Zola et du Naturalisme*, Paris, Champion, 1993).

11. "Não mais se trata, como no caso dos Goncourt, do atrativo sensorial do feio; trata-se, sem qualquer dúvida, do cerne do problema social do tempo, da luta entre o capital industrial e a classe operária. O princípio de *l'art pour l'art* está liquidado" (cf. Auerbach, *Mimesis*, ob. cit., p. 459). A leitura de Auerbach apreende uma posição política implícita na obra, ainda que de alcance inadvertido. Uma perspectiva que o historiador francês Michel Winock não ratificaria, já que acredita que "a vida política francesa não está constituída sobre a base de luta de classes, mas sobre o abono representado pela herança revolucionária: República ou monarquia, anticlericalismo ou clericalismo etc." (cf. Michel Winock, *La France Politique, XIX-XX Siècle*, Paris, Seuil, 1999, p. 9).

dade modelares a situação do quarto estado e o seu despertar, num estágio temporão da época de transição em que ainda nos encontramos" (o crítico se refere a *Germinal*).

Sua avaliação, no entanto, contenta-se com a ideia da representação de um "quadro modelar da classe operária" classificado por nível geral de conteúdo e estilo ("o povo é tratado numa mistura de estilos humilde e sublime, com predomínio do último"), ao contrário do que mostra em Flaubert, através da análise formal que empreende de *Madame Bovary*. Assim é que enfrenta a voga antinaturalista que se instalara a partir de 1890.

Dentre algumas questões provocadoras formuladas por Terry Eagleton, vale a pena destacar: uma arte que se refira a pessoas comuns é, necessariamente, ética e esteticamente superior? Estar ligado à vida comum significa ser politicamente superior? As próprias pessoas comuns seriam espontaneamente radicais? O estilo mesclado é necessariamente subversivo? A vida popular é mais "real" do que a vida em "palácio"? Beckett não faz uma literatura radical com personagens estereotipados?[12]

A análise de *Madame Bovary*, de Auerbach, pode construir uma bela ponte com a reflexão de "Lecture de Balzac", de Adorno, mapeando o sentido das diferenças que vão do narrador de Balzac ao de Flaubert. Insistindo no fio do tratamento formal conferido ao romance realista, aqui escolhido, retomo mais uma vez Lukács e Adorno. Para o primeiro, a vinculação orgânica entre personagem (interesses e paixões) e ação em *Ilusões Perdidas* de Balzac (sobre o qual escreveu em 1935) era, sobretudo, revelação do próprio processo social: os fatos se encaminham como um "dever ser" (Lucien deve arruinar-se em Paris) e a ação determina o que é "essencial" na narrativa, com saltos já previstos pela constituição da personagem.

Com isso Lukács pretendia destacar a "profundidade do realismo" balzaquiano, que se aproximaria da realidade objetiva evitando a "descrição direta", sem pretensão de "reprodução

---

12. Cf. Erich Auerbach, *Mimesis*, p. 462. Cf. Terry Eagleton, "Park Chops and Pineaples".

fotográfica". Uma posição que tomou rumo diverso em Adorno, que deslocou o foco da ação dramática, colocando em dúvida o "realismo" balzaquiano. Esse deslocamento da ação dramática como foco está na base da sua oposição a Lukács em "Uma Reconciliação Extorquida", de 1958, onde ataca o conceito de "realismo socialista" para discutir e diferenciar a arte como meio de conhecimento do conhecimento científico – o estilo, a forma, os meios de apresentação – e apontar um retrocesso no trato dogmático do processo dialético do sujeito e do objeto[13].

Em "Lecture de Balzac", inédito publicado pela primeira vez em 1958, como vimos, Adorno lembra que Balzac é um camponês na cidade grande, um *outsider* que insiste em nomear, com deslumbramento e vitalidade a despeito das desgraças individuais, uma realidade ainda não inteiramente reconhecível a seu tempo. Esse o ponto decisivo: a imaginação reconstrói uma realidade, que não é percebida em todas as suas implicações. O narrador onisciente de Balzac seria uma "fantasia macroscópica", um porta-voz daquele período que estava sendo inviabilizado frente ao que se iniciava.

É uma mistificação supor que a forma literária se interesse apenas pela realidade imediata, e que seja possível a boa conciliação entre sujeito e objeto; é ideologia afirmar o caráter inquestionavelmente "sadio e regenerado" do mundo socialista. Adorno observa que a filosofia objetivista da história adotada por Lukács, em oposição ao subjetivismo psicológico, tinha sido engolfada pela doutrina comunista oficial, que o tinha impedido de compreender manifestações e realizações literárias que se opunham aos idealismos filosóficos e cientificismos acadêmicos e enfrentavam, criticamente, a reificação da existência.

Michael Löwy se refere ao fato de que Lukács, no bojo da recepção stalinista a Kafka nos anos de 1950, viu antirrealismo numa prosa que realizava formalmente a estrutura reificada

---

13. Cf. G. Lukács, "Balzac: Les Illusions Perdues", *Ensaios sobre Literatura*, ob. cit.; cf. também Theodor Adorno, "Lecture de Balzac" e "Une Réconciliation Extorquée", *Notes sur la Littérature*, p. 173.

de mundo capitalista e maquinário burocrático. E, por ironia, esse tinha sido o assunto ao qual o próprio Lukács se dedicara nos anos de 1920! Ainda segundo Löwy, o debate em torno de Kafka nos anos de 1960 deixou claro ser impossível livrar-se do realismo kafkiano, que se opunha à ilusão realista ao mesmo tempo em que desvendava seus fundamentos.

Ilusão realista tem aqui o sentido de representações positivadas e bem pensantes da vida e dos conflitos do mundo, inclusive por meio de convenções formais historicamente situadas, que poderiam ser abaladas pela força do material ainda não convencionalizado. Nesse sentido, a obra de Kafka alarga o alcance de uma ficcionalidade que, já no século XIX, anda a seu modo na contramão de uma "imagem ingênua e positiva da cultura", retomando a expressão de Adorno e insistindo no papel que confere à forma artística[14].

Aquela comparação entre procedimento do romance realista e desenhos de esquizofrênicos de Adorno explicita o modo como ele leva em conta a lei formal da arte. Os esquizofrênicos

[...] não compõem um modo imaginário a partir da sua consciência isolada. Ao contrário, eles rabiscam os detalhes dos objetos perdidos com uma acuidade que exprime a própria perda. É isso, e não uma semelhança impecável com as coisas, a verdade do concretismo literário. Na linguagem da psiquiatria analítica seria um fenômeno de restituição[15].

Portanto, uma formulação que depende da transformação do próprio conceito de objetividade, entendido como posição de sujeito e de objeto, que se autoexplicitam através de categorias mediadoras. Sendo uma mediação histórico-social (uma

14. Cf. Michael Löwy, *Franz Kafka, Sonhador Insubmisso*, trad. Gabriel Cohn, Rio de Janeiro, Azougue, 2005, p. 189. Sobre Proust, escreve Adorno: "Proust, em quem a observação 'realista' mais precisa se alia intimamente à lei formal estética da memória involuntária, é o exemplo de unidade da fidelidade pragmática e – segundo as categorias de Lukács – de um procedimento não realista".
15. Cf. T. Adorno, "Lecture de Balzac", *Notes sur la Littérature*, p. 92.

consciência social que expõe seu julgamento) o *ingenium*, no caso de Balzac, estaria impregnado de artesanato. A ideia de que "a arte não visa a realidade, mas contradiz a realidade", acentuada aí a diferença, por contraste, entre arte e realidade, está exposta em "Uma Reconciliação Extorquida". O parecer estético não dissocia a arte da realidade, mas, ao contrário, depende da inserção socialmente mediada da arte na vida, sendo essa a condição de sua autonomia relativa e da sua capacidade crítica. Na arte "o objeto é recolhido enquanto imagem no sujeito, ao invés, como de resto lhe ordena o mundo alienado, de manter-se petrificado diante dele como uma coisa". De que outro modo entender o pressuposto de uma matéria transformada por força de um corte, também subjetivo? As formas do romance dão a ver feições históricas da mediação recíproca entre sujeito e objeto. "A arte não conhece a realidade reproduzindo-a de maneira fotográfica ou 'perspectivista' mas exprimindo, graças à sua constituição autônoma, aquilo que a forma empírica da realidade encobre"[16].

No entanto, antes mesmo dos debates contemporâneos a respeito do romance e das formas históricas possíveis da sua natureza realista, o romance já tinha sido acusado de usurpar o lugar da narrativa histórica com a finalidade de mentir e animar paixões. Nesse sentido, ele foi atravessado por um paradoxo. É possível distorcer a realidade e ser verdadeiro? Esse paradoxo constitutivo, todavia, não contou a seu favor (isto é, a favor do romance), na medida em que abalava os fundamentos estético--ideológicos que isolavam a literatura num plano superior ao do mundo prosaico. Por isso, a polêmica sobre o realismo no romance tem tido o mérito de chamar atenção, ao longo dos anos, para as determinações materiais das obras de imaginação, incluindo não só o material das suas faturas estéticas, mas também as concepções teóricas que as tentam compreender.

No caso da discussão sobre o romance, tensionada entre uma compreensão cognitiva e uma consideração estética, ela envol-

---

16. Cf. "Une Réconciliation Extorquée", *Notes sur la Littérature*,. pp. 181 e 184.

veu os próprios escritores desde o romance filosófico de Diderot. Na segunda metade do século XIX ela se expôs, tal como o romance, como parte da experiência burguesa. Com razão Antonio Candido escreveu que "a literatura é uma atividade sem sossego". Assim tem sido, de modo exemplar, no caso do romance. O mal-estar que provocou ficou claro no contexto alemão do XVIII quando, em condições que permitiram a ideia de forma romântica, sistematizada pelo grupo de Iena ("uma visão espiritual do objeto"), não podia caber uma prosa que rebaixava o "templo da alma" e se desviava do projeto filosófico da *Athanaeum*[17].

O gesto que libertara aquele romantismo da normatividade com que os neoclássicos tinham marcado a leitura de Aristóteles, conferindo papel central à Cultura alemã, dirigia-se para o mundo ideal da reflexão. E a ideia de forma romântica, um modo de driblar – pelo alto – o estágio atrasado do capitalismo alemão, parecia incompatível com a carga prosaica do romance, mais próxima do horizonte histórico-social dos escritores ingleses e franceses. Tendo o presente como matéria, o romance estava distante da harmonia idealizada pela filosofia romântica que encontrava, no fragmento, a indicação de um absoluto ainda que apenas aludido, e sem representação possível.

A concepção romântico-idealista do mundo era radicalmente diversa daquela trazida pelos "volumes imundos" tocados pelas mãos de Amália, a interlocutora de Schlegel em "Carta sobre o Romance", onde é recriminada pelo mau gosto. Para Schlegel, os romances seriam "palavrório confuso e inculto", corrupção

---

17. Cf. Antonio Candido, "Timidez no Romance", *A Educação pela Noite e Outros Ensaios*, 5. ed., Rio de Janeiro, Ouro sobre Azul, 2005. Referindo-se a um estudo de Arthur Tieje, Antonio Candido lembra que a tríade divertir-edificar-instruir sustentou o romance no seu período de formação, o da ficção alegórica dos séculos XVII e XVIII. Eram então secundários os intuitos de "representar a vida quotidiana" ou "despertar emoções de simpatia". A "bastardia" (ou ficcionalidade) do romance teve seu batismo com Richardson (1740), que mistura psicologia e costumes, e é fundamentalmente realização do "desejo de efabulação" como verdade e aceitação da fantasia, de que não fica imune a própria atividade histórica. Cf. também Luiz Fernando Franklin de Matos, "O Paradoxo do Romance", *A Cadeia Secreta*, São Paulo, CosacNaify, 2004.

da imaginação e da fantasia impedindo o acordo ideal entre vida e espírito. O novo gênero era então contemplado sob um juízo depreciativo, estendido ao próprio conceito fundante de realismo: a avaliação "segundo a quantidade de visão pessoal e representação da vida que contiver, e nesse particular poderão ser bem-vindos até os imitadores de Richardson"[18]. O melhor que poderia oferecer um romance seria um caráter verdadeiramente confessional. Uma singularidade?

Diante da autobiografia – *Memórias* – de Edward Gibbon, Schlegel descobre um narrador em grau rebaixado, pois "é o romance cômico que nele encontramos, quase inteiramente pronto". Além da cifra da comédia, o caráter ficcional da autobiografia do historiador inglês traz problemas ao filósofo, para quem aquele narrador mostra o "gracioso e completo ridículo" de um tipo de época, oferecendo "assim amontoado tanto material para um bom riso".

O nó da questão continua sendo, portanto, a mentira ficcional, agravada pelo "imitativo baixo" que reúne assuntos menores, sujeitos empíricos e registro cômico. Sem enfrentar a natureza própria dessa mentira e a forma da comédia, o filósofo as desmerece por princípio, perguntando o que diferenciaria um romance de uma narrativa de viagem, de uma coletânea de cartas ou de uma autobiografia.

À simples "sede de curiosidade" atiçada pelos "maus romances" o filósofo contrapõe, com vantagens, no entanto, o humor e os "arabescos" originais de Swift, Sterne e Diderot, que não seriam ainda obras de arte, mas "a poesia da natureza das elites de nossa época". Mesmo como poesia da natureza e poesia das elites, Schlegel acredita que os arabescos são ainda insuficientes para permitir ao leitor um mergulho na "divina espirituosidade" de um Ariosto, Shakespeare, Petrarca, Tasso ou Dante. Mas acredita também que aquela prosa de arabescos

---

18. Cf. F. Schlegel, "Carta sobre o Romance" e "Ensaio sobre as Diferenças de Estilo entre as Obras Juvenis e Tardias de Goethe", *Conversa sobre a Poesia e Outros Fragmentos*, São Paulo, Iluminuras, 1994.

poderia ir preparando esse leitor a "exercitar ou alimentar, de alguma maneira, o jogo de nossa constituição interna".

O argumento do filósofo reaparece num outro tempo e contexto quando, em 1910, Georg Lukács volta a Sterne no ensaio "Riqueza, Caos e Forma" de *A Alma e as Formas*. Ali encena um debate entre dois jovens leitores de Goethe, que divergem exatamente sobre a noção de arabescos, "a poesia da natureza das elites de nossa época". Joachim (com quem se identifica Lukács) critica os traços exclusivamente positivos que o amigo lhes confere, pois acredita que o "estilo de efeitos" de Sterne seria resultado de uma exteriorização contingente (e desinteressante) da subjetividade, dando em jogo gratuito e defeito de elaboração. Vincenz, o outro debatedor, defende com veemência as soluções técnicas do romancista[19].

Com juízos opostos sobre o escritor setecentista, nem um nem outro relaciona os arabescos à "sua época apoética e miserável", expressão de Vincenz para justificar a mais completa autonomia da forma que elogia, em relação ao mundo prático. Esse embate em torno de Sterne tem um princípio geral comum, que une os debatedores e revela o próprio crítico naqueles anos: a obra é reflexo do mundo através de uma certa subjetividade (empírica para Vincenz, lógica para Joachim), única instância capaz de comunicar os "conteúdos reais da vida" ou "seu caráter ilimitado e sua riqueza extensiva".

Remetendo à distinção kantiana, Joachim acredita que não se deve representar o "eu empírico" mas o "eu inteligível", e que algumas subjetividades (como em Sterne) seriam um "obstáculo entre o *eu-mesmo* e os conteúdos da vida", pondo a perder "toda a subjetividade fundamental e verdadeira". Já Vincenz acredita que a essência dos arabescos de Sterne concentraria sentimentos ilimitados em relação a um mundo variado, múltiplo, sendo símbolo direto do infinito e da riqueza da vida, costurado pela imagética dos sonhos e pelas digressões.

---

19. Cf. Georg Lukács, *L'Âme et les Formes*, Paris, Gallimard, 1974.

Embora no ensaio "A Filosofia Romântica da Vida", desse mesmo livro, Lukács afirme já não poder abraçar nem a intenção de Novalis de poetizar a vida e acreditar na possível harmonia do mundo real, nem a "revolução do espírito" de Schlegel, vê-se que há pontos comuns com o viés idealista romântico. Nos anos de 1930, Lukács irá sublinhar o caráter reacionário da recusa romântica da revolução francesa e o teor confuso do seu protesto contra a reificação trazida no bojo da vitória capitalista.

Em 1910, ao optar por um anticapitalismo romântico e rejeitar a Hungria conservadora e burguesa, Lukács insiste na distinção entre "vida autêntica" e vida inautêntica (empírica). Reconhecendo o caos e a degradação da vida, Lukács aspira a uma essência fora dela, recusando a vida inautêntica para mirar um plano de valores éticos absolutos. Naquele momento, ele estava longe de admitir aquilo que será sempre tensão na sua obra crítica: a conciliação entre o universal e o individual só poderá sustentar um projeto utópico, se esses termos forem considerados, em cada momento histórico, segundo as mediações sociais que os determinam. Daí o risco de privilegiar um ou outro que leva, necessariamente, à abstração.

Naquela década de 1910, seu pressuposto viabiliza a separação teórica e programática entre objeto (experiência social) e sujeito (indivíduo), e é a-histórico. Comum a Joachim e Vincenz, ele sustenta a ambiguidade que costura a oposição entre eles. Seis anos mais tarde, na *Teoria do Romance*, Lukács ainda ratificará a avaliação de Joachim sobre os arabescos de Sterne, sem avançar a respeito dos seus fundamentos sociais ("meros reflexos subjetivos de um fragmento de mundo")[20].

20. Cf. Georg Lukács, *A Teoria do Romance*, São Paulo, Duas Cidades/Editora 34, 2000, p. 53. Ian Watt lembra que "mesmo aqueles que, a partir de Richardson colocaram a maior ênfase na direção subjetiva e psicológica também fizeram algumas das maiores contribuições para o desenvolvimento do realismo formal. Proust nos fornece um documento de introspecção cartesiana, mas é uma introspecção que revela o mundo exterior da Terceira República tanto quanto o mundo interior das memórias do narrador" (cf. *A Ascensão do Romance*, São Paulo, Companhia das Letras, 1990, p. 256).

Desde o início do século XIX a sociedade desloca os homens no ritmo dos novos procedimentos técnicos, com problemas de nova ordem para a forma artística. Seria ainda hoje possível opor a mera tecnicização a uma ordem interna da técnica artística, emancipatória no que revela? E o que ela revela? Para compreender alcances e limites do realismo é preciso pensá-los como termos das próprias condições histórico-sociais: alcances e limites do realismo num mundo que hoje naturaliza a esfera do consumo, e onde o fetiche-mercadoria preside a sociabilidade e se autonomiza, transformando-se ele mesmo em sujeito.

Como instaurar uma posição crítica neste estágio do moderno sistema de produção de mercadorias? Como cada uma das prosas realistas foi colocando em cena os enredos desenvolvidos no interior das novas formas sociais da cidade e do campo? Quais formas dos realismos puderam e talvez ainda possam fazer mais do que apenas ratificar as formas da vida contemporânea? São perguntas que só podem ser respondidas pondo as obras literárias em discussão.

Na polêmica que manteve com Lukács sobre o realismo, Brecht formulou a ideia que serve aqui como fecho, pela ampliação que implica: produzir o concreto e tornar possível sua abstração.

Determinar se um trabalho é ou não é realista não se resume a verificar se ele é ou não parecido com outros trabalhos considerados realistas, ou que eram realistas a seu tempo. Em cada caso, é preciso comparar a representação da vida num trabalho de arte com a própria vida que está sendo representada, ao invés de compará-lo com outro trabalho[21].

---

21 Cf. Bertold Brecht "Against Georg Lukács", *Aesthetics and Politics* (*The Key Texts of the Classic Debate Within German Marxism*), London, Verso, 1977, p. 85. (A tradução é minha.)

Bibliografia Citada

ADORNO, Theodor. *Teoria Estética*. São Paulo, Martins Fontes, 1988.
_____. *Notas de Literatura I*. São Paulo, Duas Cidades/Editora 34, 2003.
_____. *Notes sur la Littérature*. Paris, Flammarion, 1984.
_____. *Mínima Moralia*. São Paulo, Ática, 1992.
_____. *Prismas*. São Paulo, Ática, 2001.
_____. *Terminologia Filosófica*. Madrid, Taurus Ediciones, 1983, 2 vols.
ALTER, Robert. *Imagined Cities (Urban Experience and the Language of the Novel)*. New Haven & London, Yale University Press, 2005.
ANDERSON, Perry. "Trajetos de uma Forma Literária". *Novos Estudos Cebrap*, mar. 2007.
AUERBACH, Eric. *Mimesis*. 2. ed. rev. São Paulo, Perspectiva, 1976.
BARTHES, Roland. *O Rumor da Língua*. São Paulo, Brasiliense, 1988.
BECKER, Colette. *Émile Zola – entre doute et rêve de totalité*. Paris, Hachette, 1993.
BENJAMIN, Walter. *Documentos de Cultura, Documentos de Barbárie*. São Paulo, Cultrix/Edusp, 1986.
_____. *Magia, Técnica, Arte e Política*. São Paulo, Brasiliense, 1985.
_____. *A Modernidade e os Modernos*. Rio de Janeiro, Tempo Brasileiro, 1975.
_____. *Passagens*. Org. Willi Bolle e Olgária Matos. Belo Horizonte/São Paulo, Editora UFMG/Imprensa Oficial, 2006.

_____. *Charles Baudelaire. Um Lírico no Auge do Capitalismo.* São Paulo, Brasiliense, 1989.

BRECHT, Bertold. "Against Georg Lukács". *Aesthetics and Politics (The Key Texts of the Classic Debate Within German Marxism).* London, Verso, 1977.

BROOKS, Peter. *Realist Vision.* New York, Yale University, 2005.

BUCK-MORSS, Susan. *Dialética do Olhar. Walter Benjamin e o Projeto das Passagens.* Belo Horizonte/São Paulo/Chapecó, Editora UFMG/ Humanistas/Argos, 2002.

BUTOR, Michel. *Repertoire IV.* Paris, Les Éditions de Minuit, 1974.

CANDIDO, Antonio. *O Discurso e a Cidade.* São Paulo, Duas Cidades, 2003.

_____. *Recortes.* 3. ed. Rio de Janeiro, Ouro sobre Azul, 2004.

_____. *A Educação pela Noite.* 5. ed. Rio de Janeiro, Ouro sobre Azul, 2005.

COMPAGNON, Antoine. *O Demônio da Teoria (Literatura e Senso Comum).* Belo Horizonte, UFMG, 2006.

DAVIS, Mike. *Planeta Favela.* São Paulo, Boitempo, 2006.

DEBORD, Guy. *A Sociedade do Espetáculo.* 4. ed. Rio de Janeiro, Contraponto, 2003.

EAGLETON, Terry. *Towards a Revolutionnary Criticism,* London, Verso, 1988.

_____. "Pork Chops and Pineapples", *London Review of Books,* out. 2003, vol. 25/nº 20.

FRANKLIN DE MATOS, Luis Fernando. *A Cadeia Secreta.* São Paulo, CosacNaify, 2004.

GLEDSON, John. *Por um Novo Machado de Assis.* São Paulo, Companhia das Letras, 2006.

HARVEY, David. *The Urban Experience.* 2. ed. Baltimore and London, The John Hopkins University, 1989.

_____. *Paris, Capital of Modernity.* 7. ed. New York and London, Routledge, 2003.

HOBSBAWN, Eric *et alli. História do Marxismo* (11 vols.). Org. Eric Hobsbawn. Rio de Janeiro, Paz e Terra, vol. IV, 1986.

_____. *A Era dos Impérios (1875-1914).* 3. ed. Rio de Janeiro, Paz e Terra, 1988.

_____. *A Era do Capital (1848-1875).* 4. ed. Rio de Janeiro, Paz e Terra, 1988.

HUXLEY, Aldous. *On the Margin: Notes and Essays.* London, Chatto and Windus, 1923.

JAMESON, Fredric. *O Método Brecht.* Petrópolis, Vozes, 1999.

_____. *As Sementes do Tempo.* São Paulo, Ática, 1997.

LEJEUNE, Paule. *Germinal. Un Roman Anti-peuple.* Paris, L' Harmattan, 2002.

LÖWY, Michel. *Franz Kafka, Sonhador Insubmisso.* Rio de Janeiro, Azougue, 2005.

LUKÁCS, Georg. *Ensaios sobre a Literatura.* Rio de Janeiro, Civilização Brasileira, 1968.

_____. *A Teoria do Romance.* São Paulo, Duas Cidades/Editora 34, 2003.

_____. *História e Consciência de Classe.* Rio de Janeiro, Elfos, 1989.

_____ et alli. *Problemi di Teoria del Romanzo (Metodologia e Dialettica Storica).* Torino, Einaudi, 1935.

_____. *L'Âme et les Formes.* Paris, Gallimard, 1974.

MARX, Karl, *Obras Escolhidas.* Alfa-Ômega, s.d., 3 vols.

_____. *O Capital.* São Paulo, Abril Cultural, 1998, vol. III.

MICHEL, Louise. *La Commune. Histoire et Souvenirs.* 3. ed. Paris, Éditions La Découverte & Syros, 1999.

MITERRAND, Henri. "Étude". *La Débâcle.* Paris. Éditions Fasquelle et Gallimard, 1967.

MORETTI, Franco. "O Século Sério". *Novos Estudos Cebrap,* mar. 2003.

OEHLER, Dolf. *O Velho Mundo Desce aos Infernos.* São Paulo, Companhia das Letras, 1999.

_____. *Terrenos Vulcânicos.* São Paulo, CosacNaify, 2004.

REBERIOUX, Madeleine. "Debate sobre a Guerra". *História do Marxismo.* Rio de Janeiro, Paz e Terra, 1986, vol. IV.

ROSSI, Aldo. *A Arquitetura da Cidade.* São Paulo, Martins Fontes, 2001.

SARTRE, Jean-Paul. *Situações I.* São Paulo, CosacNaify, 2005.

SCHLEGEL, F. *Conversa sobre a Poesia e Outros Fragmentos.* São Paulo, Iluminuras, 1994.

SCHWARZ, Roberto. *Um Mestre na Periferia do Capitalismo.* 4. ed. São Paulo, Duas Cidades/Editora 34, 2000.

_____. *Ao Vencedor as Batatas*. 5. ed. São Paulo, Duas Cidades/Editora 32, 2000.

_____. *Sequências Brasileiras*. São Paulo, Companhia das Letras, 1999.

_____. "Leituras em Competição". *Novos Estudos Cebrap* n° 75, jul. 2006.

_____. *Duas Meninas*. São Paulo, Companhia das Letras, 1997.

_____. "Prosa Crítica". In: MICELI, Sergio & MATTOS, Franklin de (org.). *Gilda, a Paixão pela Forma*. Rio de Janeiro, Ouro sobre Azul/Fapesp, 2007.

SUWALA, Halina. *Autour de Zola et du Naturalisme*. Paris, Champion, 1993.

THIBAUDET, Albert. *Histoire de la Littérature Française*. Paris, Librairie Stock, 1936.

VALÉRY, Paul. Prefácio a *Tentações de Santo Antão*. São Paulo, Iluminuras, 2004.

WATT, Ian. *A Ascensão do Romance*. São Paulo, Companhia das Letras, 1990.

WINOCK, Michel. *La France Politique, XIX et XX Siècles*. Paris, Seuil, 1999.

ZIZEK, Slavoj. *Bem-vindo ao Deserto do Real!* São Paulo, Boitempo Editorial, 2003.

ZOLA, Émile. *Do Romance: Stendhal, Flaubert e os Goncourts*. São Paulo, Edusp, 1995.

_____. *Le Roman Expérimental*. Paris, Flammarion, 2006.

_____. *Correspondance*. Paris, Éditions du CNRS et Presses de l'Université de Montreal, 1982.

_____. *Les Rougon-Macquart (histoire naturelle et sociale d'une famille sous le Second Empire)*. Paris, Gallimard, Bibliothèque de la Pléiade, 5 vols.

Título	Marx, Zola e a Prosa Realista
Autora	Salete de Almeida Cara
Editor	Plinio Martins Filho
Produção editorial	Aline Sato
Capa	Tomás Martins
Ilustração da capa	Salete Mulin
Revisão	Aristóteles Angheben Predebon
	Plinio Martins Filho
Editoração eletrônica	Daniel Lopes Argento
	Daniela Fujiwara
	Gustavo Marchetti
Formato	12,5 x 20,5 cm
Tipologia	Times
Papel	Cartão Supremo 250 g/m^2 (capa)
	Polén Soft 80 g/m^2 (miolo)
Número de páginas	248
Impressão e acabamento	Gráfica Vida e Consciência